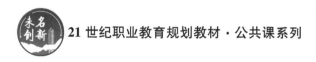21 世纪职业教育规划教材·公共课系列

大学生职业生涯与发展规划

（第二版）

邵晓红　郭捍华　主　编
尹　静　李春青　副主编
陆　浩　刘　丹
马中宝　杜国庆　参　编
　　　　周淑荣　主　审

内 容 简 介

本书为适应职业教育的要求，以"专业对应工作岗位"为基点的思路进行设计，围绕"职业生涯规划"的流程，设计了八个单元，即建立职业生涯规划意识、探索我的兴趣偏好、探索我的性格偏好、探索我的工作能力、探索我的工作价值观、探索工作世界、我的职业生涯决策、我的职业生涯管理。本书较为全面地介绍了职业选择、职业决策的基本理论和具体的操作方法。

本书适用于应用型本科及高职高专各专业"职业生涯规划"课程的教学，也可作为企业员工的职业生涯管理、失业人员再就业的参考读物。

图书在版编目(CIP)数据

大学生职业生涯与发展规划/邵晓红,郭捍华主编.—2版.—北京:北京大学出版社,2014.8
(全国职业教育规划教材·公共课系列)
ISBN 978-7-301-24521-7

Ⅰ.①大… Ⅱ.①邵… ②郭… Ⅲ.①大学生-职业选择-高等职业教育-教材 Ⅳ.①G647.38

中国版本图书馆 CIP 数据核字(2014)第 158901 号

书　　　名:	大学生职业生涯与发展规划(第二版)
	DA XUESHENG ZHIYE SHENGYA YU FAZHAN GUIHUA(DI-ER BAN)
著作责任者:	邵晓红　郭捍华　主编
策 划 编 辑:	温丹丹
责 任 编 辑:	温丹丹
标 准 书 号:	ISBN 978-7-301-24521-7/G·3844
出 版 发 行:	北京大学出版社
地　　　址:	北京市海淀区成府路 205 号　100871
网　　　址:	http://www.pup.cn　新浪官方微博:@北京大学出版社
电 子 信 箱:	wddan@sina.com
电　　　话:	邮购部 010-62752015　发行部 010-62750672　编辑部 010-62756923
印 刷 者:	北京虎彩文化传播有限公司
经 销 者:	新华书店
	789 毫米×1092 毫米　16 开本　16.5 印张　381 千字
	2009 年 8 月第 1 版
	2014 年 8 月第 2 版　2022 年 8 月第 12 次印刷(总第 15 次印刷)
定　　　价:	45.00 元

未经许可,不得以任何方式复制或抄袭本书之部分或全部内容。
版权所有,侵权必究
举报电话:010-62752024　电子信箱:fd@pup.pku.edu.cn

选择职业是人生大事,因为职业决定了一个人的未来,选择职业就是选择将来的自己。

——罗素

亲爱的同学,你可能会问,为什么我现在就要规划以后的生活呢?有一位美国作家盖尔·希伊,他在撰写畅销书《开拓者们》(又译《探索者》,知识出版社1989年版)时,做了一份《人生历程调查问卷》,间接地访问了6万多个各行各业的人士。他发现那些最成功和对自己生活最满意的人至少有两个共同的特点:一是他们喜欢有更多的亲密朋友;二是他们一进入职场就会制定一个职业生涯规划,尽管一些目标并非他们当时力所能及的。

在修订过程中,本书力求适应国家对高质量技能型人才的需求,突出职业教育"以就业为导向,以服务为宗旨"的特点。本书为适应职业教育的要求,以"专业对应工作岗位"为基点的思路进行设计,围绕"职业生涯规划"的流程展开,较为全面地介绍职业选择、职业决策的基本理论和方法,其宗旨是指导大学生树立正确的就业择业观,帮助大学生理性地规划自己未来的发展,并努力在学习过程中自觉地提高就业能力和职业生涯管理能力,以获得自身的全面发展和终身发展。

本书在原教材的基础上,做了新的尝试,主要特点如下。

(1) 在编写结构设计上,为便于学习者学习、理解和应用,每个单元主要围绕"他的生涯经历、问题的提出与重要性、理论的讲解与运用、探索的方法与技能训练、成功者的足迹、课后任务"六大板块设计。同时本书为教师提供一个综合的职业生涯教学活动体系,更贴近教学体系设计教材的结构,让教材成为教师教学的好助手。

(2) 在内容设计上,本书力求反映现代职业生涯规划研究的最新成果,围绕"规划"的基本过程,设置教学内容。

(3) 在教材体系设计上,力求更好地服务学生高质量就业。本书为学生提供一个综合的职业生涯规划学习活动体系,即以指导高职学生毕业时能"入对行、选对岗、走对路"的理念设计教材体系。本书用技能练习作为行动部分,让学生在完成练习、掌握职业生涯规划的各项技能的同时，一步一步地依职业决策流程完成自己的职业生涯规划。每个单元精心设计的练习会使本书成为学习者的一本职业发展手册。

本书的编写团队中有来自教学一线的具有丰富的生涯规划课程教学经验的专任教师，其中有 GGDF 全球职业规划师、职业指导师、KAB 创业教育讲师；也有来自中小企业的人力资源主管。编者希望这本书能够为学习者进行职业生涯规划提供更多的帮助。

本书的编写分工如下：单元一由黑龙江农业经济职业学院马中宝编写；单元二、三和附录 1 由黑龙江农垦职业学院郭捍华编写；单元四由上海市临港科技学校陆浩编写；单元五由黑龙江农业经济职业学院邵晓红编写；单元六和附录 3 由黑龙江农业经济职业学院刘丹编写；单元七和附录 4 由黑龙江农业经济职业学院尹静编写；单元八和附录 2 由黑龙江农业经济职业学院李春青编写。每个单元的"他的生涯经历"由牡丹江市正大实业有限公司人力行政安全科科长杜国庆以其生涯经历为蓝本撰写。全书由邵晓红教授最后统稿完成。在编写过程中，海林市农业技术推广中心高级农艺师周淑荣提出了大量的宝贵意见，并审稿。

在编写过程中，我们借鉴参考了国内大量同类教材和相关专著，不能一一列举，在此表示谢意。

由于编者水平有限及编写时间的仓促，书中难免有不足之处，敬请广大读者指正。

编者

2014 年 7 月

目 录

单元一　建立职业生涯规划意识 …………………………………… (001)
单元二　探索我的兴趣偏好 ………………………………………… (021)
单元三　探索我的性格偏好 ………………………………………… (044)
单元四　探索我的工作能力 ………………………………………… (069)
单元五　探索我的工作价值观 ……………………………………… (084)
单元六　探索工作世界 ……………………………………………… (099)
单元七　我的职业生涯决策 ………………………………………… (132)
单元八　我的职业生涯管理 ………………………………………… (166)

附录1　霍兰德职业索引
　　　　——职业兴趣代号与其相应的职业对照表 ………………… (196)
附录2　MBTI 16种性格类型代码分析 …………………………… (200)
附录3　促进就业规划(2011—2015年) …………………………… (244)
附录4　大学生个人职业发展档案 ………………………………… (248)
参考文献 ……………………………………………………………… (257)

建立职业生涯规划意识

【认知目标】

1. 认识到职业对个体人生的意义，下决心在大学阶段做好由学生向"职业人"转变的准备；
2. 认识到职业生涯规划的重要性，积极主动进行职业生涯思考，愿意对自己的职业生涯规划负责；
3. 认识到自我探索和工作世界探索的重要性，并愿意对自我和工作世界进行分析；
4. 认识到职业决策的重要性，并愿意对自己的职业决策负责。

【技能目标】

1. 了解职业生涯规划课程的教学目标和主要内容；
2. 掌握职业生涯规划的基本内容和步骤；
3. 掌握帕森斯特质因素理论和舒伯的终生职业生涯发展理论的主要内容，能运用生涯彩虹图分析、均衡分配自己人生不同阶段所扮演的角色。

【完成任务】

准确描述帕森斯特质因素理论和舒伯的终生职业生涯发展理论的主要内容。

他的生涯经历

我的大学及后大学时代（1）——品读青春

高考，是所有中国学生的一个无法言说的痛，因为它承载了太多人的付出和期待。2005年，作为高考大军的一员，在千军万马过独木桥的厮杀中，我为自己在三年时间里对篮球运动和网络游戏的痴迷埋了单。高考成绩意料中的不理想，使得上专科院校就读成为必然，而选择一个怎样的专业以让自己的未来生活有所依托便成了全家人共同思考的问题。经过反复的咨询和商讨，最终我选择到黑龙江农业经济职业学院读食品加工技术专业。

即便我对这个专业的认知还停留在"美食及厨师"的理解中,但开学日期已经临近。在一个细雨纷飞的午后,在父亲的陪伴下,我带着简单的行李来校报到。面对远离家乡、亲人的陌生城市、校园和熙熙攘攘的人群,迷茫之余,我忽然生出一种一切从头开始的豪迈。

随着时间的流逝,三年的求学生涯在忐忑、新奇、迷茫、坚定、收获中结束。专业实习期间,我选择了到蒙牛乳业公司的一个冷饮厂工作,面对岗位上相对单一的工作内容,我感到十分枯燥和苦闷。经过反复思考和与老师的有效沟通,我将未来的就业岗位定位在车间管理岗位和销售岗位。于是在实习结束后,我来到牡丹江正大实业有限公司开始从事车间管理工作。从生产线组长到生产班长,直到后期的车间主任,4年的时间让我在车间管理工作上尽情地挥洒汗水,也收获了很多感悟。

我所在的正大实业有限公司的员工多是厂区附近地区的务工者,学历层次并不高,年龄差距也很大。当生产线组长和生产班长期间,我每天要和工人打交道,沟通是最大也是最难的问题,总有那么多的"刺头儿"在挑战着我的"权威"。这曾一度让我灰心和沮丧。经过反思,我发现自己沾沾自喜的学历优势和对生产线岗位认知度的不够是导致和工人沟通难的症结所在。为此,我改变了说话的语气、用词,和工人一起工作,短时间内摸清了生产线的每一个岗位。通过贴近工人的生活、了解他们的诉求和各个岗位的劳动强度与时长,及时将工人生产、生活中问题反馈给主管部门,并协助领导解决,得到了上下的一致认可。经过3个月的努力,我所负责的生产线产量、质量居公司首位,线上员工感情融洽,互相配合,人均薪资当月增幅20%。直到现在处在人力安全行政科科长岗位,我还经常到车间线上和员工交流,搜集他们的意见和建议,以作为人事岗位变动和岗位薪资调整的依据。

作为一个经历过彷徨与迷茫的毕业生、求职者,我觉得在选择专业后,抱有对专业的兴趣和热爱,与老师、家长的有效沟通,结合行业发展动态和自身的职业诉求,及早规划,主动出击,无悔而坚定地走下去,生活就会回馈我们最丰美的果实!

问题的提出与重要性

在人生的花季,同学们怀着对未来职业生活的憧憬,迈进了向往的大学校门,接受高等职业教育。高等职业教育阶段是与你过去所习惯的中小学教育完全不同的全新阶段。高等职业教育具有高等教育和职业教育双重属性,以培养生产、建设、服务、管理第一线的高端技能型专门人才为主要任务。对于大多数同学来说,这一阶段是我们用大段的时间接受系统学习的最后一个机会,也是同学们从"学生"角色转向"职业人"角色的过渡阶段、准备阶段。所以,同学们,今天的你已经站在了自己职业生涯的起跑线上,那么从一入学开始你就要为自己今后的职业生涯做好充分的准备。

著名权威研究咨询公司麦可思研究院编著的《2013年中国大学生就业报告》中提供的"中国2012届大学毕业生社会需求与培养质量调查",数据表明2012届高职高专院校毕业生半年内发生过离职的占33%,在认为工作与职业期待不吻合的60%的高职高专毕业生中,有35%的人认为是不符合自己的职业发展规划,22%的人认为不符合自己的兴趣爱好,9%的人认为不符合自己的性格,13%的人认为不符合自己的生活方式。这些数据告诉我们什么呢?

现在,关于将来的工作问题,你需要运用一下哲学式的思维,刨根问底地问一下自己:我到底喜欢做什么?我到底适合做什么?我到底能做什么?我最想要的是什么?然后再想象一下,十年之后的你,在什么地方?做着什么工作?过着什么样的生活?当你在思考并试图回答这些问题的时候,你已经开始了你人生的第一份重要"工作",那就是思考并制订自己的职业生涯规划。

一、职业与专业

✍练习1-1✍

尽可能多地说出你所知道的职业的名称,并简要地说明该职业的工作对象、工作内容及该职业从业人员的薪资报酬等信息。

我们在童年、少年时期对未来都充满了幻想,经常幻想将来所要从事的职业。有的人想成为科学家,有的人想成为宇航员,有的人想成为工程师,有的人想成为音乐家等。所有这些"幻想"都是我们对职业的感性认识。但是,很多人却不清楚职业的真正含义。有的人认为职业就是一种工作;有的人认为职业就是谋生的手段等,不一而足。要开展个人职业生涯规划首先就必须明确"职业"这个基本概念,因为这是我们能够正确对自己进行职业生涯规划的必要前提。

1. 职业的概念

职业是人类社会发展到一定阶段的产物。职业既是人的一种社会活动和生活方式,又是一种经济行为,也是人们从社会中牟取多种利益的来源,它对于每个人都极为重要。国内外的学者们从不同的角度出发,对职业的概念进行论述。美国著名教育家、哲学家杜威把它概括为:职业不是别的,是可以从中得到预期利益的一种活动。美国社会学家塞尔兹认为,职业是一个人为了不断地取得收入而连续从事的具有市场价值的特殊活动。这种活动决定着从事它的那个从业者的社会地位。日本职业专家保谷六郎认为,职业是有劳动能力的人,为了生活和贡献社会而连续从事的活动。我国学者姚裕群认为,职业是一个中性的概念。从社会的角度而言,职业是指人们为了谋生和发展而从事的相对稳定、有收入的、专门类型的社会劳动;就个人的角度而言,职业则是指个人扮演的一系列工作角色。

一般来说,职业是主体参与社会分工,利用专门的知识和技能,为社会创造物质财富、精神财富,获取合理报酬作为物质生活来源,并满足精神需求的工作。可见,职业必须同时具备五个条件:社会分工、必备技能、创造财富、合理报酬和满足需求,它是对人们的生活方式、经济状况、文化水平、行为模式、思想情操的综合反映,也是对一个人的权利、义务和职责以及社会地位的一般性表征。

2．职业的特征

职业具有社会性、经济性和技术性三大基本特征。

（1）职业具有社会性。职业的社会性，是指职业需要人来承担，人从事了某种职业，也就参与了某种社会劳动；同时，也承担起了某种社会角色，因此，要尽社会义务。比如，法官既是一种职业，又是一个社会角色，就要承担起维护法律尊严，维护法律秩序的社会义务。对于社会而言，职业具有实现社会控制，维持社会运转，为社会创造财富的功能。

（2）职业具有经济性。职业的经济性，即维持生存，从中取得收入。职业是从业者获得个人收入的主要来源，是从业者赖以生存以及维持家庭生活的手段。这是职业活动区别于其他劳动，如义务劳动、勤工俭学等的一个重要标志。获得报酬是人们从事职业活动的目的之一，也是支撑其完成其他活动的条件和基础。试想，一个没有任何经济来源的人能在社会上从事其他的实践活动吗？

（3）职业具有技术性。职业的技术性，包括职业本身的技术要求与个人可在职业岗位上发挥个人才能和专长两个方面。由于不同职业之间存在着差异，再加上随着技术的进步，经济结构的变动，每一种职业本身对于技术的要求也有所不同，因此，对从业者的知识和技能的要求也各有不同。而对于个人而言，要想最大限度地发挥自己的个性和才能，需要通过在劳动岗位上的某种职业来完成，这样，才能使自己不断增长知识和才能，使自己不断成长。

3．职业的要素

中国社会科学院社会学研究所研究员陈婴婴博士认为，职业是由以下五个要素构成的：

（1）作为职业符号特征的职业名称；

（2）工作的对象和内容；

（3）承担该职业工作所需要的资格和能力；

（4）通过该职业工作取得的各种报酬；

（5）在工作中建立的与其他部门或社会成员的人际关系。

职业要素举例如下。

职业名称：礼仪主持人。

礼仪主持人的工作对象：人。

礼仪主持人的工作内容：

（1）联络主办方、承办方，明确礼仪活动的各种要求；

（2）参与方案的构思和撰写，承担细节的筹办；

（3）导入、串联，整合礼仪活动中的各个环节，推动活动进程；

（4）与礼仪活动参与者进行交流互动，营造气氛。

承担礼仪主持人工作所需要的资格和能力：要有礼仪主持人国家职业资格证书；应具备良好的独立策划及主持能力，较强的语言与文字表达能力、人际沟通能力、信息获取能力及分析和解决问题能力等。

礼仪主持人工作取得的各种报酬：礼仪主持人已成为当今的热门高薪职业，比如，根据权威资料统计,在上海市非全日制工种薪酬价位中,婚庆主持人每小时薪酬高达200～850元。

在工作中建立的与其他部门或社会成员的人际关系:主持不同的活动,可结识不同层次和年龄的社会成员。

4. 职业对个体生活的重要意义

职业对于每个人究竟意味着什么?很多大学生只是简单地认为职业意味着一份收入。其实,职业为人们参与社会活动、从事社会活动、进行人生实践提供了基本条件,从多方面决定了个人的特征和境遇。职业生活使从业者进入一种社会情境,这种社会情境因职业的不同而不同。由此,职业就成为使人担任特定的社会角色,形成一定行为模式的条件。在现代社会,职业对个体的生活具有更为重要的意义。

(1) 职业对个体的物质生活具有重要的意义。各种各样的需要是人类活动的内在动机和力量源泉,是人的本质的外在表现。每个人的生存,首先必须满足物质需要,维持基本的物质生活。不论是低层次的生存需要还是高层次的发展需要,它的满足都依靠一定的物质保障。对于每个人来说,职业是获得物质保障的主要方式,是个人获得经济收入的主要手段,是人们为获取主要生活来源而从事的社会活动,是个人生存和维持家庭的物质基础。

生产劳动是人类社会发展中最重要的形式,包括脑力劳动和体力劳动,而人们的职业和生产劳动是紧密相连的。因此,人们总是通过某种合理合法的职业来进行劳动,创造物质财富,以获得其生存和发展必需的生活资料,从而满足个人和家庭生活的基本需要。

(2) 职业对个体的精神生活具有重要的意义。一个人选择从事哪种职业不仅直接影响他的经济收入和社会地位,还直接影响他的幸福感。而这也是为什么人们的关注从物质导向的"职业"观念,开始让位于以人为导向的"生涯"观念的原因。

首先,职业能使人获得非经济利益,如名誉、地位、权力,各种便利以及友谊、交往等,使个人获得心理满足,达到"乐业"的境地。职业给了你身份,让人们知道你是谁。作为社会的一分子,你所展示出的才华和取得的业绩一旦被社会肯定,便能获得相应的社会地位和荣誉,扮演一定的社会角色。职业类别、职业环境和职业中的个人等级(如局长、董事长、处长、总经理、工作人员、工人),就是社会地位的象征。职业及其头衔就像是标记符号,显示出一个人的社会地位。通过职业,能够知道自己有多重要,能体会人们对你的需要。而这些将决定你的自尊水平,体现出你个人的社会价值。你喜欢被人尊重的感觉吗?当一个人发现自己不被周围的人重视时,生活无意义的感觉就会产生,"谁都不需要我"常常成为人们绝望的理由。人们在职业问题上的努力和奋斗,构成人们在社会的分层中向上流动的动力。

其次,职业是个人发挥才能的手段。人们从事某种特定职业类别的工作,不仅要求人要有一定的素质,还要能使人的才能得到充分发挥,个性得到发展。由于每种职业都有不同于其他职业的内容和形式,这就必然对从业者的心理产生重大影响。当这种工作能够使个人的才能得到发挥、个性得到发展与完善时,给个体带来的是身心的健康和愉悦,以及自我实现的需要的满足。

再次，职业使人感受到生命的价值和意义。当一个人把做好某种职业作为自己一生的理想和追求时，他就找到了自己的事业。通过从事自己的事业，他进入一个社会劳动分工的体系之中，以作出自己最大的贡献来实现其生命价值和意义。

最后，生活幸福与否，和你在职业中的期望能否达到休戚相关。有研究结果表明，对职业人士尤其对男性来说，职业是影响他们情绪的根源。有关婚姻调节的研究也指出，工作条件对丈夫的婚姻调节能力有重大影响，而丈夫的婚姻调节能力又会影响到妻子。可见，对职业满意与否直接影响到家庭生活是否和谐。在生活中，你能否保持积极的心态和快乐的情绪，得到幸福，很大程度上取决于你的职业。

5. 职业与专业的关系

大多数同学在填报高考志愿期间遇到的最大的难题可能不是选学校，而是选专业，即所选的"那个"专业将导致将来会从事什么工作。职业和专业不是一个概念，但是两者之间又是密切相关的。职业是人们在社会中所从事的作为主要生活来源的工作(岗位)，由于社会分工的不同，从业者从事着不同的职业，在国民经济中有成千上万种职业。学校所设置的专业是学业分类，它是从学科与职业的角度进行划分的，即高等学校的一个系里或中等专业学校里，根据科学分工或生产部门的分工把学业分成的门类。二者的联系表现在专业与职业的相对应关系。一个具体的专业对应的可以是一个职业岗位，比如医学类的高级护理专业对应的就是护士职业；但更多的情况是一个专业对应一个职业岗位群，或对应一个职业领域。专业要比职业涉及面宽，专业为职业群服务。两者的关系如图1-1所示。

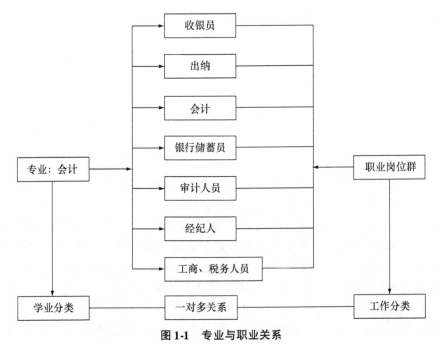

图 1-1 专业与职业关系

从专业与职业关系对应图可以看出，职业岗位群一般由工作内容、技能要求相近，从业者所应该具备的素质接近的若干个职业岗位构成。例如，会计专业，毕业生所对应的职业岗位群有收银员、出纳、会计、银行储蓄员、审计人员、经纪人、工商和税务人员等；计算机应用技术专业,毕业生所对应的就业方向有企业、商贸、财经、金融、党政团体等单位,职业岗位群有计算机维护、修理,数据库编程,网络安装与使用,多媒体制作,计算机经营等。所以不管选择什么专业,大学生毕业后都有相应的就业方向或职业岗位群。

◈ 练习 1-2 ◈

查阅资料或询问你的专业教师,了解一下自己所学的专业所对应的职业岗位群。

二、职业生涯与职业生涯规划

1. 生涯的由来

"生涯"一词由来已久,"生"原意为"活者","涯"原意为"边际","生""涯"连起来是"一生"的意思。在英文里,career,指古代的战车,后来逐渐引申为道路,即人生的发展道路。虽然"生涯"一词经常被国内外学者引用,但是如果要从学术上给"生涯"下一个确切的定义,还不是一件容易的事情。

目前,大多数学者所接受的"生涯"定义是来自于英国职业生涯辅导理论大师萨伯(E. Super)的论点:生涯是生活中各种事件的演进方向和历程,它综合了人一生中依序发展的各种职业和生活的角色,由此表现出独特的自我发展形式;它也是人生从青春期到退休后,一连串有酬与无酬职位的综合。除了职业之外,生涯还包括任何与工作有关的角色,如学生、受雇者、退休者,甚至包括家庭成员、公民的角色。

2. 职业生涯的含义

职业生涯也称为事业生涯,是指一个人一生连续担负的工作职业和工作职务的发展道路;是一个人一生中所有与工作相联系的行为与活动,以及相关的态度、价值观、愿望等的连续性经历的过程。职业生涯不能简单地用成功与失败、进步快慢来区别。一个人的职业生涯受各方面的影响,如本人对终身职业生涯的设想与计划,家庭中父母的意见与配偶的理解与支持,组织的需要与人事计划,社会环境的变化等。

在一定程度上职业生涯可以说是多方面相互作用的结果。就其内在特性而言,职业生涯具有以下几个特点。

(1) 方向性。职业生涯是生活中各种事态连续演进的方向;每个人的职业生涯都是一种发展演进的动态过程,具有一定的逻辑性。

(2) 时间性。职业生涯综合了人一生中依序发展的各种职业角色;每个人的职业生涯发展过程,都有着不同的阶段,可以分为不同的时期。每个人在不同的生涯阶段有着不同的任务和目标,职业生涯各个阶段之间具有递进性。

(3) 空间性。职业生涯除了职业角色之外,还包括任何与工作有关的经验和活动,如承担该工作需要的资格和能力,以及工作中建立的与其他部门或社会成员的人际关系等。每个人都有自己的职业条件,有自己的职业理想,有自己的职业选择,有为实现自己的职业理想所做的种种努力,从而也就有着与别人相区别的、独特的生涯历程。

3. 职业生涯规划

职业生涯规划起源于1908年的美国。当时的职业指导专家弗兰克·帕森斯(F. Parsons)针对大量年轻人失业的情况,成立了波士顿职业局,首次提出了职业指导概念。到

20世纪50年代,在西方发达国家职业指导的核心理念为职业不仅仅是找工作,而是选择个人一生的生活方式。美国早在1989年就颁布了《国家职业发展指导方针》,明确规定职业生涯教育要6岁开始;在日本,政府要求从小学开始就必须进行职业生涯方面的教育教学活动。职业生涯规划于20世纪90年代传入我国,由于起步较晚,系统的职业生涯规划的教育和辅导体系正在形成中。

美国著名管理学家哈罗德·孔茨和西里尔·奥康奈是这样定义"规划"这一概念的:"规划是为实施既定方针所必须的目标、政策、程序、规则、任务委派所采取的步骤,使用的资源以及其他要素的复合体,它们通常要有必要的安全和经营预算的支持"。可见,规划的本质在于选择所追求的目标和实现目标的最佳方案。对于职业生涯规划,不同的文献给出的定义不尽相同,但总体而言,主要包括以下几个要素。

(1) 一生。职业生涯规划在时间跨度上涵盖人的一生。一般认为,职业生涯规划是对一个人一生所从事的职业和一生所达到的目标的一种规划。

(2) 过程。职业生涯规划是一个过程概念。一般认为,职业生涯规划是一个过程,是一个确立目标,并为目标的实现而制订计划的过程。

(3) 核心。职业定位是职业生涯规划的核心内容。在进行职业生涯规划的过程中确定个人(包括组织)的奋斗目标和自己理想的职业是关键的一环。进行职业定位,要求大学生们思考3个问题,并要给出答案:我将来要从事什么职业,我将来要去什么样的企业(或单位),我工作后的发展路线是什么。没有职业的定位,也就无所谓职业生涯规划,即使做了规划,也是空中楼阁,毫无意义。

(4) 前提。对个人和环境进行客观评估分析是职业生涯规划的前提。在进行职业生涯规划之前,一方面,必须全面了解自己的兴趣、爱好、特长,并测定自己的职业倾向;另一方面,需要对个人所处的内外环境进行分析、预测。只有在对自我和内外环境全面分析的基础上才能做到人职匹配,获得自己满意度高的工作。

综上所述,职业生涯规划是指个人在对自己职业生涯的主客观条件进行测定、分析、总结研究的基础上,对自己的兴趣、爱好、能力、经历以及职业倾向等各方面进行全面的综合分析,结合时代的特点,确定最佳的职业奋斗目标,并为这一目标的实现,作出行之有效的安排。职业生涯规划的目的决不只是协助个人找到一份工作,更重要的是帮助个人真正了解自己,并且详细估量内外环境的优劣和限制,为自己定下事业大计,筹划未来,选择一生的、合理可行的职业生涯发展方向。综上所述,对职业生涯规划最简单的描述就是:职业生涯规划 = 人生目标 + 行动方案。

三、为什么要思考并制订自己的职业生涯规划

人一生中精力最充沛的时段属于职业生涯,最有活力、最具创造力的时段也属于职业生涯,一生中最灿烂、最具魅力的时光同样属于职业生涯。我们生活在飞速发展着的信息时代。社会在变革,每个人也在不断地进行自我变革。对个人来说,这种自我变革的重要手段就是制定职业生涯规划,只有善于对自己进行自我规划的人,才能有正确的前进方向和有效的行动措施,才能充分发挥自我管理的主动性,充分开发自身的潜能,保证在生活中获得幸福,在事业上取得更好的业绩。

（一）职业生涯规划对个人的意义

1. 帮助个人确定职业发展目标

职业生涯规划的重要内容之一，是对个人进行分析。通过分析，认识自己，估计自己的能力，评价自己的智慧，确认自己的性格，判断自己的情绪，找出自己的特点，发现自己的兴趣，明确自己的优势，衡量自己的差距。通过这些分析，我们确定符合自己兴趣与特长的生涯路线，正确设计职业发展目标，并制订行动计划，使自己的才能得到充分发挥，使自己得到恰当的发展。

2. 激发个人努力工作

对许多人来说，制订和实现规划就像一场比赛，随着时间的推移，一步步地实现规划，这时自己的思想方式和工作方式又会渐渐改变。如果职业生涯规划适合自己的目标，这个目标就是具体的，是可以实现的，是个人努力工作的依据，也是对自己的鞭策。规划给个人一个看得着的靶子，随着规划一步步地实现，成就感就会越强，就越能激发个人努力工作。

3. 有助于个人重点发展

制定职业生涯规划的一个最大的好处是有助于确定日常工作的轻重缓急。如果没有职业生涯规划，就很容易陷进跟人生目标无关的日常事务当中。一个忘记最重要事情的人，会成为琐事的奴隶。有人曾经说过，智慧就是懂得该忽视什么东西的艺术。通过规划，能使我们紧紧抓住工作的重点，增加成功的可能性。

4. 引导个人发挥潜能

没有职业生涯规划的人即使有巨大的力量与潜能，也很容易把精力放在小事情上，忘记了自己本应做什么。规划能助你集中精力，全神贯注于自己的优势方面，这样有助于你发挥尽可能大的潜力。另外，当不停地在自己有优势的方面努力时，这些优势会得到进一步发展。

5. 有助于自我绩效评估

职业生涯规划的一个重要功能是提供了自我评估的重要手段。失败者面临的共同问题，就是他们极少评估自己所取得的进展，他们大多数不明白自我评估的重要性，或者无法度量取得的进步。如果规划是具体的，规划的实施结果是看得见、摸得着的，则可以根据规划的进展情况评价自己目前取得的成绩。

（二）职业生涯规划对大学生的意义

大学生就业难是近年来人们共同关注的社会问题。中国社会科学院发布2013年《社会蓝皮书》中指出：2012年，国际经济社会环境中的不稳定、不确定因素仍然突出，中国在就业、劳动关系、收入分配、社会管理等方面，仍然面临各种问题和挑战。可见，未来几年大学生的就业形势仍不容乐观。职业生涯规划是一个人实现主要目标的时间表，也是一个人无数中短期目标的积累。面对知识经济和全球信息化的时代，大学生只有提前思考自己的职业和未来，认清就业形势，树立正确的择业观，通过探索真实的自己，获得对环境的切实把握，找到适合自己的目标，给自己一个正确的定位，合理安排大学生活，自觉提高自己的综合素质，才能应对越来越激烈的就业竞争。因此，职业生涯规划对于大学生职业成功和人生成功有着特别重要的意义。

1. 职业生涯规划可以帮助大学生正确认识自我,避免盲目就业

通过职业生涯规划,大学生能够正确认识自身的特性和潜在的优势,能对自己的价值进行全面的定位。许多大学生对自己并不了解,尤其不了解自己的优势和劣势。因此,在职业选择过程中具有比较大的盲目性和不切合实际性。通过有效的职业生涯规划,可以使大学生认识到自身的个性特征以及现有和潜在的资源优势;可以使大学生认识自身的价值并使其持续增值;可以使大学生对自己的综合优势和劣势进行对比分析,着力培养某些职业特质,树立自己的职业发展目标和职业理想,从而规划自己的学习和实践,并为自己获得认为理想的职业而去做各种准备。职业生涯规划有利于及早消除大学生就业、择业过程中的错误观念;有利于大学生及早转换角色并对自己的大学生涯及未来的职业生涯作出长远规划,从而避免在就业当中出现的高不成、低不就,最后只好盲目就业或就不了业的现象。

2. 职业生涯规划可以帮助大学生进一步了解社会,增强社会竞争能力

社会的发展使职业选择成为一项复杂的社会历程。生活在象牙塔里的大学生常常缺乏对社会、外部职业的了解,在职业生涯规划过程中,大学生需要不断获得信息,这些信息包括职业、礼仪、社会等多方面。大学生获得的信息越多,心理准备就越充分,在制定职业生涯规划的时候就能够根据社会的需要,考虑眼前利益和长远发展的关系,合理规划自己的未来。同时,当今社会,竞争日益激烈,大学生要在竞争中居于领先位置,就要找到一个适合自己发展的平台,尽可能避免到处求职,频繁跳槽。因为频繁跳槽不仅增长不了工作经验,还耗费了青春,更有可能挫伤了个人的积极性,消磨其对工作的热情和锐气。职业生涯规划能帮助学生未雨绸缪,在走出象牙塔后找到一个适合自己工作的起点。

3. 职业生涯规划可以培养大学生的自信心,提高自身综合素质

在诸多影响大学生职业生涯成功的因素中,自信心排在第一位。现代社会"高学历热"让大学生处于一种比较尴尬的境地,自信心也受到影响。职业生涯规划的过程是大学生不断学习的过程,随着知识的积累,接受培训和教育的增多,对自己和职业工作认识的加深,自信心也就会建立起来。同时,是否具备社会需要和认可的综合素质是大学生能否取得职业生涯成功的重要因素,职业生涯规划使大学生明确了职业方向,将自己所学专业与社会要求结合起来,增强实际应用能力,增强合作和沟通意识,学会做一名合格的职业人和社会人。

4. 职业生涯规划可以帮助大学生实现职业成功,促成自我实现

面对人生的大舞台,每个人都渴望实现自我价值,当代大学生更是如此。按照美国著名心理学家马斯洛的需要层次论,人生的需要是有层次的,是一个由低级需要逐渐向高级需要推进的过程,而所有这些需要必须通过职业生涯活动来实现。作为社会一名成员,每个人都是通过一份职业来满足自己的各种需要,更是通过这份职业来发挥自己的潜能,体现自己存在的价值。但是,有一份工作并不能保证每个人都能满足自己的需要,更不能保障每个人都能实现自己的价值。每个人都希望自己的职业生涯成功,特别是受过良好教育,自身素质较高的大学生对未来职业道路有很高的期望,并愿意为成功付出勤奋和努力。但是,职业成功和自我价值的实现仅靠主观努力是不够的,还要看是否选择了正确的方向。有效的职业生涯规划能为大学生职业成功提供保障,为大学生实现自我价值创造机会,促进大学生最终迈向成功。

理论的讲解与运用

一、特质因素理论

特质因素理论是用于职业选择与职业指导的经典性理论之一，它的创立者是被誉为"职业指导之父"的美国职业指导专家弗兰克·帕森斯（F. Parsons），后来又由威廉逊（E. G. Williamson）发展和定型。该理论认为每个人都有自己独特的人格特征与能力特点，并与社会的某种职业相关联。这种关联表现为"人"与"职"的匹配与适应过程，每个人都可以找到与其特性一致的职业，以达到人与职业之间的合理匹配。特质因素理论最基本的观点是："人职匹配"；基本假设是：一个人可以通过个人的特质与工作要求条件的相互匹配，来找出理想的工作或职业。帕森斯认为，可以借用测验或量表等工具，用一组特质或人格特性界定不同类型的人，同时也可以用一组工作上所要求的条件或资格来界定不同类型的工作。通过个人特质与工作因素的匹配，可达到"人以群分"的理想效果。这一理论为人们的职业选择提供了最基本的指导原则——人职匹配的原则。

1909年，帕森斯在其所著的《选择职业》一书中，明确阐明职业选择的三大要素或条件：

（1）应清楚地了解自己的态度、能力、兴趣、智谋、局限和其他特征；

（2）应清楚地了解职业选择成功的条件、所需知识，在不同职业工作岗位上所占有的优势、不利和补偿、机会和前途；

（3）对以上两个因素作出明智的思考。

帕森斯的理论内涵即是在清楚认识、了解个人的主观条件和社会职业岗位需求条件的基础上，将主客观条件与社会职业岗位（对自己有一定对等性的）相对照、相匹配，最后选择一种职业需求与个人特长匹配相当的职业。

根据帕森斯的理论，职业生涯规划工作就是要解决人的特性和职业相匹配的问题。在这种理论的指导下，职业生涯规划的工作过程应有以下三步。

第一步，通过生理和心理测量或调查，对自己的生理和心理特性作出评价。当然，除了了解自己的体质、智力、能力倾向、兴趣爱好、气质和性格等身心特点以外，还应分析自己的家庭背景、经济情况、学业成绩、课外活动、业余兴趣等。根据从各方面获得的关于自身的全面而客观的材料，最后对自己的特性作出评价。

第二步，熟悉职业岗位的职责及其对人的要求（因素），以及有关的其他职业信息等。这些职业信息的内容应当包括4个方面：

（1）职业的性质、工资待遇、工作条件及晋升的可能性；

（2）任职的最低条件，其中包括学历条件、所需的专业训练、身体要求、年龄、职业能力及其他心理特点的要求；

（3）为准备就业而设置的教育课程计划，以及提供这种训练的教育机构、学习年限、入学资格和费用等；

（4）职业信息咨询渠道，如国家职业分类大典，以及由国家劳动部门的权威人士、各行业的专家、各专业的教授、职业指导专家等撰写的职业指导类书籍等。

第三步,使人职匹配。在了解了自己的特性和职业的因素之后,就要通过分析比较选择一项适合自己特点的又有可能受聘的职业。

帕森斯认为职业与人的匹配,分为以下两种类型。

(1) 条件匹配,如所需专门技术和专业知识的职业与掌握该种特殊技能和专业知识的择业者相匹配;或者脏、累、险等劳动条件很差的职业,需要吃苦耐劳、体格健壮的劳动者与之匹配。

(2) 特长匹配,即某些职业需要具有一定特长(如具有敏感、易动感情、不守常规、有独创性、个性强、理想主义等人格特征)的人,从事审美性、自我情感表达的艺术创作类型的职业。

✎ 练习1-3 ✎

特质因素理论的运用

特质因素理论是以个人的个性心理特性作为描述个别差异的重要指标,强调个人的特质与职业选择的匹配关系。特质因素理论注重职业资料的重要性,强调个人只有对职业有正确的态度与认识,才能作出正确的职业选择。因此,我们在使用时需要借助于一些心理测量工具来充分了解自己的智力、能力倾向、兴趣特点、个性倾向等特质,同时也需要对职业环境和个体特质的具体要求有所了解,我们所掌握的相关资料越充分就越有利于作出正确的职业生涯决策。特质因素理论使用范围较广,当在就业方面碰到难题时,该理论可以很好地帮助你,比如,大学毕业时是选择国企、私企,还是外企;是选择从事技术研发还是市场销售,是选择从事教育事业还是到企业工作。同时,特质因素理论还可以帮助个人进一步明确未来的职业发展方向。请运用特质因素理论对自己将来的职业选择与发展进行一下分析。

二、舒伯的终生职业发展理论

舒伯(E. Super)是职业生涯辅导理论的大师,其职业生涯发展理论从人的终生发展的角度出发,综合了差异心理学、发展心理学、自我心理学以及有关职业行为发展方向的长期研究结果,并参照布尔赫勒(Bueller)的生命周期理论,建构了一套完整的生涯发展理论(1953)。舒伯本人比较喜欢将其理论命名为"差异—发展—社会—现象的心理学",其理论观点是当今职业生涯辅导重要的理论基础,指导着目前多数职业生涯辅导的具体实施,得到了各国生涯辅导界的普遍支持。

1. 职业生涯发展阶段

舒伯依据年龄将个体职业生涯阶段划分为成长、试探、决定、保持与衰退五个阶段。其中,有三个阶段与美国著名职业指导专家金斯伯格的分类相近,只是年龄与内容稍有不同,舒伯增加了就业以及退休阶段的生涯发展,具体分析如下。

(1) 成长阶段(0~14岁)。成长阶段孩童开始发展自我概念,开始以各种不同的方式来表达自己的需要,且经过对现实世界不断地尝试,来修正他自己的角色。这个阶段发展的任务是:发展自我形象,发展对工作世界的正确态度,了解工作的意义。舒伯将这个阶段具体分为三个成长期:一是幻想期(0～10岁),以"需要"为主要考虑因素,儿童从外界感知到许多职业,对于自己觉得好玩和喜爱的职业充满幻想,在幻想中进行职业角色扮演模仿;二是兴趣期(11～12岁),以个人喜好为主要考虑因素,理解和评价职业,开始作职业选择;三是能力期(13～14岁),以"能力"为主要考虑因素,能力逐渐具有重要作用,开始考虑自身的条件与喜爱的职业是否相符合。

(2) 探索阶段(15～24岁)。探索阶段的青少年,通过学校的活动、社团休闲活动、打零工等机会,对自我能力及角色、职业作了一番探索,因此在进行职业选择时有较大弹性。

探索阶段属于学习打基础阶段,在这一时期,个人将认真地探索各种可能的职业选择,对自己的天资和能力进行现实性评价,并根据未来的职业选择作出相应的教育决策,完成几次择业和初就业。探索阶段又可分为以下三个时期。

① 试验期(15～17岁):综合认识和考虑自己的兴趣、能力与职业社会价值、就业机会,开始进行择业尝试。

② 过渡期(18～21岁):正式进入劳动力市场,或者进行专门的职业培训,由一般性的职业选择转为特定目标的选择。

③ 尝试期(22～24岁):选定工作领域,开始从事某种职业,对职业发展目标的可行性进行试验。

(3) 建立阶段(25～44岁)。建立阶段属于选择、安置阶段。在这一时期,经过早期的试探与尝试后,不适合者会变化或作其他探索,因此该阶段中绝大多数职业人最终确立稳定职业,并谋求发展,获得晋升。这一阶段是大多数人职业生涯周期中的核心部分,是整个人生的高产期,一般又分为以下三个时期。

① 尝试期(25～30岁):一方面个体寻求安定,如对自己所选的职业比较满意而安顿下来;另一方面也可能对初就业选定的职业不满意,再选择、调换职业工作,变换次数各不相同。

② 稳定期(31～40岁):是最具创造性的时期,个体最终确定稳定的职业目标,并致力于实现这些目标。

③ 职业中期的危机期(40～44岁):处于转折期。可能会发现自己并没有朝着目标靠近或发现了新的目标,因而需重新评价自己的需求和目标。

(4) 维持阶段(45～64岁)。维持阶段属于升迁和专精阶段。在这一阶段,劳动者一般达到常言所说的"功成名就"阶段,已不再考虑调换职业工作,只力求维持已取得的成就和社会地位,维持家庭和工作两者之间的和谐关系,寻找接替人选。

(5) 衰退阶段(65岁以上)。衰退阶段属于退休阶段。在家庭上投入相当多的时间,休闲者和家长的角色最为突出,这一阶段的主要任务就是注重发展新的角色,减少权利和责任,适应退休后的生活。

2. 循环式发展任务

在以后的研究中,舒伯对于发展阶段的理论又进行了深化。他认为,在各个发展阶段中都要经历成长、探索、建立、维持和衰退这些阶段,这样就形成了一种螺旋循环发展的模式。这种大阶段套小阶段的模型丰富和深化了生涯发展阶段的内涵。各阶段中的子阶段发展任务详如表1-1所示。

表1-1 循环式发展任务

生涯阶段	青年期 (14~15岁)	成年初期 (25~45岁)	成年中期 (45~65岁)	成年晚期 (65岁以上)
成长阶段	发展合适的 自我概念	学习与他人 建立关系	接受自身 的限制	发展非职业性 的角色
探索阶段	从许多机会 中学习	寻找心仪的 工作机会	确认有待处理 的新问题	选个良好的 养老地点
建立阶段	在选定的职业 领域中起步	确定投入某一 工作,并寻求 职位上的升迁	发展新 的应对技能	完成未完成 的梦想
维持阶段	验证目前的 职业选择	致力于维持 职位的稳固	巩固自我 以对抗竞争	维持生活 的兴趣
衰退阶段	从事休闲活动 的时间减少	减少体能 活动的时间	集中精力于 主要的活动	减少工作时间

根据上述循环式发展任务,在大学阶段,大学一年级的新生必须适应新的角色与学习环境,经过"成长"和"探索",一旦"建立"了较固定的适应模式,同时"维持"大学学习生活之后,又要开始面对另一个阶段——准备求职。原有的习惯会逐渐衰退,继而对新阶段的任务又要进行"成长""探索""建立""维持"与"衰退",如此周而复始。

3. 职业生涯彩虹图

1976—1979年间,舒伯在英国进行了为期四年的跨文化研究,为了综合阐述生涯发展阶段与角色彼此间的相互影响,他在原有的发展阶段理论上,加入了角色理论,创造性地提出一个更为广阔的新观念——生活广度、生活空间的生涯发展观,将生涯发展阶段与角色彼此间交互影响的状况,描绘为一个综合图形,命名为"生涯彩虹图",形象地展现了生涯发展的时空关系,更好地诠释了生涯的定义。随着生活广度与生活空间的生涯发展,即生涯彩虹图的提出,弥补了其原有理论的不足。在实际应用方面,其横向的发展阶段、发展任务(生活广度的部分)和纵向的生涯角色的发展(生活空间的部分),交织成一个具体的生涯发展结构,如图1-2所示。

(1) 横贯一生的彩虹——生活广度。在图1-2中,横向层面代表的是横跨一生的"生活广度",又称为"大周期"。彩虹的外层显示人生主要的发展阶段和大致估算的年龄:成长阶段(约相当于儿童期)、探索阶段(约相当于青春期)、建立阶段(约相当于成人前期)、维持阶段(约相当于中年期)以及衰退阶段(约相当于老年期)。在这五个主要的人生发展阶段内,各个阶段还有小的阶段,舒伯特别强调各个时期年龄划分有相当大的弹性,应依据个体不同的情况而定。

(2) 纵贯上下的彩虹——生活空间。在图1-2中,纵向层面代表的是纵贯上下的"生活空间",是由一组职位和角色所组成,包括儿童、学生、休闲者、公民、工作者、家长等主要角色。各种角色之间交互影响交织出个人独特的职业生涯类型。一个角色的成功,特别是早期角色的成功,将会为其他角色提供良好的基础;反之,某一个角色的失败,也可能导致另一个角色的失败。舒伯进一步指出,为了某一角色的成功付出太大的代价,也有可能导致其他角色的失败。舒伯认为人在一生当中必须扮演九种主要的角色,依序是:儿童、学生、休闲者、公民、工作者、夫(妻)、家长、父母和退休者。

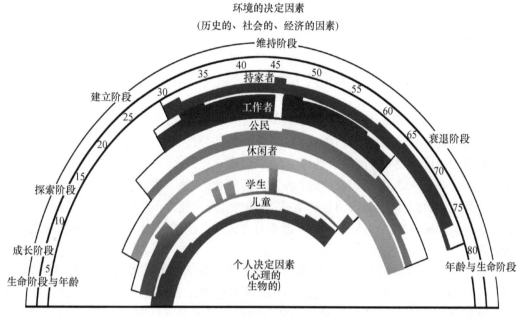

图 1-2　舒伯职业生涯彩虹图

图 1-2 中的阴影部分表示角色的相互替换、盛衰消长,它除了受到年龄增长和社会对个人发展、任务期待的影响外,往往跟个人在各个角色上所花的时间和感情投入的程度有关。从这个彩虹图的阴影比例中可以看出,成长阶段(0～14 岁)最显著的角色是儿童;探索阶段(15～24 岁)是学生;建立阶段(25～44 岁)是家长和工作者;维持阶段(45～64 岁左右)工作者的角色突然中断,又恢复了学生角色,同时公民与休闲者的角色逐渐增加,这正如一般所说的"中年危机"的出现,同时暗示这时必须再学习、再调适才能处理好职业与家庭生活中所面临的问题。舒伯的职业生涯发展阶段理论较为全面完整,阐释了将个人特征与职业匹配的动态过程,并将制约个人职业选择和发展的心理因素、社会因素有机地结合在一起,对职业生涯发展的研究具有较高的理论价值和实践价值。

✐练习1-4✐

请动手来描绘一下你的生涯彩虹图,画出自己在不同的生命阶段扮演的所有角色,不仅要画出从过去到现在,还要画出你理想中的未来。你会发现,人的一生是多么丰富多彩,只要懂得均衡和谐的分配,每一个角色都是为自己的生命添彩。

职业生涯规划的步骤

由于个体差异的存在,实现职业生涯规划并没有固定的程序。一般来说,大学生职业生涯规划遵循的基本程序是觉知与承诺、自我探索、工作世界探索、作出职业决策、行动落实、评估与反馈6个基本步骤。

步骤1：觉知与承诺。这是进行职业生涯规划的第一步，也是非常重要的一个步骤。这个步骤的任务就是帮助同学们了解职业生涯规划，让同学们真正意识到生涯规划对自己未来人生发展的重要性和价值；同时，由于生涯规划本身是一个根据自己的兴趣、性格、能力、价值观等确立目标，并为目标的实现而制订科学合理计划的过程，需要同学们对自己负责任的作出承诺，即愿意花费时间完成这项难度大、意义大的工作。本单元帮助同学们完成的就是这个任务。

步骤2：自我探索。因为职业生涯规划遵循的基本原则是帕森斯等学者的"人职匹配"理论，因此这一步骤所进行的工作主要是收集并分析自己的职业兴趣、性格偏好、工作能力和工作价值观等方面的信息，弄清楚自己喜欢做什么，适合做什么？最愿意用哪些技能谋生立业？总之，要认识自己内心中最不能割舍的、最看重的东西。这部分内容也是同学们最喜欢的部分，但随着内容的推进，难度也会越来越大，本步骤的任务，要求同学们通过学习运用多种自我评估的工具，不断提升自我探索技能，初步明确自己的职业生涯发展方向。

步骤3：工作世界探索。这一步骤和步骤2都是系统的生涯规划不可缺少的基础部分，步骤2是"向内问自己"——我想要的东西到底是什么？我可以往哪个职业方向发展？而步骤3是"向外探索"，主要是评估各种环境因素对自己职业生涯发展的影响，回答的是如何利用好周围的社会环境、职业环境、行业企业环境满足自己的愿望，为建立明确的职业目标，坚定自己的职业方向奠定基础。本步骤的任务，要求同学们通过多种方式获得尽可能多的工作世界的信息，不断提升自己的信息探索技能，而且能正确评估自己在某行业、某企业内实现自己职业生涯目标的可能性，寻找各种发展机会。

步骤4：作出职业决策。职业决策是同学们对自己将要从事的职业作出的选择，是对步骤2和3中所获得的信息进行综合整理、分析评估的过程及其成果。这一步骤主要是通过运用职业决策策略和确立职业目标的方法，给自己未来的职业发展作出准确的定位。本步骤的任务，要求同学们了解自己的决策风格，掌握职业生涯决策的重要理论和常用的决策模型，学会处理决策过程中的各种问题，不断提高自己的决策能力，最后明确自己的职业生涯目标，完成自己的行动方案——职业生涯规划书。

步骤5：行动落实。在确定了职业生涯目标后，行动便成了关键。同学们要通过求职行动来获得自己的目标职业，并在工作中实现自己设立的职业目标。从大学生进行职业生涯规划的目的来说，行动应该包含两个部分：一是完成学校的学习任务，为获得目标职业做好身体的、心理的、技能方面的准备；二是具体的求职过程。没有具体的求职行动，目标就难以实现，遑论事业的成功。

步骤6：评估与反馈。一个行之有效的职业生涯规划需要主体不断地对自己的职业决策进行评估与修订。外部世界在不断变化，自我的成长当然不会停止的，特别是当同学们进入职场，职业能力得到提升后，会重新审视个人的生涯发展路径与目标，这时可能会发生两种情况：一种是继续按照自己的规划前进，另一种是也许会发现自己以前所制订的规划不太适合自己,负面的反馈过多,这就需要重复以上过程。

练习 1-5

以下是国外学者经过反复探讨而得到的一个寻找人生目标的"逐步突出法"。现在就让我们通过做这个"六步游戏"来找到自己的人生目标。

游戏道具:4～5张小纸片。

环境要求:安静舒适。

情绪状态:精神饱满,情绪激昂,思维活跃。

提醒:在考虑目标时,尽量全面,避免仅从一个方面考虑,不仅考虑事业,还要考虑家庭、人际、业余生活等方面。

第一步:寻找终生目标

拿出一张纸片,写下第一个问题:我终生的目标是什么?然后用两分钟写下答案,要无拘无束,想的是什么就写下什么。再花两分钟进行必要的修改。

如果你不容易直接确立你的人生目标,你可以回想一下你童年、少年时的梦想,或者那些最令你开心的事。以此作为启发,再写下你的答案。

实例扫描:事业成功、家庭幸福、快乐……

也许你写下的目标比较宽泛,那也没有关系,还有第二步呢。

第二步:思考如何度过今后三年

请在第二张纸片上,写下第二个问题:"我该怎样度过今后三年?"用两分钟尽快写下答案,再用两分钟把忽视的项目补充进去。

在第二张纸片上,所写的东西要比第一张纸片更具体。这里的具体既是指所做的工作要具体。如果第一张纸上写了"过幸福的生活",那么在这一张纸上你就得将之分解为较为具体细致的目标。

实例扫描:拥有一份满意的工作,进入管理阶层;经济收入比刚工作时翻一倍;向女友求婚;将父母接到自己身边;和好友经常保持联系……

第三步:半年内最重要的事

请在第三张纸上写下第三个问题:我在这半年内都应该做哪些事?哪些工作对我是最重要的、最迫切的。这张纸片所列的内容,应该比第二张纸片更具体、细致、全面,是自己需要做也是能够立刻做到的。

实例扫描:去正经的单位实习;帮助女友补习功课;经常给父母打电话;和好友保持联系……

第四步:浏览前三步

浏览一下前三步答案,你应该发现,第二步的答就是第一步答案的延伸,第三步的答案则是前两步答案的继续。如果你的三步答案不符合这种逻辑,就需要重新来做,务必使这些答案符合事情的发展趋势。

第五步:目标分类

请把3张纸片都拿起来,将上面的目标分别归类,如分为事业目标、爱好特长目标、能力目标、婚恋目标、社会友情目标、身心素质目标、读书目标等。

实例扫描：事业目标——功成名就，进入管理层，联系实习单位；婚恋目标——幸福，向女友求婚，帮女友补习功课……

第六步：确立不同时期的目标

请按类别关系，将三张纸片上的目标按同类关系连成一条线，就成了完整的短期、中期、长期的目标了。

实例扫描（以事业目标为例）：短期、中期、长期——联系实习单位—进入管理阶层—功成名就。

然后，结合自己的个人情况，根据短期目标制订切实可行的月计划、周计划、日计划。每一级计划的制定都应该是服务于上一级计划的，比如，周计划是为了完成月计划，日计划是为了完成周计划。当短期目标实现后再向下一个目标突进。

（资料来源：大河教育网）

成功者的足迹

李开复的成功之路

李开复先生在 2005 年 7 月正式从微软跳槽成为 Google 全球副总裁兼中国区总裁，成为世界首富——比尔·盖茨的"敌人"。一年多之后，Google 终于与微软达成和解协议，李开复在 Google 中国的工作才得以全面解禁。我们并不想评论这起震惊全球的跳槽事件，只想通过李开复的求学和职业生涯来谈谈人生规划的几个关键因素。

1. 选对专业

在研究历史和政治的父亲影响下，李开复在美国哥伦比亚大学一开始选择的是法律。在 20 世纪 80 年代的美国社会中，律师是收入多、地位高、前途好的理想职业，但是到了大二李开复才发现自己并不喜欢这个专业。不久，他在接触计算机之后，疯狂地喜欢上了这个专业，每天废寝忘食地编程，果断放弃法律专业一年多的学分，转入了在当时看来"前途未卜"的计算机专业。后来的事实证明，这是李开复职业生涯最重要的一个决定。因为选择了计算机专业，李开复的数学天赋得以淋漓尽致地发挥；因为选择了计算机专业，强烈的兴趣激发了极大的热情，为他带来了持久的动力，让他敢于大胆尝试，积极主动地争取成功的机会。结果，李开复在计算机领域取得了辉煌的成就：第一个开发出"非特定人连续语音识别"系统，开发出击败人类国际象棋世界冠军——"奥赛罗"人机对弈系统，成为卡内基·梅隆大学计算机系助理教授，2000 年又成为美国电气和电子工程师协会的院士。如果没有选对专业，那么今天的李开复也许只是一个不快乐、不成功、不知名的小律师。

"想要爱你所做,要先做你所爱"。每个人在接受高等教育或走上工作岗位的时候,都会面临一个重大决择——选择专业,即使成功不一定是靠专业知识,但选择一个正确的、合适的专业,会让自己走对路、做对事。对于25岁以下的人来说,选择专业是跨出职业生涯道路的第一步,所以应当结合自己的兴趣、理想、价值观和天赋来考虑职业定位。假如姚明没有选择打篮球,而是和普通家庭的孩子一样读完大学再出来找工作的话,恐怕是不可能有现在这样的成绩和影响力的。所以,选择先于努力。人生只有一回,强迫自己做不喜欢、不擅长的事情,将会付出巨大的代价,还会在悔恨中度过一生。如果不想让人生留下遗憾,就应该在全力以赴之前慎重选择。

2. 选对环境

应该说,李开复是幸运的。除了自身的天赋之外,他成功的另一个关键要素是他在良好的环境中成长。美国的教育方式以赞扬和激励为主,鼓励学生锻炼推理能力和创新能力,所以,受过美国学生通常具有触类旁通、举一反三的分析能力。在攻读博士的时候,李开复选择了开明的导师瑞迪,开始了语音识别系统的研究。当李开复提出了和导师大相径庭的解决方案时,瑞迪并没有阻止他的尝试,而是保留不同意见,并支持他做下去。结果李开复成功了,获得了《商业周刊》颁发的"1988年最重要科技创新奖"。如果生长在强调应试的教育环境中,创新能力就很可能早早地被扼杀在背诵和名目繁多的考试之中。取得博士学位后,李开复在卡内基·梅隆大学教了两年书,但他发现这并不是他想干的工作,所以他毫不犹豫地接受了苹果公司的邀请。要知道,大学教授在美国是一个知识分子梦寐以求的职业,它有很高的社会地位和良好的待遇,就算是在20多年后的今天仍是如此:名牌大学的一个"助理教授"职位,就有上千名博士递出申请。选择"下海",是李开复人生的又一个飞跃。主动地选择自己所爱,使李开复一路升迁。从语音组经理到多媒体实验室主任,再到互动多媒体全球副总裁;到后来为微软组建中国研究院,为中国的大学生提供职业指导,成为他们的"精神教父",一切似乎如鱼得水。

在微软工作七年之后,李开复觉得能学习到的东西不多了,又作出了一个震惊世界的决定——跳槽Google,而且还公开表示是自己主动向Google投怀送抱的。他的解释是:I need to follow my heart。一个拥有辉煌成就和高层身份的人,主动去应聘更有激情、更具潜力的公司,这是一种怎样的勇气!环境造就人,环境也可以糟蹋人,李开复这一路的高歌猛进,真的仅仅是运气使然吗?!

3. 自信积极的人生态度

事实上,李开复是一个普通人,因为他曾经和我们大多数人一样:上台演讲会手脚发抖;怕得罪人而不敢行使管理权;认为只要是创新就一定有市场价值。李开复又是一个不平凡的人,因为他为了提高演讲能力,强迫自己每月做两次演讲;毫不犹豫地开除绩效低下的师兄;很快悟出了一个道理——对人类有用的创新才是更重要的。而这一切都源于李开复自信积极的人生态度,他清楚自己的能力,自信"只要我想要的我就可以",定位清晰,发展方向坚定,并且持之以恒。事实表明,拥有自信和积极心态的人,很容易在职场上游刃有余。如果在台上脸红的李开复因为被笑称为"开复剧场"

就不再主动演讲,那么他就不可能有这样的影响力——在全美高校每场几千人的巡回演讲,本来免费的门票在校园中被拍卖至450美元,甚至还出现了假票。如果为了同情师兄,而容忍低绩效员工的存在,李开复就不可能成为一位受员工爱戴的领袖。

　　成功学专家拿破仑·希尔认为:"人与人之间其实只有很小的差异,但是这种差异却造成了巨大的差别!这种差异就是所具备的心态是积极的还是消极的,巨大的差别就是成功和失败。"积极的心态能使人看到希望,激发自身的潜能,有助于克服困难,保持进取的旺盛斗志。而消极的心态则使人沮丧、抱怨、失望,自我封闭,限制和扼杀自己的创造力。李开复在主动找上Google时,说了一句话:"我不想在70岁的时候因为看到Google是世界最大的公司,而后悔没有在43岁的时候把写好的E-mail发出去"。

　　4. 情商重于智商

　　在我们寒窗苦读的十几年中,学习的科目不少,但粗略地来看只有理科和文科两类。理科学习给了我们分析和推理能力,需要的是一种表现;而文科学习则教会我们表达自己的感情和思想,需要的是情商。在竞争激烈的商业世界中,高智商可以让你找到稳定的工作,而高情商会让你的职位不断升迁,影响圈和社交圈不断扩大。从卓越的科学家到卓越的经理人,李开复证明自己是一个智商和情商都非常高的人。例如,想在大公司里生存,又要带领庞大的团队,员工关系是非常重要的。当2000年李开复被调回微软美国总部时,手下有600多名员工。为了了解员工的需求,以便有效地开展部门工作,李开复每周与10位员工共进午餐,聆听员工的心声和建议。很快地,他了解了几乎所有的下属,高效地分配了人力资源。这表明,作为一个管理者,越是高层,越需要情商,而不仅仅是智商。

　　从李开复的职业选择中我们深刻地体会到:一份工作是暂时的,而职业的发展是永恒的。职业生涯是可以自己设计的!成功的人生需要正确的规划,因为,你今天站在哪里并不重要,但是你下一步迈向哪里却很重要。人的生命只有一次,去珍惜它吧。问问自己:我的生命最适合用来做什么?

（资料来源:杨邦勇. 大学生职业发展与就业指导[M]. 上海:同济大学出版社,2010.）

课后任务

1. 完成附录4——大学生个人职业发展档案的个人情况部分。
2. 完成结构性自传。

单元二

探索我的兴趣偏好

【认知目标】

1. 认识到职业兴趣在职业发展过程中的重要性,愿意在职业选择时考虑职业兴趣因素;
2. 认识到职业兴趣类型与职业发展的内在关系,愿意付出努力通过霍兰德职业兴趣代码等多种工具进行兴趣探索,从而较为全面认识和评估自己的职业兴趣。

【技能目标】

1. 掌握霍兰德职业兴趣理论的基本观点和主要内容,并能运用霍兰德职业兴趣理论等多种探索工具剖析自己的兴趣偏好,确认自己的霍兰德代码;
2. 能结合霍兰德职业兴趣理论剖析自己的兴趣偏好同专业学习和未来成长的关系,锁定与职业兴趣类型相匹配的并与所学专业相关的职业或岗位;
3. 能根据自身职业兴趣特点及未来生涯发展的需要,设计职业兴趣培养方案。

【完成任务】

1. 探索并确认自己的霍兰德代码;
2. 结合所学专业,锁定与自己职业兴趣类型相匹配的职业或岗位。

他的生涯经历

我的大学及后大学时代(2)——跃动之光

大一军训的新奇和疲惫结束后,开始了专业知识的学习。对于基础很差的我来说,数学、化学、英语课程无异于天方夜谭,老师们竭尽全力地讲授,一次次把和周公下棋的我拉回课堂。我努力地听着,貌似每一句我都懂,但是连在一起却无法理解句子的内容。于是,我不禁茫然,这就是大学吗?我什么都听不懂以后该怎么办?我的专业选择是明智的吗?未来我能做什么?有生以来,我第一次陷入了深深的沉思……

现在想来不免觉得当时的我有几分傻气。高中时期头脑中的知识几乎等于"一穷二白",怎么可能在大学初始就能飞跃成"满腹经纶"呢?毕竟,做任何事情的变化都需要经历一个过程。有了这样一个认知,在后期的学习过程中,我开始和同学组成学习小组,对实用的英语知识进行了恶补,效果十分显著。但由于基础太薄且兴趣不大,坦白说,直到现在我的英语水平还停留在应试阶段,没太大的进步。

随着年级的提升,接触到更多的专业课程,比如,面点烘焙、果蔬加工、畜产品加工等课程,让更愿意动手实操的我和很多同学有了大展身手的机会。在 2006—2007 年,我和同学一起参加了学院举行的多次专业技能大赛,先后荣获烘焙创意大赛一等奖、蛋糕裱花大赛二等奖、创意果冻大赛一等奖、大学生创业大赛一等奖等奖项。看着一件件犹如艺术品的食物不断地被加工出来,听到老师们的赞赏,看到同学们惊羡的眼神,我这个一度自认为是"不求上进"的差生代表一跃成为被大家赞赏和追捧的"杜有才",极大提升了我的专业自豪感,同时也使我对专业的认知和就业信心不断攀升。这可能就是我大学期间最主要的收获。也正是在这样的自信心和自豪感的推动下,我直到现在依然坚持着从事本专业的工作,从未改变。

问题的提出与重要性

✍ 练习 2-1 ✍

请同学阅读下面的案例并思考,他们的困惑是什么,你有类似的情况吗,你认为应如何解决这些问题?

(1) 王新宇是一名入学不久的大一新生。在高考填报志愿时,他就曾经因为不知道该选什么专业而困惑。有人告诉他"随便选一个自己喜欢的就行",而他却不知道自己喜欢什么。于是,他听从父母的意愿,选了"男生比较适合"的康复治疗技术专业。目前,他对自己所学的专业谈不上喜欢还是不喜欢,对于所学习的专业内容,认为按部就班学习就好,不补考,顺利毕业,最后找到工作就行。然而,学习了生涯规划课程后,他开始思考这些问题:我选择的专业是不是我所喜欢的?我适合做什么样的工作?我最看重什么样的工作?……每当想起这些问题时,他就会陷入困惑和迷茫:就这样按部就班地毕业然后找工作吗,难道就真的没有自己喜欢的职业吗?

(2) 司琪被同学们认为是一个非常"博学"的人,是"多才多艺"的典范,大家都很羡慕她。她的兴趣爱好十分广泛:体育、绘画、琴艺、表演,同时在某些方面还得过奖。同时,她还加入了文学社、英语社团、戏剧社、通讯社,又与一些同学一起创办了职业生涯发展协会……但是一个问题一直困惑着她:干什么都不能持之以恒,过了不多久就没有了新鲜感。现在临近毕业,面对职业选择时,她想知道:到底什么才是自己真正的兴趣呀?

(3) 曹将自称是文学青年,许久以来梦想当作家。遗憾的是,他父母并不这么认为,

"作家不是一个正当职业,写作也不能当饭吃"。因此,在大学选择专业时,他与父母就发生了冲突:他想学习中文,而父母希望他学习计算机,将来进入热门的 IT 行业。目前,他在某大学学习计算机应用技术专业,已经读到了大二。但学习让他感到很无奈,整天萎靡不振的,无论怎么努力,他都没法喜欢数学、计算机这些理论性很强的学科。当然,他也想通过换专业来解决这一问题,但毕竟读到了大二,目前很难调换。

"股神"沃伦·巴菲特曾说过这样一段话:我和你没有什么差别,如果你一定要找一个差别,那可能就是我每天有机会做我最爱的工作——如果你要我给你忠告,这是我能给你的最好忠告了。巴菲特的观点当然是一家之言,但是他真正道出了一个道理:兴趣与职业生涯发展关系密切。

一个人的工作满意度和生活满意度,主要取决于其职业兴趣倾向的满足程度,在职业生涯规划过程中,识别自己的兴趣偏好是一个关键的部分,也是自我探索的核心内容之一。对自我了解得越多、越深,越清楚知道自己更适合走哪一条道路,职业发展方向也就越明确。我们将从职业兴趣概念、职业兴趣在职业生涯发展的作用以及兴趣的相关理论入手,重点分析霍兰德的职业兴趣理论,目的是帮助同学们弄清自己的职业兴趣,发现与自己兴趣倾向相匹配的职业。

一、兴趣与职业兴趣

✍ **练习 2-2** ✍

请同学们谈一谈自己的兴趣与爱好,说说这些兴趣与爱好对自己的生活有哪些影响。

---

1. 兴趣的含义

兴趣是一种重要的心理倾向,是个体以特定的事物、活动及人为对象,所产生的积极的和带有倾向性、选择性的态度和情绪,是个体力求认识某种事物和从事某项活动的意识倾向。兴趣是多种多样的,不同的人,兴趣有可能不同,即使同一人也可能有多种不同的兴趣。有的人对研究自然知识感兴趣,向往在大自然和天文地理中自由翱翔;有的人倾向于情感世界,乐此不疲地与人交往;有的人则倾向于理性世界,喜欢逻辑分析;有的人对智力操作感兴趣,对读书、写作、演算、设计废寝忘食;有的人则对技能操作感兴趣,对车、钳、刨、洗、摄影等津津乐道。

2. 职业兴趣的含义

当兴趣直接指向与职业有关的活动时,就称为职业兴趣。职业兴趣是指一个人在探究某种职业活动或者从事某种职业活动所表现出来的特殊个性倾向,它使个人对某种职业给予优先的注意,并具有向往的情感。职业兴趣是职业的多样性、复杂性与职业人员自身个性的多样性相对应下反映出的一种特殊的心理特点。职业兴趣反映了职业特点和个体特点之间的匹配关系,是人们职业选择的重要依据和指南。

二、为什么在职业选择时要考虑职业兴趣

许多研究指出,单凭能力并不能预测职业生涯的成功和失败,个人的兴趣、性格、价值观等情感性倾向因素对职业适应性都有影响,因而必须加以考虑。而在这些因素中,又以兴趣所起的作用为最大。

1. 职业兴趣影响职业定向和职业选择

著名职业经理人李开复先生,当年读大学选专业时曾经走过"世俗"的道路,选择攻读比较热门的法律专业。可是一年多后,他才发现自己对法律没有兴趣,但对于计算机即使每天疯狂地编程也乐此不疲。在导师的鼓励和自己慎重分析后,李开复在大二决定转入当时哥伦比亚大学默默无闻的计算机系。想起当年的人生选择,李开复不禁感慨万千:"若不是那天的决定,今天我就不会拥有计算机领域的成就,很可能只是在美国某个小镇上,做一个既不成功又不快乐的律师。"

2. 职业兴趣能够开发人的能力、激发人的探索与创造

职业兴趣是创新的源泉,它可以使人的求知欲增强,从而朝气蓬勃地去参加工作并积极地进行探索,从而最大限度地去挖掘潜能,充分施展才华,创造出不凡的业绩,或者开创一个发展空间。有关研究资料表明,如果一个人对某一工作有兴趣,他便能发挥其全部才能的80%～90%,如果对所从事的工作不感兴趣,他在工作中只能发挥其全部才能的20%～30%。

3. 职业兴趣能够增强人的职业适应性和稳定性

一个人在从事某类他所感兴趣的工作时,就会产生强烈的兴趣和满足感,他会尽可能发挥自己的全部才能,并且长时间保持高效率而不知疲倦;反之,当一个人对某工作不感兴趣时,就可能把工作当成苦差,可能会消极怠工,就很容易感到疲劳、厌倦。总之,职业兴趣使人们明确自己的主观性向,得到最适宜的活动情境并投入最大的关注与能力,从而增强人的职业适应性和稳定性。

理论的讲解与运用

关于职业兴趣的理论最为著名并广泛应用的是霍兰德职业兴趣理论。

约翰·霍兰德(John Holland)是美国约翰·霍普金斯大学心理学教授,著名的职业指导专家,自20世纪50年代以来,提出了一系列的研究假设和成果。他认为职业选择是个人兴趣在工作世界中的表露和延伸,某一类型的职业通常会吸引具有相同职业兴趣的人,而具有相同职业兴趣的人对许多生活事件的反应模式也是基本相似的,他们创造了具有某一特色的生活环境(包括工作环境)。他强调人的整体性和工作环境的整体性,注重个人的兴趣类型同工作环境的一致性;认为在同等条件下,人和环境的适配性或一致性将会增加个体的工作满意度、职业稳定性和职业成就感;职业代表一种生活方式、生活环境,而不仅仅是一些工作职能和技巧。

一、霍兰德的职业兴趣理论的基础

霍兰德生涯理论的基点有以下4个基本假设。

（1）大部分人的职业兴趣可分为6种类型，即现实型、研究型、艺术型、社会型、企业型和常规型。

（2）现实社会中存在6种工作环境，即现实型、研究型、艺术型、社会型、企业型和常规型。

（3）人们倾向于寻找和选择那种有利于他们技术、能力的发挥，能充分表达他们的态度，实现他们的价值，并使自己能扮演满意角色的环境。

（4）一个人的行为是他本人兴趣和环境特征相互作用的结果。

二、霍兰德对6种不同职业兴趣类型的描述

1. 现实型

现实型的活动、能力和兴趣塑造人们表现出下列特征。

（1）职业偏好：喜欢从事自己偏好的现实型职业或情境（如电工或技工），而回避社会型职业或情境所要求的活动。

（2）生活目标和价值观：拥有传统的价值观，偏好在制度约束下工作。相信自由（独立或自由选择），认为雄心勃勃和自我控制是重要的价值，鄙视怜悯。

（3）自我信念：认为自己有机械的、技术的或者运动的能力。乐于用双手、工具和机械电器工作。认为自己缺乏人际交往方面的能力，相信在一些社会性任务上会受挫。

（4）问题解决类型：用现实型信念、能力和价值观解决工作或其他场合中遇到的问题。喜欢具体的、实际的和结构化的解决方案或策略，而不喜欢文秘的、学究气的或者富有想象力的事情。

2. 研究型

研究型的活动、能力和兴趣塑造人们表现出下列特征。

（1）职业偏好：喜欢从事自己偏好的研究型职业或情境（如生物学家或医学家）。

（2）生活目标和价值观：重视科学性的或学术性的活动和成果。重视自主（独立）以及一些个人特点（如智慧的、富有逻辑的、雄心勃勃的），但是认为其他的生活目标或价值观相对而言不太重要（如家庭保障、快乐），拥有真正的友谊，信念开放。

（3）自我信念：认为自己有科学研究能力以及数学才能，认为自己善于分析，好奇、博学、兴趣广泛，乐于阅读或思索问题的解决方案。相信自己劝说他人采取行动会受挫。认为自己心胸开阔，有广泛的兴趣。自尊程度中等。

（4）问题解决类型：用研究型的信念、能力和价值观，解决工作或其他场合中遇到的问题，乐于寻求具有挑战性的问题。

3. 艺术型

艺术型的活动、能力和兴趣塑造人们表现出下列特征。

（1）职业偏好：喜欢从事自己偏好的艺术型职业或情境（如作家或室内装饰设计师），而回避常规型职业或情境所要求的活动。

（2）生活目标和价值观：重视审美体验和成就。重视自我表达、人人平等以及一些个人特征（如富有想象力、勇敢），不服从指挥，逻辑性不强或责任心不强。

（3）自我信念：认为自己有表现力，坦率、创新、直觉、不拘泥、不循规蹈矩、好自省、独立、不讲秩序、具有艺术与音乐才能以及表演、写作和演说才能。

（4）问题解决类型：用研究型信念、能力和价值观解决工作或其他场合中遇到的问题，善于发现艺术情境中的问题。艺术才能和个人特征（如直觉、表达力、独创性）支配其问题解决过程。

4. 社会型

社会型的活动、能力和兴趣塑造人们表现出下列特征。

（1）职业偏好：喜欢从事自己偏好的社会型职业或情境（如教师或咨询师），而回避现实型职业或情境所要求的活动，能与具有相似信念和价值观的人交往。

（2）生活目标和价值观：重视社会和道德活动与问题。愿意在下列情境中服务他人：医务支持、公共服务或者互相帮助。相信人人平等，愿意助人与仁慈，鄙视逻辑性、理性或奢华的生活。重视宗教信仰。

（3）自我信念：认为自己乐于助人、理解他人，有教学才能、社会技能，缺乏机械与科学能力。满足于助人或教学。

（4）问题解决类型：用社会型信念、能力和价值观解决工作或其他场合中遇到的问题，善于发现社会情境中的问题。这些问题被更多看作是人际关系类问题。社会能力特质（如寻求互惠互利等）支配其问题解决过程。

5. 企业型

企业型的活动、能力和兴趣塑造人们表现出下列特征。

（1）职业偏好：喜欢从事自己偏好的企业型职业或情境（如销售人员或管理者），而回避研究型职业或情境所要求的活动。

（2）生活目标和价值观：持有传统的价值观（如经济的和政治的成就）。重视控制他人，而不愿受到他人控制，雄心勃勃。

（3）自我信念：认为自己有进取心，受人欢迎、自信、好交际，有领导和演说才能，缺乏科学研究能力，自尊心很强，持有传统的价值观。

（4）问题解决类型：用企业型信念、能力和价值观解决工作或其他场合中遇到的问题。善于在经营中发现问题，这些问题更多被看作是社会影响类问题。

6. 常规型

常规型的活动、能力和兴趣塑造人们表现出下列特征。

（1）职业偏好：喜欢从事自己偏好的常规型职业或情境（如簿记员或记账员），回避艺术型职业或情境所要求的活动。

（2）生活目标和价值观：重视商业和经济成果。认为成为财政或贸易方面的专家，过舒适的生活以及从事许多工作都是重要的目标。持传统价值观，信念保守。

（3）自我信念：认为自己遵从规则、守秩序，具有文书和数字能力，认为在事务方面具有最佳才能，而在艺术方面的能力弱。

（4）问题解决类型：用常规型信念、能力和价值观解决工作或其他场合中遇到的问题。遵从既有的规则、实践和程序，愿意向权威人士征求意见和进行咨询。

✎ **练习 2-3** ✎

职业兴趣的自我诊断——你的霍兰德代码

职业兴趣的自我诊断是进行职业兴趣评估的有效的方法之一,现在我们一起来运用以下测验来评估一下你的职业兴趣倾向。本测验选择霍兰德职业性向测评中的三个部分,每部分测验都没有时间限制,但请你尽快按要求尽可能一次完成。

第一部分 你所感兴趣的活动

下面列举了若干种活动,请就这些活动判断你的好恶。喜欢的,请选择"是";不喜欢的,请选择"否"。请按顺序回答全部问题,并统计每一部分"是"一栏的得分,每个"是"以 1 分计算。

R:现实型活动　　　　　　　　　　　是□　　否□
1. 装配修理电器或玩具　　　　　　 是□　　否□
2. 修理自行车　　　　　　　　　　 是□　　否□
3. 用木头做东西　　　　　　　　　 是□　　否□
4. 开汽车或摩托车　　　　　　　　 是□　　否□
5. 用机器做东西　　　　　　　　　 是□　　否□
6. 参加木工技术学习班　　　　　　 是□　　否□
7. 参加制图描图学习班　　　　　　 是□　　否□
8. 驾驶卡车或拖拉机　　　　　　　 是□　　否□
9. 参加机械和电气学习班　　　　　 是□　　否□
10. 装配、修理机器　　　　　　　　是□　　否□
"是"一栏得分____

I:研究型活动　　　　　　　　　　　是□　　否□
1. 阅读科技图书和杂志　　　　　　 是□　　否□
2. 在实验室工作　　　　　　　　　 是□　　否□
3. 改良水果品种,培育新的水果　　　是□　　否□
4. 调查了解土壤和金属等物质的成分 是□　　否□
5. 研究自己选择的特殊问题　　　　 是□　　否□
6. 解算术题或玩数学游戏　　　　　 是□　　否□
7. 上物理课　　　　　　　　　　　 是□　　否□
8. 上化学课　　　　　　　　　　　 是□　　否□
9. 上几何课　　　　　　　　　　　 是□　　否□
10. 上生物课　　　　　　　　　　　是□　　否□
"是"一栏得分____

A:艺术型活动　　　　　　　　　　　是□　　否□
1. 素描/制图或绘画　　　　　　　　是□　　否□
2. 参加话剧/戏剧表演　　　　　　　是□　　否□

3. 设计家具/布置室内	是☐	否☐
4. 练习乐器/参加乐队	是☐	否☐
5. 欣赏音乐或戏剧	是☐	否☐
6. 看小说/读剧本	是☐	否☐
7. 从事摄影创作	是☐	否☐
8. 写诗或吟诗	是☐	否☐
9. 进艺术(美术/音乐)培训	是☐	否☐
10. 练习书法	是☐	否☐

"是"一栏得分____

S:社会型活动	是☐	否☐
1. 学校或单位组织的正式活动	是☐	否☐
2. 参加某个社会团体或俱乐部活动	是☐	否☐
3. 帮助别人解决困难	是☐	否☐
4. 照顾儿童	是☐	否☐
5. 出席晚会、联欢会、茶话会	是☐	否☐
6. 和大家一起出去郊游	是☐	否☐
7. 想获得关于心理方面的知识	是☐	否☐
8. 参加讲座或辩论会	是☐	否☐
9. 观看或参加体育比赛和运动会	是☐	否☐
10. 结交新朋友	是☐	否☐

"是"一栏得分____

E:企业型活动	是☐	否☐
1. 说服、鼓动他人	是☐	否☐
2. 卖东西	是☐	否☐
3. 谈论政治	是☐	否☐
4. 制订计划,参加会议	是☐	否☐
5. 以自己的意志影响别人的行为	是☐	否☐
6. 在社会团体中担任职务	是☐	否☐
7. 检查与评价别人的工作	是☐	否☐
8. 结交名流	是☐	否☐
9. 指导有某种目标的团体	是☐	否☐
10. 参与政治活动	是☐	否☐

"是"一栏得分____

C:常规型(传统型)活动	是☐	否☐
1. 整理桌面和房间	是☐	否☐
2. 抄写文件和信件	是☐	否☐
3. 为领导写报告或公务信函	是☐	否☐
4. 检查个人收支情况	是☐	否☐

5. 参加打字培训班　　　　　　　　是☐　　否☐
6. 参加算盘、文秘等实务培训　　　是☐　　否☐
7. 参加商业会计培训班　　　　　　是☐　　否☐
8. 参加情报处理培训班　　　　　　是☐　　否☐
9. 整理信件、报告、记录等　　　　是☐　　否☐
10. 写商业贸易信件　　　　　　　 是☐　　否☐

"是"一栏得分____

第二部分　你所喜欢的职业

下面列举了多种职业，请逐一认真地看，如果是你有兴趣的工作，请选择"是"；如果你不太喜欢、不关心的工作，请选择"否"。请回答全部问题。

R：现实型职业　　　　　　　　　　是☐　　否☐
1. 飞机机械师　　　　　　　　　　是☐　　否☐
2. 野生动物专家　　　　　　　　　是☐　　否☐
3. 汽车维修工　　　　　　　　　　是☐　　否☐
4. 木匠　　　　　　　　　　　　　是☐　　否☐
5. 测量工程师　　　　　　　　　　是☐　　否☐
6. 无线电报务员　　　　　　　　　是☐　　否☐
7. 园艺师　　　　　　　　　　　　是☐　　否☐
8. 长途公共汽车司机　　　　　　　是☐　　否☐
9. 电工　　　　　　　　　　　　　是☐　　否☐

"是"一栏得分____

I：研究型职业　　　　　　　　　　是☐　　否☐
1. 气象学或天文学学者　　　　　　是☐　　否☐
2. 生物学学者　　　　　　　　　　是☐　　否☐
3. 医学实验室的技术人员　　　　　是☐　　否☐
4. 人类学学者　　　　　　　　　　是☐　　否☐
5. 动物学学者　　　　　　　　　　是☐　　否☐
6. 化学学者　　　　　　　　　　　是☐　　否☐
7. 数学学者　　　　　　　　　　　是☐　　否☐
8. 科学杂志的编辑或作家　　　　　是☐　　否☐
9. 地质学学者　　　　　　　　　　是☐　　否☐
10. 物理学学者　　　　　　　　　 是☐　　否☐

"是"一栏得分____

A：艺术型职业　　　　　　　　　　是　　　否
1. 乐队指挥　　　　　　　　　　　是☐　　否☐
2. 演奏家　　　　　　　　　　　　是☐　　否☐
3. 作家　　　　　　　　　　　　　是☐　　否☐
4. 摄影家　　　　　　　　　　　　是☐　　否☐

5. 记者 是□ 否□
6. 画家、书法家 是□ 否□
7. 歌唱家 是□ 否□
8. 作曲家 是□ 否□
9. 电影电视演员 是□ 否□

"是"一栏得分____

S：社会型职业 是□ 否□
1. 街道、工会或妇联干部 是□ 否□
2. 小学、中学教师 是□ 否□
3. 精神病医生 是□ 否□
4. 婚姻介绍所工作人员 是□ 否□
5. 体育教练 是□ 否□
6. 福利机构负责人 是□ 否□
7. 心理咨询师 是□ 否□
8. 共青团干部 是□ 否□
9. 导游 是□ 否□
10. 国家机关工作人员 是□ 否□

"是"一栏得分____

E：企业型职业 是□ 否□
1. 厂长 是□ 否□
2. 电视剧制作人 是□ 否□
3. 公司经理 是□ 否□
4. 销售员 是□ 否□
5. 不动产推销员 是□ 否□
6. 广告部部长 是□ 否□
7. 体育活动主办者 是□ 否□
8. 销售部部长 是□ 否□
9. 个体工商业者 是□ 否□
10. 企业管理咨询人员 是□ 否□

"是"一栏得分____

C：常规型职业 是 否
1. 会计师 是□ 否□
2. 银行出纳员 是□ 否□
3. 税收管理员 是□ 否□
4. 计算机操作员 是□ 否□
5. 簿记人员 是□ 否□
6. 成本核算员 是□ 否□
7. 文书档案管理员 是□ 否□

8. 打字员　　　　　　　　　　　　　　是☐　　否☐
9. 法庭书记员　　　　　　　　　　　　是☐　　否☐
10. 人口普查登记员　　　　　　　　　是☐　　否☐
"是"一栏得分____

第三部分　统计和确定你的职业兴趣倾向

请将第一部分和第二部分的全部测验分数按前面已统计好的6种职业兴趣倾向（R型、I型、A型、S型、E型和C型）得分填入表1-2，并作纵向累加。

测试	R型	I型	A型	S型	E型	C型
第一部分						
第二部分						
总分						

请将表1-2中的6种职业倾向总分按大小顺序依次从左至右排列：
_____型、_____型、_____型、_____型、_____型、_____型
你的职业倾向性得分：最高分_____，最低分_____

三、霍兰德对6种不同工作环境类型的描述

1. 现实型职业

现实型职业通常是指对物体、工具、机器、动物等进行操作的工作。从事现实型职业的人通常具有现实型的人格特质。他们大多是现实的、机械的，并具有传统的价值观，愿意使用工具从事操作性工作，动手能力强，做事手脚灵活，动作协调，倾向于用简单、直接的方式来处理问题，偏好具体任务，不善言辞，做事保守，较为谦虚。缺乏社交能力，通常喜欢独立做事，有时也用他们的机械和技术能力来进行生产。

典型职业：喜欢使用工具、机器等需要基本操作技能的工作。对要求具备机械方面才能、体力或从事与物件、机器、工具、运动器材、植物、动物相关的职业有兴趣，并具备相应能力。例如，技术性职业（计算机硬件人员、摄影师、制图员、机械装配工）、技能性职业。

2. 研究型职业

研究型职业通常是指对物理学、生物学或文化知识进行研究和探索的职业。从事这一行业的人通常具有研究型的人格特质。他们大多是有学问、聪明的思想家而非实干家，抽象思维能力强，求知欲强，肯动脑，善思考，不愿动手。他们喜欢独立的和富有创造性的工作，考虑问题理性，做事喜欢精确，喜欢逻辑分析和推理，不断探讨未知的领域。他们获取成就的方式主要是通过证明他们的科学价值来达到。

典型职业：喜欢智力的、抽象的、分析的、独立的定向任务，要求具备智力或分析才能，并将其用于观察、估测、衡量，形成理论，最终解决问题的工作。例如，科学研究人员、教师、工程师、电脑编程人员、医生、系统分析员。

3. 艺术型职业

艺术型职业通常是指进行艺术、文学、音乐和戏剧创作的职业。从事这一职业的人通

常具有艺术型的人格特质。他们大多擅长表达,富有创造力,直觉能力强,渴望表现自己的个性,不随波逐流,独立性强。他们具有一定的艺术才能和个性,做事理想化,追求完美,不重实际,通常以展示自己的艺术价值来获取成就,以复杂的和非传统的方式来看待世界,与他人交往更富于情感和表达。

典型职业:喜欢要求具备艺术修养、创造力、表达能力和直觉的工作,并具备相应的能力将其用于语言、行为、声音、颜色和形式的审美、思索和感受,不善于事务性工作。例如,艺术方面(演员、导演、艺术设计师、雕刻家、建筑师、摄影家、广告制作人)、音乐方面(歌唱家、作曲家、乐队指挥)、文学方面(小说家、诗人、剧作家)。

4. 社会型职业

社会型职业通常是指与人打交道的工作,如教导、培训、发展、治疗或启发人的心智等。从事这类职业的人通常具有社会型的人格特质。他们通常乐于助人、善解人意,灵活而随和,关心社会问题,渴望发挥自己的社会作用。他们比较看重社会义务和社会道德,获取成就的主要方式是通过展示自己的社会价值来达到,并常常以友好、合作的方式来与人相处。

典型职业:喜欢要求与人打交道的工作,能够不断结交新的朋友,从事提供信息、启迪、帮助、培训、开发或治疗等事务,并具备相应能力。例如,教育工作者(教师、教育行政人员)、社会工作者(咨询人员、公关人员)。

5. 企业型职业

企业型职业通常是指通过控制、管理他人而达到个人或组织目标的职业。从事这一职业的人通常具有企业型的人格特质。他们追求权力、权威和物质财富,一般都具有领导和演说才能,喜欢竞争、敢冒风险,有野心、抱负,为人务实,习惯以利益得失、权力、地位、金钱等来衡量做事的价值,做事有较强的目的性。他们会通过展示自己的金钱、权力、地位等来获取成就,常常以权力、地位、责任等为标准来衡量外界事物,并通过控制的方式来处理问题。

典型职业:喜欢要求具备经营、管理、劝服、监督和领导才能,以实现机构、政治、社会及经济目标的工作,并具备相应的能力。例如,项目经理、销售人员、营销管理人员、政府官员、企业领导、法官、律师。

6. 常规型职业

常规型职业通常是指对数据进行细致有序的系统处理的工作,如数据录入、档案管理、信息组织和工作机器操作等。从事这一职业的人通常具有常规型的人格特质。他们尊重权威和规章制度,喜欢按计划办事,细心、有条理,习惯接受他人的指挥和领导,自己不谋求领导职务。他们通常整洁有序,擅长文书工作,较为谨慎和保守,缺乏创造性,不喜欢冒险和竞争,富有自我牺牲精神,一般会在适应性和依赖性的工作中获取成就。他们通常以传统的和依赖的态度来看待事物,并用认真、现实的方式来处理问题。

典型职业:喜欢要求注意细节、精确度、有系统、有条理,具有记录、归档、据特定要求或程序组织数据和文字信息的职业,并具备相应能力。例如,秘书、办公室人员、办事员、会计、行政助理、图书馆管理员、出纳员、打字员、投资分析师。

四、霍兰德6种职业兴趣类型之间的关系

人们通常倾向选择与自我兴趣类型匹配的职业环境,如具有现实型兴趣的人希望在

现实型的职业环境中工作,可以最好地发挥个人的潜能。但职业选择中,个体并非一定要选择与自己兴趣完全对应的职业环境。一是因为个体本身常是多种兴趣类型的综合体,单一类型显著突出的情况不多,因此评价个体的兴趣类型时,也时常以其在六大类型中得分居前三位的类型组合而成,组合时根据分数的高低依次排列字母,构成其兴趣组型,如RCA、AIS 等;二是因为影响职业选择的因素是多方面的,不完全依据兴趣类型,还要参照社会的职业需求及获得职业的现实可能性。因此,职业选择时会不断妥协,寻求与相邻职业环境,甚至相隔职业环境,在这种环境中,个体需要逐渐适应工作环境。如果个体寻找的是相对的职业环境,意味着所进入的是与自我兴趣完全不同的职业环境,则工作起来可能难以适应,或者难以做到工作时觉得很快乐,相反,甚至可能会每天工作得很痛苦。

霍兰德将6种职业兴趣类型排列成一个六边形(如图2-1 所示),形象地阐述了6个类型之间的关系。

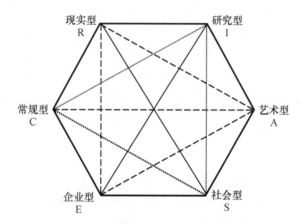

图 2-1 六角形模型对人格特质和职业

在这个六边形中,每种职业兴趣类型与其邻近的两种类型属于相邻关系,与其处于次对角线上的两种类型属于相隔关系,与其处于主对角线上的那种职业人格类型属于相对关系。对此,霍兰德提出了职业选择时应遵循的以下几个原则。

(1) 适宜原则,即每种职业兴趣类型的人适宜从事同种类型的职业。

(2) 相邻原则,即每种职业兴趣类型的人选择从事与人格类型相邻类型的职业,比较容易适应,如 RI、IR、IA、AI、AS、SA、SE、ES、EC、CE、RC 及 CR。属于这种关系的两种类型的个体之间共同点较多,现实型R、研究型I的人就都不太偏好人际交往,这两种职业环境中也都较少有机会与人接触。

(3) 相隔原则,即人们选择从事与兴趣类型成相隔关系类型的职业,经过艰苦努力,较容易适应,如 RA、RE、IC、IS、AR、AE、SI、SC、EA、ER、CI 及 CS,属于这种关系的两种类型个体之间共同点较相邻关系少。

(4) 相斥原则,即人们如果选择与兴趣类型相斥关系类型的职业,则很难适应,如 RS、IE、AC、SR、EI 及 CA 等,相对关系的人格类型共同点少,因此,同一个人同时对处于相斥关系的两种职业环境都兴趣很浓的情况较为少见。

在霍兰德看来,个体的兴趣类型是可以测定的,可以是自测,也可以通过量表来测定。有些人的兴趣类型可能并不是非常清晰,但总与某一类比较接近。同样,霍兰德认为,社会环境的类型也是可以区分开来的。在清楚地了解了兴趣类型和社会环境的类型之后,是可以使两者适当地配合的。

但在实际的测试中,很少有人属于其中某种单一类型,多数人属于其中几种的混合型。每个个体都会测得分数最高的某种职业兴趣类型,也有分数次高的与之相近的职业兴趣类型,还有再次的与之成中性关系的职业兴趣类型。一般又都有分数最高与分数最低的相斥的两种职业兴趣类型。个体在实际选择职业时,可以选择与自己职业兴趣类型完全一致类型的职业,如果不能实现,也可以选择与之相近或成中性关系类型的职业,但尽可能注意避免选择与之成相斥关系类型的职业。

人们在选择职业时发生困难,往往是由于对自己的兴趣、能力不够了解,或者过于笼统,也有可能是由于对社会环境缺乏了解,从而无法实现其职业规划。因此,霍兰德认为,如果没有严重的心理障碍和精神异常,大部分人只要得到必要的信息,有一定的机会进行职业探索,每个人都是可以自行解决其职业问题的。

霍兰德还认为,个体最初表现出的是对某些活动的偏好和兴趣,后来才逐渐发展成为某一方面的能力和专长,在此基础上形成职业价值观。个体职业的偏好、能力和价值观又会引导其朝着这一职业目标前进。因此,一个人的兴趣类型是遗传与环境相互作用的结果。从这个意义上讲,早期的职业兴趣培养,在兴趣类型的形成中起着重要作用。

探索的方法与技能训练

2001 年 5 月,美国内华达州的麦迪逊中学,在入学考试时出了一个题目:比尔·盖茨的办公桌上有 5 只带锁的抽屉,分别贴着财富、兴趣、幸福、荣誉、成功 5 个标签。比尔·盖茨总是只带一把钥匙,而把其他的 4 把锁在抽屉里。请问盖茨带的是哪一把钥匙?其他的 4 把锁在哪一只或哪几只抽屉里?

有的学生把它当成了一道作文题来答,有的学生随便选了一个答案就交卷了,还有的弄不清究竟是什么意思,于是放弃了。究竟有多少种答案我们不得而知,最后,还是比尔·盖茨给麦迪逊中学的回信揭开了最终的谜底,信中只有这么一句话:"在你最感兴趣的事物上,隐藏着你人生的秘密。"同学们,想不想知道你的人生秘密呢?那么,就开始动手来进行职业兴趣的自我探索活动吧!

✍ **练习 2-4** ✍

发现你的兴趣

请认真完成下列各题。

1. 在学校里你喜欢哪些课程?

2. 你常阅读哪些类型的书籍或杂志?

3. 做什么事你最有兴趣?

4. 你是怎么度过自己闲暇时间的?

5. 你做过哪些工作(包括志愿者工作),你喜欢做哪些工作?

_____
_____

🖎 **练习2-5** 🖎

描述你自己

在下面形容词做出标号,圆圈代表像你,叉号代表不像你。

1. 现实型(R)

循规蹈矩的	物质至上的	现实的
教条的	自然的	保守的
真诚的	普通的	精力充沛的
踏实的	坚韧的	谦让的
僵硬的	实际的	肤浅的

2. 研究型(I)

善于分析的	独立的	激进的
谨慎的	有智慧的	理性的
复杂的	内省的	保守的
挑剔的	悲观的	不爱交际的
好奇的	精细的	谦逊的

3. 艺术型(A)

杂乱的	富有想象力的	有直觉的
不整齐的	不务实的	叛逆的

情绪化的	易冲动的	开放的
富于表现的	独立的	原创的
理想主义的	内省的	敏感的

4. 社会型(S)

惬意的	乐于助人的	有责任感的
乐于合作的	理想主义的	好交际的
移情的	友善的	机智的
友好的	有耐心的	善解人意的
慷慨的	善于信服的	热情的

5. 企业型(E)

进取的	精力充沛的	强有力的
冒险的	热忱的	乐观的
有抱负的	要求刺激的	足智多谋的
独断的	好出风头的	自信的
专横的	外向的	好交际的

6. 常规型(C)

细心的	僵硬的	坚韧的
遵守规则的	拘谨的	实际的
尽责的	有条理的	注重细节的
教条的	顺从的	节俭的
有效率的	有序的	缺乏想象力的

请查看画圈的形容词,注意我们这个形容词清单分为6个部分:现实型(R)、研究型(I)、艺术型(A)、社会型(S)、企业型(E)和常规型(C),哪一组的形容词能够最好地描述你自己?

请在下面空格中标出6组形容词中你选出形容词最多的组名,按顺序排列。

1. _____ 2. _____ 3. _____

每一组形容词都描述某一特定类型的人。你愿意和哪一类人打交道?请按顺序标出你最愿意与之交往的人。

1. _____ 2. _____ 3. _____

_____
_____

✐ 练习2-6 ✐

描述自己的兴趣发展

你从小学、初中、高中到大学阶段,在学习、工作、休闲、社交等方面发生哪些令你难忘的、有趣的事,请尽可能多地将它们一一写出来,然后根据表2-1分析它们所体现出来的你的职业兴趣可能是什么。

表 2-1　各阶段的兴趣

兴趣表现＼人生阶段	小学阶段	初中阶段	高中阶段	大学阶段
学习方面				
工作方面				
休闲方面				
社交方面				

填写完表 2-1 后,请结合下面的问题做深入的思考。

1. 有没有发现自己的兴趣在不同的成长阶段是不太一样的?想一想这些转变是怎么发生的?

2. 有没有注意到自己有一些兴趣是没有改变的?想一想是什么可以让你一直坚持着这一兴趣?

3. 请试着将你的兴趣按照霍兰德 6 种职业兴趣归类,符合你的用横线划出,看看你哪一类型的职业兴趣较多?请按顺序将它们写下来。

1. _____   2. _____   3. _____
4. _____   5. _____   6. _____

4. 思考你的人生历程,哪些兴趣的发展你比较满意?哪些兴趣发展不尽如人意?这些兴趣与你专业相关吗?

经过职业兴趣的自我探索活动和职业兴趣的自我诊断,同学们对自己的职业兴趣有了进一步的了解,明确了自己的职业兴趣倾向。其中,有的同学的自我探索与自我诊断的结果是基本一致的,而有的同学可能存在一定的偏差。这说明同学们在理想与现实选择中,出现了不一致的情况。这是正常现象,就如同许多时候我们存在的思想和行动的不一致的情况一样。它也提醒我们:要不断进行职业兴趣分析与探索活动,加深对自己职业兴趣的认知。

_____

_____

✍ 练习 2-7 ✍

我 的 职 业 库

请将前面的职业兴趣探索居前三位的兴趣代码找出来,对照附录 1——霍兰德职业索引,判断一下与自己的职业兴趣类型相匹配的职业有哪些,整理后填入表 2-2。

表2-2 备选职业清单

我的备选职业清单：

职业兴趣的培养

兴趣与职业密切相关,兴趣是职业活动的巨大动力,凡是对某一职业具有职业兴趣,就可以提高个体的工作积极性,促使其主动地、愉快地从事该职业。职业兴趣也总是以社会的职业需要为基础,并在一定的学习与教育条件下形成和发展起来,因此是可以培养的。

(一)职业兴趣培养的影响因素

职业兴趣是以一定的素质为前提,在职业生涯实践过程中逐渐发生和发展起来的。它的形成与个人的个性、自身能力、实践活动、客观环境和所处的历史条件有着密切的关系。因此,职业规划对兴趣的探讨不能孤立进行,应当结合个人的、家庭的、社会的因素来考虑。了解这些因素,有助于深入认识自己,更好地进行职业规划。

1. 个人需要和个性

兴趣是以需要为前提和基础的,人们需要什么也就会对什么产生兴趣。由于人们的需要包括生理需要和社会需要或物质需要和精神需要,因此人的兴趣也同样表现在这两个方面。人的生理需要或物质需要一般来说是暂时的,容易满足的。例如,人对某一种食物、衣服感兴趣,吃饱了、穿上了也就满足了;而人的社会需要或精神需要却是持久的、稳定的、不断增长的,如人际交往、对文学和艺术的兴趣,对社会生活的参与则是长期的、终生的,并且不断追求的。兴趣是在需要的基础上产生的,也是在需要的基础上发展的。

兴趣也同样受到个性品质的影响,良好的个性品质会有效地促进形成良好的职业兴趣倾向,个性内向稳重的人,职业兴趣持久稳定,在所感兴趣的领域中就容易形成自身突出的专长与优势,容易成长为专业型人才。而个性外向活泼的人,兴趣和爱好相对比较广泛,在多方面发展中,拓宽了自己生涯发展路径,容易成长为复合型人才。

2. 个人认识和情感

兴趣不足与个人的认识和情感密切相关。如果一个人对某项事物没有深刻的认知,也就不会产生情感,因而也就不会对它发生兴趣。同样,如果一个人缺乏某种职业知识,或者根本不了解这种职业,那么他就不可能对这种职业产生浓厚的兴趣,在职业规划时也就不会考虑往这个方向发展。相反,认识越深刻,情感越丰富,兴趣也就越深厚。例如,有的人对集邮很入迷,认为邮票既有收藏价值,又有观赏价值,它既能丰富知识,又能陶冶情操,而且收藏得越多、越丰富,情感就越专注,兴趣就越深厚,于是集邮就会发展成为一种爱好,并有可能成为他的职业。

3. 家庭环境

家庭作为最基本的社会单元,对每个人的心理发展都会产生重要的影响,家庭环境的熏陶对其职业兴趣的形成具有十分明显的导向作用。大多数人从幼年起就在家庭的环境中感受其父母的职业活动,随着年龄的增长,逐步形成自己对职业价值的认识,使得个人在选择职业时,不可避免地带有家庭教育的印迹。家庭因素对职业取向的影响,主要体现在择业趋同性与协商性等方面。

一般情况下,个人对于家庭成员特别是长辈的职业比较熟悉,在职业规划和职业选择上产生一定的趋同性影响,同时受家庭成员职业活动的影响,个人的职业生涯决策或多或少产生于家庭成员共同协商的基础上。兴趣有时也受父母的影响,父母的兴趣也会对孩子有直接的影响。

4. 受教育程度

个人自身接受教育的程度是影响其职业兴趣的重要因素。任何一种社会职业从客观上对从业者都有知识与技能等方面的要求,而个人的知识与技能水平的高低在很大程度上取决于其受教育的程度。一般意义上,个人学历层次越高,接受职业培训范围越广,其职业取向领域就越宽。

5. 社会因素

一方面,社会舆论对个人职业兴趣的影响主要体现在政府政策导向、传统文化、社会时尚等方面。政府的就业政策是主导性的影响因素,传统的就业观念和就业模式也往往制约着个人的职业选择,而社会时尚职业则始终是许多个人特别是青年人追求的目标。例如,当前计算机技术和旅游行业都得到较大发展,对这两个职业有兴趣的人也增加得很快。另一方面,兴趣和爱好是受社会性制约的,不同环境、不同职业、不同文化层次的人,兴趣和爱好都往往不一样。

6. 职业需求

职业需求是一定时期内用人单位可提供的不同职业岗位对从业人员的总需求量,它是影响个人职业兴趣的客观因素。职业需求越多、类别越广,个人选择职业的余地就越大。职业需求对个人的职业兴趣具有一定的导向性,在一定条件下,它可强化个人的职业选择,或抑制个人不切实际的职业取向,也可引导个人产生新的职业取向。

最后,年龄的变化和时代的变化也会对个人的兴趣产生直接影响。就年龄方面来说,少儿时期往往对图画、歌舞感兴趣,青年时期对文学、艺术感兴趣,成年时期往往对某种职业、某种岗位感兴趣。这反映了一个人兴趣的中心随着年龄的增长、知识的积累在转移。就时代来讲,不同的时代,不同的物质和文化条件,也会对个人兴趣的变化产生很大的影响。

以上因素对每个人的影响都不完全相同,需要在职业规划中予以考虑,希望每一位同学能够根据自身特点,制订出相应的职业兴趣培养方案。

(二) 职业兴趣培养中应注意的问题

1. 要培养广泛的兴趣

广泛的兴趣不仅可以使我们的生活丰富多彩,兴趣的广度还是一个人成才的重要因素。兴趣广博可以使人增加知识,开阔眼界,开拓思维和想象力。具有广泛职业兴趣的个体,不仅对涉及自己职业领域的事物怀有浓厚的兴趣,对其他方面也有一定兴趣,经常注意多方面的新问题,并能去探索和创造。这种人眼界较为开阔,解决问题时也可以从多方获益,善于应付多变的环境,在职业选择、工作变动上有很大活动空间,从而为事业成功奠定了一定的基础。比如,一个电视节目主持人,业余爱好是体育项目,当电视台开发新的栏目时,他就能很快胜任体育频道主持人的工作,并且游刃有余,如鱼得水;反之,兴趣范围狭窄的个体,对新鲜事物的接受和适应性就要差些,职业选择面就较窄。

✎练习 2-8 ✎
　　请说出你有哪些兴趣,并思考这些兴趣意味着你能成长为什么样的人?

　　2. 要形成中心职业兴趣
　　兴趣广泛是成功的基础,但一定要有自己的中心兴趣,毕竟,个体的才能在某种意义上是有限的,不可能在各个方面全方位地发展自己。因此,要有意识地培养自己在某一方面的职业兴趣,并且深入地发展它,这样才有助于自身的发展与成长。有这样一个故事:一个小伙子为了找水而在地面上挖井。他在一个地方挖了一口井,快要见水时,他却以为这里没有水,换个地方又挖。如此这般,他在地面上挖了许多深浅不一的井,可是每一口井都不够找到水的深度,尽管有的只差一点点。人的精力是有限的,如果他把精力集中于一个地方,持之以恒地挖下去,一定能够找到水。人的兴趣也是一样,对这也感兴趣,对那也感兴趣,四面出击,但没有一个中心兴趣,时间和精力投入不少,最终很可能一事无成。

✎练习 2-9 ✎
　　请说出自己主要的一个兴趣,并思考你准备怎样来发展它?

　　3. 要保持稳定的职业兴趣
　　兴趣的稳定性即兴趣持续时间的长短,也叫持久性。兴趣稳定而持久,才能推动人去深入钻研问题,从而获得系统的科学知识,取得良好的工作成绩。有些人的兴趣缺乏稳定性,他们对任何事物都可能产生浓厚兴趣,甚至达到狂热和迷恋的程度,但这种兴趣又会很快地为另一种兴趣所代替。这类人常常朝三暮四、见异思迁、缺乏稳定而持久兴趣的人,也是缺乏恒心的人,他们不论在何种实践领域中,都不可能取得大的成功。个体只有在某一方面有稳定持久的兴趣,才能有更多的精力深入钻研,也就更容易获得成功。兴趣不稳定或易改变是在青年中较为普遍的现象,站在这座山上觉得那座山高,干事情 3 分钟的热度,因此有必要有意识地去克服它。

✎练习 2-10 ✎
　　在你的印象中,你的各种兴趣分别维持了多长时间?至今还在保持的是哪个?

4. 培养切实可行的职业兴趣

兴趣的培养不能为追求过于理想的目标而不考虑其可行性,有些人的职业兴趣脱离客观条件,超现实,往往曲高和寡,甚至画地为牢,自缚手脚;有些人结合自己所学的专业、社会的职业需求等,其职业兴趣建立在切实可行的基础之上,最后心想事成,获得成功。所以,个体培养职业兴趣除了要考虑自己的职业,还要兼顾考虑兴趣的可行性。在职业生涯中,要注意寻找现实的职业兴趣。兴趣有多种,有的仅仅是业余爱好,有的则是职业兴趣,选择职业时要注意把这些区别开来。考虑外界的客观现实条件时,注意考察哪种职业兴趣更有机会展开和深入。网络上流传着一个寓言故事:一头驴听到蝉唱歌的声音很好听,头脑发热,就要向蝉学习发音的方法。蝉告诉驴,"你首先必须像我一样,每天以露水充饥"。那昏了头的驴便照着蝉的话去做了,非但没有练就动听的歌喉,反而饿得头昏眼花,最后倒下再也起不来了。由此可见,培养兴趣要切合自身实际,不能盲目,盲目招致不幸。

✐ **练习 2-11** ✐

将你所有兴趣写在一张纸上,判断哪些兴趣与你未来的职业发展关系密切?哪些兴趣仅可将其作为业余爱好?

歌德有句名言:"你适合站在哪里,你就站在哪里"。事实告诉我们——人职匹配既能够充分发挥人的积极性、创造性,使人们在职业活动中体验快乐,又能够充分提高职业活动的效益。职业兴趣是可以在学习和实践中培养和提高的,让我们从现在做起、从小事做起吧!

成功者的足迹

美国农艺师帕弗利克的故事

刚入小学不久的帕弗利克,从一个活泼好动、求知欲强的天真的孩子一下子变成了沉默拘谨、过分听话和胆小的学生。因为在入学的头几个星期,帕弗利克感到自己和别的同学不一样,许多同学可以不费力气地把单个的字母组成音节,并朗读出来,而帕弗利克要花很大的力气才能办到。一首关于美丽的冬天的诗,同学们只需听上两三遍就记住了,可是他却怎么也做不到。久而久之,大家都认为他属于不擅长学习的差生。

然而,在田野和森林里的帕弗利克与在教室时判若两人。这个课堂表现迟钝的孩子在大自然的怀抱里显得异常聪明和好奇。当老师带他们参观生物室时,面对眼前展现出的一个崭新的、从未见过的世界,帕弗利克简直被迷住了。这里的植物他以前都看到过,也很熟悉,可是在每种植物上面都有一种新奇的、不同寻常的东西:西红柿的茎不是分叉成簇,而是像葡萄那样攀援或缠绕着向上生长,上面挂满了累累果实;葱头和西瓜差不多大小;黄瓜,真正的大黄瓜,却生长在瓶子里。

帕弗利克睁大眼睛看着，心想：这都是怎么搞出来的？这时，他的思想已经离开眼前充满阳光的温室，产生了一个大胆的想法：要是能够在学校园地里培养出十来棵这样的西红柿有多好呀！也让它们长成一排，结出的果实就像一串串葡萄那样。可是，这一切怎么好跟大家讲呢？要知道，他的算术不及格，老师和同学会鄙视这个想法吗？

帕弗利克勉强升入五年级的最初几周，他埋头读书的时间更长，更加劳累。不过，在帕弗利克的学习生活也发生了一些变化：有许多课程，已经不像在低年级时那样，只要求听讲和记忆，而且还要求动手做什么，这种课给帕弗利克带来了欢乐。他对植物课最感兴趣，并很快显露出他在这方面的智慧。用植物课老师的话来说，帕弗利克的智慧表现在手指尖上，连有些熟练的园艺工都做不好的事，这个五年级的学生都会做。

在一次植物课上，学生们用多种方法把果树嫁接到野生砧木上去。老师注意到，帕弗利克精细而准确地切开砧木的树皮，剥出插条上的幼芽。帕弗利克从一颗珍贵品种的苹果树上剪下一根长着两个幼芽的树枝，思考着不用嫁接的方法是否能培育出树苗，老师告诉他，这需要很高的技艺。在老师的鼓励下，他的两眼闪烁着一种兴奋的光芒，他决心自己试验一下。

对帕弗利克来说，幸福的日子开始了。经过他的精心护理和细心观察，后来他发现有一半插枝冒出了芽苞，并渐渐长出晶莹发亮的树叶……同时他还敏锐地发现，那些长活了的树枝是从树顶上剪下来的，而死了的树枝是从树的中部和下部剪下来的。于是他得出：应该从树顶上剪，这样才能繁殖出更多的树苗来。

关于帕弗利克搞嫁接试验的消息不胫而走，很快全校都知道了。此后，帕弗利克身上那种胆怯、拘谨、犹豫不决慢慢地消失了。他的求知欲越来越旺盛，他的思维的觉醒、智力的发展、求知欲的增强，这一切都跟植物课使他成功地展示出自己的天赋分不开。帕弗利克自己明白：植物栽培是他能够表现自己能力的活动领域。他又在温室里和生物室里开辟了一些新的工作，进行各种有趣的试验。他在植物天地里试验着、研究着……

几年过去了，帕弗利克所从事的植物栽培劳动变成了一种真正的创造。他把人工栽培的李树、桃树、柠檬树嫁接到野生的李树、梨树和苹果树上，得到一些抗寒的果树品种。这些品种的优良特性是开花比较晚，可以不受霜冻的威胁。

初中毕业时，帕弗利克还成了一名改良土壤的真正能手。他学会往土壤里掺农家肥与矿物肥的混合物，这种混合物能使将干枯的老树恢复青春并重新结果，能医治好暴风雨给果树造成的伤害，并能促进受过冻的树枝复苏。一片贫瘠的黏土被他的双手改造成肥沃的良田，这块试验田里的小麦收成远远超过附近农庄的收成。

很显然，是兴趣激发了帕弗利克的智慧之光，使他从一个迟钝的学生成为一个成功的农艺师。

（资料来源：http://profile.1688.com/article/i5418534.html）

一个人如果能根据自己的爱好去选择职业生涯，他的主动性将会得到充分发挥。即使十分疲倦和辛劳,也总是兴致勃勃,心情愉快;即使困难重重也绝不灰心丧气,而能想尽办法,百折不挠地去克服它,甚至废寝忘食,如痴如醉。

课后任务

一、兴趣培养的目标十问

请同学们根据自己的实际情况来回答以下问题。

1. 在别人眼中,我是一个兴趣广泛的人,还是一个索然无味的人?
2. 有没有人曾说我对某一方面的兴趣达到痴迷的状态?
3. 学习之外的业余时间,我经常都做些什么?
4. 我目前的兴趣和爱好有利于我的身心健康和丰富我的人生吗?
5. 我有一些不良的兴趣和爱好吗?比如,无节制地吸烟、酗酒、打牌、上网聊天、看电视、逛街等。
6. 哪些兴趣和爱好有益于我的身心健康、职业和事业?
7. 我应该克服掉哪些不良的兴趣与爱好?
8. 为了丰富和享受人生,我应该培养哪些健康有益的兴趣与爱好?比如,参与一项体育运动,读一些名人传记和益智赏心的书籍,建立自己的博客专栏,参加一些沙龙,听一听音乐,练练书法,学一项小制作,练瑜伽,旅游等。
9. 我童年的兴趣与爱好是什么?
10. 我应该制订一个什么样的兴趣爱好培养目标计划,来缓解未来职业和事业的压力,成为一个兴趣盎然、丰富多彩、活泼可爱、精力充沛的人?

二、职场运用

假设你准备创办一个公司,你作为董事长准备设置如图2-2所示的职位,那么你会选择什么样的职业兴趣类型的人来做这些职位呢,为什么?

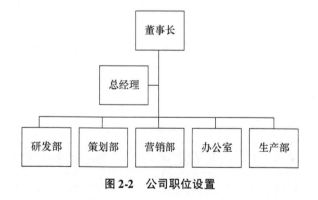

图2-2 公司职位设置

探索我的性格偏好

【认知目标】

1. 认识到每一种工作对从业者的性格都有特定的要求,如果性格与职业相匹配能够使我们获得更高的工作满意度,愿意在职业选择时考虑性格因素;

2. 认识到职业性格类型与职业发展的内在关系,愿意付出努力通过多种工具进行性格探索,从而较为全面认识和评估自己的职业性格。

【技能目标】

1. 掌握 MBTI 性格理论的主要内容,并能运用 MBTI 性格理论和多种探索工具剖析自己的性格偏好,确认自己的 MBTI 性格类型;

2. 能够结合 MBTI 性格理论分析与自己专业相对应或相关的性格特点,同时锁定与自己性格倾向相匹配的职业或岗位;

3. 能够根据自身职业性格特点和未来职业生涯发展的需要,设计职业性格调适的方案。

【完成任务】

1. 确认自己的 MBTI 性格类型;
2. 结合自己所学专业,锁定与自己性格倾向相匹配的职业或岗位。

他的生涯经历

我的大学及后大学时代(3)——感悟成长

性格对于一个人的成才、成功起着重要的作用,甚至有时是决定性的作用。纵观世界上在创业、成功道路上行进的领军人物们,无一不具有突出的性格特征。而作为学生,或者如我一样初在事业高峰上攀爬的新人们,如果能够及时、准确、客观地对自己的性格进行一下全面的分析,了解自己的优势和劣势,知晓自身的长处和短处,我想这会对我们的未来人生道路起到极其重要的引领作用。

上学期间，在心理学的课堂上，老师以古往今来、各行各业的传奇人物为例子，通过对其进行性格分析，导出其人生与事业的必然结局，这对我的启发极大。通过运用专业的心理评价软件系统，我得出了自己的性格特点：勇于挑战却缺乏承担力和创新力，潜在的自卑与自负的矛盾体。

这样的性格使我的工作遇到瓶颈，在蒙牛集团冷饮厂实习期间，虽然感到工作内容枯燥，但是却不主动想办法解决，直到老师进行实习回访时，在老师的帮助下，才明确自己的工作方向：管理或者销售。而最终选择走向企业管理岗位，也是因为在销售岗位工作期间，发现自己销售手段单一、销售渠道狭窄不得不放弃。于是，实习结束后我进入了牧丹江正大实业有限公司。自走向管理岗位以来，我将自己的性格特点设计成了手机的桌面，每天提醒自己，要克服性格缺陷。

经过一段时间的调整，我的情况有了很大的改善。当工作出现困顿时，不再抱怨牢骚，而是查找反思，力争创新；当沟通出现问题时，不再脾气暴躁，而是淡定自如，平和对待；当出现棘手问题时，不再束手无策，而是开动脑筋，寻求良策。

这样，一路反思、一路摸索，在潜移默化中，我的性格发生了很大的改变，职务也从班组长升任为车间主任，成长迅速，成效显著。在担任车间主任一年后调任人力安全行政科科长，主管多项工作。如果说没有对自身性格的分析，和针对性格薄弱处的自我反思与完善，那么也许我还是实习期间的那个"抱怨男""委屈哥"，而不会成为今天独挡一面的公司主管。

古话有云"金无足赤，人无完人"，只有厘清自己的性格特点才能准确地驾驭自己的人生。发挥优点，改进缺点，让我们在自己的事业道路上昂首前行，收获成功！

问题的提出与重要性

✍练习 3-1 ✍

请同学阅读下面的案例并思考，他们的困惑是什么？你有类似的情况吗？你认为应如何解决这些问题？

（1）金玲是大学一年级的学生，学习的专业是会计电算化。刚开始选择专业时，她并不是很喜欢会计专业，但拗不过父母的安排。经过一个学期的学习，她发现自己对所学专业越来越感兴趣了，以前认为很枯燥的一些原理与数据，现在让她感觉乐趣无穷，看来一切都再向好的方向发展。但渐渐地，她发现了自己存在的问题：有时很容易急躁，考虑问题不够有耐心，而会计领域对这些方面有很高的要求。于是她开始质疑：自己的性格会不会不利于今后在专业上的发展？

（2）刘双是一名护理专业的学生，从小到大，学习对她来说都不是难事。上大学后，她学习成绩依然名列前茅，连年拿奖学金。但临近毕业时，她发现了自己存在的一个突出问题，自己性格过于内向，不太擅长与陌生人沟通。她希望自己能够很快融入职场，但在医院的职场环境中,时刻都要与陌生的患者及其家属打交道,这让她感到担心:这样的性格能否适应医院的职业环境？她应该怎样去改变自己的性格呢？

爱因斯坦对性格曾有一段很经典的论述:优秀的性格和钢铁般的意志,比智慧和博学更为重要……智力上的成就很大程度上依赖性格的伟大,这一点往往超出人们的想象。这段话鲜明地道出了性格对未来职业发展的深远影响,因此,如果一个人连自己的性格是什么样子的、自己真正适合什么样的工作都一无所知,又如何谈得上发挥自己性格的特长与优势呢？

现代人已经深刻地认识到:性格决定着职业的长远发展。一个人的工作满意度和生活满意度,除了受其个人职业兴趣影响外,还有很重要的一个方面就是性格偏好,它决定一个人能否适应某一工作的工作环境或生活方式,决定了一个人更适合从事什么样的职位与岗位,以及在职业岗位上的优势与可能存在的不足等。

一、性格的含义

1. 性格的概念

性格是指一个人在先天生理素质的基础上,在社会实践活动和不同环境的熏陶下逐渐形成的比较稳定的心理特征,也称为人格特质,它是一个人在生活中对他人、对事、对自己、对外在环境所表现出来的一致性应对方式。世界上没有两片相同的叶子,人的性格也是如此。

心理学认为,性格是个人对现实的稳定的态度和习惯化了的行为方式。可见性格并不是独立存在的,我们日常生活中的态度及行为表现都可反映出自身的性格特征。人的个性差异首先表现在性格上。恩格斯说:"刻画一个人物不仅应表现他做什么,而且应表现他怎样做。""做什么",说明一个人追求什么、拒绝什么,它反映了人的活动动机或对现实的态度;"怎样做",它说明一个人如何去追求要得到的东西,如何去拒绝要避免的东西,反映了人的活动方式。

2. 性格的特征

从理论上讲,性格特征表现在如下三个方面。

(1) 性格的态度特征。人对现实的态度是性格的最重要组成部分。现实态度特征主要是看待和处理各种社会关系方面的性格特征,如对待自己的态度,对待社会、集体、他人的态度,对待学习、工作的态度,对待婚姻、家庭的态度等。性格的态度特征决定了一个人对人生的选择。

(2) 性格的意志特征。意志是人对自己的行为自觉调节的能力水平,包括发动和制约两个方面,对于人的独立性、主动性、自制性、坚韧性等具有促进强化或抑制削弱的作用。意志特征在人的性格中具有十分重要的地位。

(3) 性格的情感特征。情感特征又称性情,指一个人情绪活动的强度、稳定性、持久性和主导心境方面的表现。它直接控制影响人的自我状态。

二、为什么在职业选择时要考虑性格因素

人生成功的诀窍就是善于发挥自己的长处,而只有选择适合个人性格的职业,才能用自己的长处而不是短处,才能更好地发挥自己的个性特长。不同的性格适于从事不同的职业,职业和性格存在相互对应的关系,如一般说来具有好动、坚强性格者多当运动员;具有不厌重复、冷静、细心性格者从事机械操作之类工作较适宜。如果性格与职业搭配得当,事业之路必然多了一份平坦。

1. 选择职业要考虑自己的性格特征,尽量选择适合自己性格的工作

因为每一种工作都对从业者的性格有特定的要求,如各类公共服务人员,必须具有亲切、热情、周到、体贴他人的性格,这样才能做好服务工作。再如,作为一位工程技术人员,则要求具有严谨认真、一丝不苟、精益求精、善于合作的性格。

2. 职业对性格具有反作用

服务行业的工作人员如果性格是孤傲型、冷僻型,或轻率有余而稳重不足型的,为了能干好本职工作,就要按职业上的工作要求改善自己的性格。事实上,许多人在工作中克服了自己性格上的弱点。

3. 性格特点同职业本身性质、规矩的适应关系

进行职业生涯规划时,除了要考虑自身性格同职业所要求的人际关系相适应外,还要考虑自己性格特点同职业本身性质、规矩的适应关系。国内外研究发现,在有成就的杰出人物中,绝大多数人属于性格坚强、有毅力、人际关系和谐的类型,其中有的人要经过数年甚至几十年的努力,花费大量的精力和劳动,才能取得一项或几项成果。根据性格去选择职业,告诉人们,一方面要在后天各种环境中培养、修炼自己的性格,使之适应职业领域里更广泛的工作;另一方面要根据自身特点,选择更适合发挥自己性格特长的工作。

4. 性格对职业生涯发展亦有较大的影响

那些在事业上成功的人往往具有共同个性,不畏艰苦、百折不挠、善于忍耐、自律性强、独立和执着,虽然说江山易改,本性难移,但实际上,在他们身上很少有诸如暴躁、冲动、懦弱等不良性格。改变人生应首先从改变自己的性格开始,如果你能持之以恒改变自己的心态,就能够改变自己的性格,因为一个人的性格主要是后天长期所接受的教育和环境的影响造就的。

理论的讲解与运用

一、MBTI 性格理论的发展与演变

MBTI(Myers – Briggs Type Indicator)性格理论源自瑞士心理学家卡尔·荣格(Carl G. Jung)提出的人格理论,它是一种性格测试工具,用以衡量和描述人们在获取信息、作出决策、对待生活等方面的心理活动规律和性格类型。MBTI 的第一张量表于 1942 年问世。荣格强调人类具有思想、情感、感觉、直觉四个心理学功能,"性格"是一种个体内部的行为倾向。他利用四种功能与"内外向"的特点划分了人们不同的类型。

20世纪中叶，美国心理学家伊莎贝尔·迈尔斯(Isabel Myers)和母亲凯瑟琳·布里格思(Kathryn Briggs)，悉心研究了荣格的《心理学类型》(1921)，在荣格的两种态度类型和四种功能类型的基础上，又增加了判断和知觉两种类型，由此组成了个性的四维八极特征。她们设计出一种用于鉴别不同类型人格的问卷调查表，命名为"迈尔斯-布里格思个性分析指标(MBTI)"，从原有的四大类型发展为包括人类所有行为的16种外在状态模式，经过二十多年的研究后，编制成了"迈尔斯-布里格思类型指标"，从而把荣格的类型理论付诸实践。

二、MBTI性格理论应用前提

荣格并非截然地把人格简单划分为八种类型，他的心理类型学只是作为一个理论体系用来说明性格的差异，实际生活中，绝大多数人都是兼有外倾型和内倾型的中间型，纯粹的内倾型的或外倾型的人几乎是没有的，只是在特定场合下由于情境的影响而使某种态度占优势。同时，每个人都能同时运用四种心理功能，只不过各人的侧重点不同。

MBTI性格理论认为，人的性格倾向，就像分别使用自己的两只手写字一样，都可以写出来，但惯用的那只手写出的会比另一只手写出的更好。每个人都会沿着自己所属的类型发展出个人行为、技巧和态度，而每一种都存在着自己的潜能和潜在的盲点。

三、MBTI性格理论的四维八级

MBTI性格理论的四维八级特征介绍如下。

1. 内倾(I)—外倾(E)维度

内倾(I)—外倾(E)维度表示个体心理能量的获得途径和与外界相互作用的程度，即个体的注意力是较多地指向于外部的客观环境，还是内部的概念建构和思想观念。

外倾型态度表现为主体的注意力和精力指向于客体，即在外部世界中获得支持并依赖于外在环境中产生的信息，这是一种从主体到客体的兴趣向外的转移。外倾型个体需要通过经历来了解世界，所以他们更喜欢大量的活动，并偏好于通过谈话的方式来思考，在语言的交流中对信息予以加工。而内倾型态度表现为主体的注意力和精力指向内部的精神世界，其心理能量通过内部的思想、情绪等获得。内倾型个体在内部世界中获得支持并看重事件的概念、意义等，因此他们的许多活动是精神性的，他们倾向于在头脑内安静地思考以加工信息。外倾型个体经常先行动后思考，而内倾型个体经常耽于思考而缺乏行动。

2. 感觉(S)—直觉(N)维度

感觉(S)—直觉(N)维度又称为非理性维度或知觉维度，表示个体在收集信息时注意的指向，即倾向于通过各种感官去注意现实的、直接的、实际的、可观察的事件，还是对事件将来的各种可能性和事件背后隐含的意义及符号和理论感兴趣。

感觉型的个体倾向于接受能够衡量或有证据的任何事物，关注真实而有形的事件。他们相信感官能告诉他们关于外界的准确信息，也相信自己的经验。他们重现在，关心某一刻发生的所有事情。而直觉型的个体自然地去辨认和寻找一切事物的含义，他们重视想象力，更注重将来，努力改变事物而不是维持它们的现状。直觉型的个体看到一个环境就想知道它的含义和结果可能如何。感觉型的个体被视为较具有实际意识,而直觉型个体被视为较有改革意识。感觉—直觉维度在问题解决过程中有重要作用。

3. 思维(T)—情感(F)维度

思维(T)—情感(F)维度又称为理性维度或判断维度,表示个体在作决定时采用什么系统(作决定和下结论的方法),是客观的逻辑推理还是主观的情感和价值。

情感型的个体期望自己的情感与他人保持一致,他们作决定的基石是什么样的人对他们自己和他人是重要的,其理性判断的依据是个人的价值观。而思维型的个体通过对情境做客观的、非个人的逻辑分析来作决定,他们注重因果关系并寻求事实的客观尺度,因此较少受个人感情的影响。

4. 知觉(P)—判断(J)维度

知觉(P)—判断(J)维度用以描述个体的生活方式,即倾向于以一种较固定的方式生活(或作决定)还是以一种更自然的方式生活(或收集信息)。这一维度是一种态度维度。虽然个体能够使用直觉和判断,但是这两极不能够同时被运用。多数个体会自然地发现采用某种生活方式时总是比另一种更加轻松,因此总是在和外部世界打交道时采用这种生活态度。

判断型个体倾向于以一种有序的、有计划的方式对其生活加以控制,他们期望看到问题被解决,习惯于并喜欢作决定。而知觉型个体偏好于知觉经验,他们不断地收集信息以使其生活保持弹性和自然。他们努力使事件保持开放性,任其自然地变化,以便出现更好的事件。

在以上四个维度上,每个人都会有自己天生就具有的倾向性,也就是说,处在两个方向分界点的这边或那边,我们称为"偏好"。例如,如果你落在外向的那边,你便具有外向的"偏好";如果你落在内向的那边,你便具有内向的"偏好"。

✍ 练习 3-2 ✍

性格的自我诊断

下面我们将运用 MBTI 性格自测问卷进行自我诊断。这个问卷是由心理学家在无数个案例和广泛调查研究的基础上总结设计出来的,通过它能够较为客观地评估你的性格。

MBTI 性格类型测试问卷(中文微缩版)

注意事项如下。

(1) 请在心态平和及时间充足的情况下才开始答题。

(2) 每道题目均有两个答案:A 和 B。请仔细阅读题目,按照与你性格相符的程度分别给 A 和 B 赋予一个分数,并使一组中的两个分数之和为5。最后,请在问卷后的答题表上相应的方格内填上相应的分数。

(3) 请注意,题目的答案无对错之分,你不需要考虑哪个答案"应该"更好,而且不要在任何问题上思考太久,而是应该凭你心里的第一反应作出选择。

(4) 如果你觉得在不同的情境里,两个答案或许都能反映你的倾向,请选择一个对于你的行为方式来说最自然、最顺畅和最从容的答案。

范例：你参与社交聚会时
A. 总是能认识新朋友。（4）
B. 只跟几个密友待在一起。（1）

很明显，你参与社交聚会时有时能认识新朋友，有时又会只跟几个密友待在一起，在以上的例子中，我们给总是能认识新朋友打了4分，而给只跟几个密友待在一起打了1分。当然，在你看来，也可能是3+2或者5+0,也可以是其他的组合。

请在以下范围内一一对应地选择你对以下项目的赋值：

最小————————————————————最大
0　　　　1　　　　2　　　　3　　　　4　　　　5

1. 当你遇到新朋友时，你
   A. 说话的说话时间与聆听的时间差不多。（　）
   B. 聆听的时间会比说话的时间多。（　）
2. 下列哪一种是你的一般生活取向？
   A. 只管做吧。（　）
   B. 找出多种不同选择。（　）
3. 你喜欢自己的哪种性格？
   A. 冷静而理性。（　）
   B. 热情而体谅。（　）
4. 你擅长
   A. 在有时候需要同时协调进行多项工作。（　）
   B. 专注在某一项工作上，直至把它完成为止。（　）
5. 你参与社交聚会时
   A. 总是能认识新朋友。（　）
   B. 只跟几个密友待在一起。（　）
6. 当你尝试了解某些事情时，一般你会
   A. 先要了解细节。（　）
   B. 先了解整体情况，细节容后再谈。（　）
7. 你对下列哪方面较感兴趣？
   A. 知道别人的想法。（　）
   B. 知道别人的感受。（　）
8. 你较喜欢下列哪个工作？
   A. 能让你迅速和即时作出反应的工作。（　）
   B. 能让你定出目标，然后逐步达成目标的工作。（　）

下列哪一种说法较适合你？

9. A. 当我与友人尽兴后，我会感到精力充沛，并会继续追求这种快乐。（　）
   B. 当我与友人尽兴后，我会感到疲累，觉得需要一些空间独自待一会儿。（　）
10. A. 我较有兴趣知道别人的经历，如他们做过什么，认识什么人？（　）
    B. 我较有兴趣知道别人的计划和梦想，如他们会往哪里去，憧憬什么？（　）

11. A. 我擅长制订一些可行的计划。（   ）
    B. 我擅长促成别人同意一些计划,并通力合作。（   ）
12. A. 我会突然尝试做某些事,看看会有什么事情发生。（   ）
    B. 我尝试做任何事前,都想事先知道可能有什么事情发生。（   ）
13. A. 我经常边说话,边思考。（   ）
    B. 我在说话前,通常会思考要说的话。（   ）
14. A. 四周的实际环境对我很重要,而且会影响我的感受。（   ）
    B. 如果我喜欢所做的事情,气氛对我而言并不是那么重要。（   ）
15. A. 我喜欢分析,心思缜密。（   ）
    B. 我对人感兴趣,关心他们所发生的事。（   ）
16. A. 即使已制订出计划,我也喜欢探讨其他新的方案。（   ）
    B. 一旦制订出计划,我便希望能依计划行事。（   ）
17. A. 认识我的人,一般都知道什么对我来说是重要的。（   ）
    B. 除了我感觉亲近的人,我不会对人说出什么对我来说是重要的。（   ）
18. A. 如果我喜欢某种活动,我会经常进行这种运动。（   ）
    B. 我一旦熟悉某种活动后,便希望转而尝试其他新的活动。（   ）
19. A. 当我作决定的时候,我更多地考虑正反两面的观点,并且会推理与质疑。（   ）
    B. 当我作决定的时候,我会更多地了解其他人的想法,并希望能够达成共识。（   ）
20. A. 当我专注做某件事情时,需要不时停下来休息。（   ）
    B. 当我专注做某件事情时,不希望受到任何干扰。（   ）
21. A. 我独处太久,便会感到不安。（   ）
    B. 若没有足够的独处时间,我便会感到烦躁不安。（   ）
22. A. 我对一些没有实际用途的意念不感兴趣。（   ）
    B. 我喜欢意念本身,并享受想象意念的过程。（   ）
23. A. 当进行谈判时,我依靠自己的知识和技巧。（   ）
    B. 当进行谈判时,我会拉拢其他人组成同一阵线。（   ）

当你放假时,你多数会怎么做?

24. A. 随遇而安,做当时想做的事。（   ）
    B. 为想做的事情订出时间表。（   ）
25. A. 多花些时间与别人共度。（   ）
    B. 多花些时间自己阅读、散步或者做白日梦。（   ）
26. A. 返回你喜欢的地方度假。（   ）
    B. 选择前往一些你从未到达的地方。（   ）
27. A. 带着一些与工作或学校有关的事情。（   ）
    B. 处理一些对你重要的人际关系。（   ）
28. A. 忘记平时发生的事情,专心享乐。（   ）

B. 想着假期过后要准备的事情。（ ）
29. A. 参观著名景点。（ ）
    B. 花时间逛博物馆和一些较为幽静的地方。（ ）
30. A. 在喜欢的餐厅用膳。（ ）
    B. 尝试新的菜式。（ ）

下列哪个说法最能贴切形容你对自己的看法？

31. A. 别人认为我会公正处事，并且尊重他人。（ ）
    B. 别人相信在他们有需要时，我会在他们身边。（ ）
32. A. 随机应变。（ ）
    B. 按照计划行事。（ ）
33. A. 坦率。（ ）
    B. 深沉。（ ）
34. A. 留意事实。（ ）
    B. 注重感受。（ ）
35. A. 知识广博。（ ）
    B. 善解人意。（ ）
36. A. 容易适应转变。（ ）
    B. 处事井井有条。（ ）
37. A. 爽朗。（ ）
    B. 沉稳。（ ）
38. A. 实事求是。（ ）
    B. 富有想象力。（ ）
39. A. 喜欢询问实情。（ ）
    B. 喜欢探索感受。（ ）
40. A. 不断接受新意见。（ ）
    B. 着眼达成目标。（ ）
41. A. 率直。（ ）
    B. 内向。（ ）
42. A. 事实求是。（ ）
    B. 目光远大。（ ）
43. A. 公正。（ ）
    B. 宽容。（ ）

你会倾向哪一种说法？

44. A. 暂时放下不愉快的事情，直至有心情时才处理。（ ）
    B. 及时处理不愉快的事情，务求把它们抛诸脑后。（ ）
45. A. 自己的工作被欣赏，即使你自己并不满意。（ ）
    B. 创造一些有长远价值的东西，但不一定需要别人知道是你做的。（ ）
46. A. 在自己有兴趣的范畴，积累丰富的经验。（ ）

B. 有各式各样不同的经验。（ ）

哪一句较能表达你的看法？

47. A. 感情用事的人较容易犯错。（ ）
    B. 逻辑思维会令人自以为是，因而容易犯错。（ ）
48. A. 犹豫不决必失败。（ ）
    B. 三思而后行。（ ）

MBTI 性格类型测试问卷（中文微缩版）答题纸

请回过头去看一看你给每个问题所分配的分数。现在那些分数应该像表 3-1 所显示那样加在一起。

表 3-1　答题表

	(A)	(B)		(A)	(B)		(A)	(B)		(A)	(B)
1			2			3			4		
5			6			7			8		
9			10			11			12		
13			14			15			16		
17			18			19			20		
21			22			23			24		
25			26			27			28		
29			30			31			32		
33			34			35			36		
37			38			39			40		
41			42			43			44		
45			46			47			48		
SUM											
	E	I		S	N		T	F		J	P

现在，将每项总得分转移到下列各个空白处，也就是说，你在经度 E 名下的总得分记在 E 后面的空白处，在经度 I 名下的总得分记在 I 后面的空白处，如此类推。

总得分　　　　　　　　　　　　　　　总得分

E:＿＿＿＿＿＿＿＿＿＿　　　　　　I:＿＿＿＿＿＿＿＿＿＿

S:＿＿＿＿＿＿＿＿＿＿　　　　　　N:＿＿＿＿＿＿＿＿＿＿

T:＿＿＿＿＿＿＿＿＿＿　　　　　　F:＿＿＿＿＿＿＿＿＿＿

J:＿＿＿＿＿＿＿＿＿＿　　　　　　P:＿＿＿＿＿＿＿＿＿＿

以上 8 个偏好两两成对，也就是说，E 和 I、S 和 N、T 和 F、J 和 P 各自是一对组合。

在每一对组合中，比较该组合中偏好的得分孰高孰低，高的那个就是你的优势类型。比如说，E 得到 22 分，I 得到 13 分，E 就是优势类型；S 得到 19 分，N 得到 21 分，N 就是优势类型。如果同分的话，选择后面的那一组，即 I、N、F、P。对四对组合都作一个比较以后，你会得到一个由 4 个字母组成的优势类型，如 ENFP、ISTJ 等，把它写在下面的横线上。

测评问卷所揭示的优势类型是：＿＿＿＿＿＿＿＿＿＿

四、MBTI 性格理论的应用

MBTI 性格理论在职业实践中主要是探讨各种性格类型与相关职业的匹配程度，能够让人们更好地认识和了解自己，可以帮助人力资源（HR）部门对不同类型的员工进行更好的组合。

目前，MBTI 性格理论已成为世界上应用最广泛的识别人与人差异的测评工具之一。它已经被翻译成近二十种世界主要语言，主要用于了解受测者的处事风格、特点、职业适应性、潜质等，从而提供合理的工作及人际决策建议。七十多年来，这种理论已广泛应用于团队建议、职业发展、婚姻教育、职业咨询等方面。在美国每年至少有 300 万人参加 MBTI 的测评和培训，在世界 500 强企业中，像迪斯尼、百事可乐、西南航空公司等，约有 80% 以上的高层管理者使用过这个工具。

按照 MBTI 性格理论的四维八极的论述，现实生活就构成了以下 16 种不同的性格类型，而每一种性格类型都有其独有的特征与解决问题的模式，具体内容如表 3-2 所示。

表 3-2　MBTI 性格理论的 16 种类型

类　型	特　征	解决问题模式
ISTJ	详尽、精确、系统、勤劳，关注细节。致力于改善组织程序与过程，无论组织处在发展的顺境还是逆境，都对组织保持忠诚	喜欢完全依据事实，在逻辑框架里进行分析；为获得理想结果，需考虑对人们的影响，然后寻找更多的可能性和其他含义
ISTP	注重实用性、尊重事实，寻求有利方法，具有现实性，只信服被论证的结果。喜欢独立工作，依靠逻辑和足智多谋解决即时出现的组织问题	喜欢依据现有事实以自身具有的内部逻辑构建问题和解决问题；为获得理想结果，需要考虑其他可能性和对人们的影响
ESTP	行为定向型、讲究实效、足智多谋、注重现实，以最有效的途径解决问题。喜欢事件即时发生，然后在复杂的情境中找到解决问题的方法	喜欢现实、具体地评估环境，然后用逻辑分析后采取适当的步骤；为获得理想结果，会考虑对人们的影响，寻找其他选择的可能性
ESTJ	理智、善分析、果断、意志坚定，以系统化的方式组织具体事实。喜欢事先安排细节和操作程序，与他人一起完成任务	喜欢根据相关的事实和细节进行逻辑分析，从而控制情境；为达到理想结果，会考虑更广阔的前景以及对人们和自己的影响
ISFJ	仁慈、忠诚、体谅他人、善良，不怕麻烦帮助需要帮助的人。喜欢充当后盾，提供支持和鼓励	喜欢完全依据事实，尤其是当应用于人和准则方面时；为获得理想结果，需退一步思考问题的逻辑，然后寻找更多的可能性和其他含义
ISFP	温和、体贴、灵活、具有开放性。富有同情心，尤其是对那些需要帮助的人。喜欢在合作和充满和谐气氛的环境中工作，但常常是在完成他们自己任务的时候	喜欢从实用的角度考虑对自己和他人真正重要的事物；为获得理想结果，需考虑其他人际关系和其他可能性，然后更客观地决定事情
ESFP	友好、开朗、爱开玩笑、活泼，天性喜欢与他人相处。喜欢与其他活泼、快节奏的人一起工作，同时也会根据判断作出不同选择	喜欢对情境进行显示和具体的评估，尤其是对于人更是如此；为获得最佳结果，需增强客观性，从长远的眼光看待不同事物

续表

类型	特征	解决问题模式
ESFJ	乐于助人,机智,富有同情心,注重秩序,把与他人相处和谐看得很重要,喜欢组织人们和制订计划来完成眼前的任务	喜欢考虑准则以及对人们的影响,也关注相关的事实和有用的细节;为获得理想结果,需识别其他人际关系,然后理智、冷静地分析
INFJ	相信自己的眼光,具有同情心和洞察力,温和地运用影响力。喜欢独立工作或与那些热衷于关注人的成长与发展问题的小群体共同工作	喜欢识别自己内在观点的可能性,尤其是与人和社会准则有关的问题;为成功实现目标,对定向未来的远见卓识的客观性和现实的细枝末节的问题同样重视
INFP	具有开放性,是理想主义者,具有洞察力、灵活。希望自己的工作被认为是重要的。喜欢独立工作或在能发挥创造性的小团体里工作	思考真正对他们和自己重要的问题,找出具有创造性的可能性;为获得最佳结果,注意搜集事实资料以客观地作出决策
ENFP	热情,富有洞察力和创造性,多才多艺,不知疲倦地寻求新的希望和前景。喜欢在团队中工作,致力于从事能给人们带来改善的事情	喜欢根据自己的价值观和准则探索创造性发展的各种可能性和前景;为获得最佳结果,冷静理智分析,考虑相关的事实资料和各种细节
ENFJ	关注人际关系,理解、宽容和赞赏他人,是良好沟通的促进者。喜欢与他人一起工作,致力于完成与人们的发展有关的各种任务	先判断发展计划是否能取得绩效和对人们的影响;为获得最佳结果注意更多事实资料,然后进行理智、冷静的分析
INTJ	独立而极具个性化,具有专一性和果断性,相信自己的眼光,漠视众人的怀疑。喜欢独自完成复杂的工程	喜欢以内在的认识制定战略、系统和结构,然后客观地作出决定;为获得最佳结果,会接纳他人和那些使自己的认识更加接近现实的细节资料
INTP	讲究合理性,喜欢理论和抽象的事物,好奇心重,更喜欢构建思想,不太关注环境和人。喜欢单独工作,强调对自己的观点和方法拥有最大的自主权	在寻求各种可能的选择时,喜欢以自身内部的逻辑构建问题和解决问题;为获取最佳结果,需要同时关注现实状况和他人的需求
ENTP	富于创新,具有战略眼光,多才多艺,具有分析型思维,具有创业能力。喜欢与他人一起从事需要非凡智慧的创始性活动	喜欢探索未来的前景和发展模式,理智地分析每一个正向和反向的结果;为获得最理想结果,关注人们的需要和相关的事实与细节
ENTJ	具有逻辑性、组织性、客观性、果断性。喜欢与他人一起工作,尤其是从事管理工作和制订战略计划时	根据内在的理解进行逻辑分析从而控制局面;为获得理想结果,对事实资料进行现实性决策,同时考虑决策对人们和自己的影响

职业咨询专家认为,大部分人在 20 岁以后会形成稳定的 MBTI 类型,此后基本定型。当然,MBTI 的类型会随着年龄的增加、经验的丰富而发展完善。

五、性格偏好与职业匹配

根据对优秀学生进行跟踪调查发现,部分在高中成绩优秀的学生,到了大学后成绩平平,参加工作后,业绩一般,也看不出有什么过人之处。对此,许多专家从社会适应能力方面找原因,通过走访发现问题出在"入错行"上。不仅刚参加工作的人会对自己的职业发展存在疑问,即使有多年工作经验,并取得过一定成绩的人也会有"是否该换个工作了"的想法,因为他们工作时常不顺心,难免觉得没有发挥自己的优势。对此,心理专家调查发现:在工作中出现明显问题,但又无法找出具体原因时,很多是因为性格与职业岗位不匹配造成的,这已经成为现在职场中面临的越来越严峻的问题。

（一）MBTI 16 种性格类型与职业的匹配

根据 MBTI 理论,每种个性类型均有相应的优点和缺点、适合的工作环境、适合自己的岗位特质。使用 MBTI 进行职业生涯开发的关键在于:如何将个人的人格特点与职业特点进行结合。

请结合表 3-3 分析你的性格类型与职业倾向的关系。

表 3-3　MBTI 16 种性格类型与职业的匹配

类　　型	倾向性顺序	适合职业	工作环境偏好
ISTJ	感觉 思维 情感 直觉	会计/管理人员 工程师 警察工作/法律工作 建筑/生产、保健	注重事实和结果 提供安全、结构和顺序 能保持稳定情绪 努力,任务取向,为了工作不被中断而喜欢独处
ISTP	思维 感觉 直觉 情感	科研 机械和修理 农业 工程师和科技人员	注重迅速解决问题 目标和行动取向 不受规律限制 着眼于现在的经历
ESTP	感觉 思维 情感 直觉	市场销售 工程师和技术人员 信用调查 技术、建筑/生产、娱乐	注重第一手的经验 灵活、注重结果 工作具有灵活性 即时满足需要,技术取向
ESTJ	思维 感觉 直觉 情感	商业管理 银行、金融 建筑/生产 教育、技术、服务	注重正确、高效地做事 任务取向,注重组织、结构 提供稳定性和可预知性 实现可行的目标
ISFJ	感觉 情感 思维 直觉	保健专业 教学/图书馆工作 办公室管理 个人服务、文书管理	看重有条理的任务 注重安全和隐私 结构清晰、有效率,一致、安静 服务取向
ISFP	情感 感觉 直觉 思维	机械和维修 工厂操作 饮食服务 办公室工作、家务工作	善于合作,喜爱自己的工作 允许有自己的私人空间 灵活,具有审美能力 谦恭有礼、以人为本
ESFP	感觉 情感 思维 直觉	保健服务 销售工作/设计 交通工作、管理工作 机械操作、办公室工作	注重现实 行动取向,活泼、精力充沛 适应性强、和谐 以人为本、舒适的工作环境
ESFJ	情感 感觉 直觉 思维	保健服务 接待员 销售 看护孩子、家务工作	喜欢帮助他人 目标明确的人和组织 有组织的,气氛友好的 善于欣赏的、有良心的,喜欢按事实办事

续表

类 型	倾向性顺序	适合职业	工作环境偏好
INFJ	直觉 情感 思维 感觉	宗教工作 教学/图书馆工作 媒体专家 社会服务、研究和发展	关注人类的思想和心理健康 具有创造性 协调、安静、有组织的 具有情感,喜欢有反省的的时间和空间
INFP	情感 直觉 思维 感觉	咨询 教学、文学、艺术 戏剧、科学 心理学、写作、新闻工作者	关注他人的价值 合作的氛围 允许有思考的时间和空间 灵活、安静、不官僚主义
ENFP	直觉 情感 思维 感觉	教学、咨询 宗教工作 广告、销售、艺术、戏剧 音乐	关注人类的潜能 丰富多彩、积极参与的氛围 活泼的、不受限制的 提供变化和挑战、思想取向
ENFJ	情感 直觉 感觉 思维	销售 艺术家、演艺人员 宗教工作 咨询、教学、保健	愿意为帮助他人而作出改变 支持的、社会化的、和谐的 以人为本,做事井井有条 鼓励自我表达
INTJ	直觉 思维 情感 感觉	科学 工程师 政治/法律 哲学家、计算机专家	注重实现长远规划 有效率的、以任务为重的 喜欢独自一人思考 支持创造性和独立,人员是有效率的,多产的
INTP	思维 直觉 感觉 情感	科学、研究 工程师 社会服务 计算机程序、心理学、法律	喜欢解决复杂问题 鼓励独立、隐私 灵活的、不受限制的、安静的 喜欢自我决定
ENTP	直觉 思维 情感 感觉	摄影、艺术 市场营销 零售、促销 计算机分析、娱乐	独立处理复杂问题 灵活的、喜欢挑战的、不官僚主义 求新取向 喜欢冒险
ENTJ	思维 直觉 感觉 情感	管理 操作和系统分析 销售经理 市场营销 人事关系	结果取向、独立的 喜欢解决复杂问题 目标取向,果断 有效率的系统和人 挑战性的、结构性的顽强的人员

　　MBTI 理论注重的不是工作本身,而是工作的内容,如对于 ENTJ 型的人而言,并不能说他适合或不适合做总经理助理,关健在于总经理助理这一职位是能否让 ENTJ 型的人领导、掌管、组织和完善一个机构的运行体系,以便让它有效运转并达到计划目标;能否让 ENTJ 型的人从事长期计划的设计,创造性地解决问题,对各种各样的问题提出创造性而合乎逻辑的办法等。

　　对于大学生而言,在进行职业生涯设计时除了参考职业兴趣之外,最重要的就是了解自己的 MBTI 性格类型,它不仅可以提供选择职业岗位、工作环境等方面的参考,还可以根据个人的情况提出系统的发展建议。

（二）不同维度的功能组合对职业选择的影响

基于 MBTI 性格理论，心理学家与职业规划专家进行了长期的研究发现：感觉（S）—直觉（N）、思维（T）—情感（F）两个维度的不同组合，即感觉（S）+思维（T）、感觉（S）+情感（F）、直觉（N）+思维（T）、直觉（N）+情感（F）四个组合，不同职业领域对于不同的组合的吸引程度是不一样的。

"感觉+思维"类人群，更倾向于通过实效和实际的方式来收集信息，并作出相应理性的逻辑判断，因而容易被类似军人职业、财务审计类职业，以及工程制造类职业所吸引。

"感觉+情感"类人群，更倾向于通过实效和实际的方式来收集信息，并基于情感因素作出决定，因而容易被类似医疗护理、酒店餐饮、幼儿辅导等服务类职业所吸引。

"直觉+思维"类人群，更倾向于通过想象的方式来收集信息，并作出相应的逻辑判断，因而容易被管理类职业、战略咨询类职业以及科研创造类职业所吸引。

"直觉+情感"类人群，更倾向于通过想象的方式来收集信息，并基于情感因素作出决定，因而容易被心理咨询、中高等教育以及宗教、环保、人文类的职业所吸引。

这样就构成了性格的"功能等级"，这种等级把你的性格功能划分为强和弱，尽管你的身心不断成长改变，发展你的能力，但功能等级往往是终身不变的（如表 3-4 所示）。其中，1 是主导功能，2 是辅助功能，3 是第三功能（2 的对立面），4 是第四功能（1 的对立面）。如果思维是你性格类型中的主导类型，则你是一个思维主导者。思维主导者不只是一个思维型的人，而且是一个高度思维型的人！思维主导者喜欢基于逻辑与客观分析来决定如何做，在面对情况时，他们直接的、最强烈的倾向就是客观地看待问题，并找到一个结论。然而，思维主导者不擅长其他的方式。

表 3-4　性格类型的功能等级表

内倾感觉思维判断 ISTJ 1. 感觉 2. 思维 3. 情感 4. 直觉	内倾感觉情感判断 ISFJ 1. 感觉 2. 情感 3. 思维 4. 直觉	内倾直觉情感判断 INFJ 1. 直觉 2. 情感 3. 思维 4. 感觉	内倾直觉思维判断 INTJ 1. 直觉 2. 思维 3. 情感 4. 感觉
内倾感觉思维知觉 ISTP 1. 思维 2. 感觉 3. 直觉 4. 情感	内倾感觉情感知觉 ISFP 1. 情感 2. 感觉 3. 直觉 4. 思维	内倾直觉情感知觉 INFP 1. 情感 2. 直觉 3. 思维 4. 感觉	内倾直觉思维知觉 INTP 1. 思维 2. 直觉 3. 感觉 4. 情感
外倾感觉思维知觉 ESTP 1. 感觉 2. 思维 3. 情感 4. 直觉	外倾感觉情感知觉 ESFP 1. 感觉 2. 情感 3. 思维 4. 直觉	外倾直觉情感知觉 ENFP 1. 直觉 2. 情感 3. 思维 4. 感觉	外倾直觉思维知觉 ENTP 1. 直觉 2. 思维 3. 情感 4. 感觉
外倾感觉思维判断 ESTJ 1. 思维 2. 感觉 3. 直觉 4. 情感	外倾感觉情感判断 ESFJ 1. 情感 2. 感觉 3. 直觉 4. 思维	外倾直觉情感判断 ENFJ 1. 情感 2. 直觉 3. 感觉 4. 思维	外倾直觉思维判断 ENTJ 1. 思维 2. 直觉 3. 感觉 4. 情感

（资料来源：保罗·D.蒂戈尔与巴巴拉·巴伦-蒂戈尔，《就业宝典》，中信出版社，2002 年版）

在运用 MBTI 性格类型时,应该注意不论哪个偏好、哪种类型,没有哪种是更好的,也没有更坏的,更没有对错之分。每种类型都是独特的,会在适合的环境中发挥自己的特点。认识自己的性格类型,可以让你更好地了解自己,理解自己的行为特点,根据自己的特点学习、工作和解决问题,但这并不意味着它可以作为约束你不做某事或不选择某种事业的借口。世界上没有百分之百适合某种性格的职业,懂得用己所长,整合现有资源,才是问题解决之道。性格认识旨在帮助我们更好地了解自己的行为和做事特点,理解他人为何与自己不同。

✍ **练习 3-3** ✍

思维体操

结合自己的性格代码,请同学们思考,你的两个功能维度的倾向是怎样的?这个功能组合与自己的专业是否存在相关?应该怎样处理它与专业的关系?

探索的方法与技能训练

在职业生涯规划及发展过程中,真正了解自己的性格特点非常重要,这不仅能让自己在职业选择时少走弯路,而且能够帮助自己找到更准确的职业定位、更理性的职业基础和更清晰的职业目标。

通过前面的学习,我们已经对 MBTI 性格理论有了一定的了解,下面就尝试着运用这个理论来完成性格的自我分析。说明如下。

1. 请认真按照自己的理解去分析,不要与其他人讨论。
2. 适度放松心情,在最自然的状态下作出你的选择。

这个练习由四部分组成,在每一部分中,都有一些关于性格倾向的描述,请根据自己的特点与偏好,选择出符合自己的描述。

下面是关于精力的描述,哪一种模式更接近你,E 还是 I?

E:外倾

(1) 从人际交往中获得能量;
(2) 喜欢外出;
(3) 表情丰富、外露;
(4) 喜欢交互活动,合群;
(5) 行动、多样性(不能长期坚持);
(6) 不怕打扰,喜自由沟通;
(7) 先讲,然后想,易冲动、易后悔、易受他人影响。

I:内倾

(1) 从时间中获得能量;

(2) 喜静、多思、冥想(离群、与外界相互误解);
(3) 谨慎、不露表情;
(4) 社会行为的反射性(被动反应,会失去机会);
(5) 不怕长时间做事,勤奋;
(6) 怕打扰,独立;
(7) 先想,然后讲,负责、细致、周到、不蛮干。

大部分选择 E 的人个性倾向于行动、人和事物。选择 I 的人的个性倾向一些内在的东西,如道理或个人感受。当然,每个人都是外向而行动、内向而思考的,我们倾向于更多地运用某一种决策方式。

经过评估,在 E 和 I 这个经度上,我认为更接近我本性的是:_____

✍ 练习3-4 ✍

刘梅、王芳、杜倩、赵亮四人一起坐飞机出差。在飞行途中飞机出现了故障,四人表现如下:

刘梅:"飞行员,怎么回事?怎么会发生这种情况?"
王芳:"刘梅,你去看一下仪表盘的显示情况吧!"
杜倩:"(皱着眉嘟囔)怎么撞上这种倒霉事?!"
赵亮:"(拿出一小瓶'二锅头')幸好我带了'二锅头',最后还能喝上一回!"

请仔细分析每一个人的表现,思考以下几个问题:

(1) 你最喜欢谁?谁和你的行为一样?
(2) 分组讨论,为什么你那样去做?
(3) 达成共识后,对照 E/I 特点,验证自己的代码(E 或 I)。

下面是一些处理信息的方式,哪一种模式更接近,S 还是 N?

S:感觉

(1) 通过五官感受世界,注重真实的存在、实际;
(2) 用已有的技能解决问题;
(3) 喜具体明确;
(4) 重细节(少全面性);
(5) 脚踏实地;
(6) 做事有可能的结果,能忍耐、小心;
(7) 可做重复工作(不喜新),不喜展望。

N:直觉

(1) 通过第六感洞察世界,注重应该和如何;
(2) 喜学新技能;
(3) 不重准确,喜抽象和理论;
(4) 重可能性,讨厌细节;
(5) 好高骛远,喜欢新问题;

(6) 凭爱好做事,对事情的态度易变;

(7) 提新见解,仓促作结论。

S 与 N 代表两种接受和处理信息的方式,即运用和对待经验方式。每个人都在不同程度地运用理智和直觉,但不同的人更倾向于使用其中的某一种。S 型更多地把注意力放在源自个人经验的事实上。S 型更容易察觉细节,而 N 型则更倾向于从整体上看事物。因为,N 型更倾向于从事实的背后看到它所代表的意义。

经过评估,在 S 和 N 这个经度上,我认为更接近我本性的是:_____
_____

练习 3-5

请给大海下一个定义,思考以下几个问题:

(1) 你怎么下的定义?

(2) 你和谁的一样?分组讨论,为什么你那样去做?

(3) 达成共识后,对照 S/N 特点,验证一下自己的代码(S 或 N)。

下面是描述一个人作决定的方式,其中哪一种模式最接近你,T 还是 F?

T:思维

(1) 分析,用逻辑客观方式决策;

(2) 坚信自己的观点正确,不考虑他人的意见;

(3) 清晰、正义,不喜欢调和主义;

(4) 批判和鉴别力;

(5) 规则;

(6) 工作中少表露出情感;

(7) 不喜欢他人感情用事。

F:情感

(1) 主观和综合,用个人化的、价值导向的方式决策;

(2) 考虑决策对他人的影响;

(3) 和谐、宽容、喜欢调解;

(4) 不按照逻辑思考;

(5) 考虑环境;

(6) 喜欢工作场景中的情感;

(7) 从赞美中得到享受,也希望他人的赞美。

T 型通过检验事实和数据作出决策,很少把个人感情牵涉到决定中。F 型通过个人的价值观和感受作出决定。每个人每天都进行 T 型和 F 型的判断,我们倾向于更多地运用某一种决策方式。

经过评估,在 T 和 F 这个经度上,我认为更接近我本性的是:_____
_____

✎ 练习 3-6 ✎

李强和王琪是同一高校即将毕业的两位优秀学生,同时到一家公司应聘。李强来自省会城市,精力充沛、性格开朗、组织能力强,在大学期间一直担任班长。对李强他来说,找工作并不是一件难事。王琪来自偏远的农村,学习刻苦、做事认真、成绩优秀。对王琪来说,应聘的这份工作非常重要,因为父母务农的他,家里还有两个弟弟妹妹分别在读初三和高二,很需要他尽快挣工资贴补家用。请思考:

(1) 假如由你来决定,你会选择谁?

(2) 你和谁选的一样?分组讨论,为什么?

(3) 达成共识后,对照 T/F 特点,验证一下自己的代码(T 或 F)。

下面是描述一个人的日常生活方式,哪一种模式最接近你,J 还是 P?

J:判断

(1) 封闭定向;

(2) 结构化和组织化;

(3) 时间导向;

(4) 决断,事情都有正误之分;

(5) 喜欢命令控制,反应迅速;

(6) 喜欢完成任务;

(7) 不善适应。

P:知觉

(1) 开放定向;

(2) 弹性化和自发化;

(3) 探索和开放结局;

(4) 好奇,喜欢收集新信息而不是做结论;

(5) 喜欢观望;

(6) 喜欢开始许多新的项目,但不完成;

(7) 优柔寡断、易分散注意。

J 型的人更容易对他人表现自己的思维和感情判断,而不太轻易对他人表现出自己的直觉感受。P 型的人与 J 型正相反,他们在同外部世界打交道时,更容易表现出自己的直觉感受,而非理智的判断。

经过评估,在 J 和 P 这个经度上,我认为更接近我本性的是:_____

✎ 练习 3-7 ✎

今天是周六,你周一上午有个重要的考试。这时,你接到一个好朋友的电话,他/她约你今天晚上吃饭聚会。去还是不去,你如何决定?

(1) 你会怎样选择?

(2) 你和谁选的一样?分组讨论,为什么?

（3）达成共识后，对照 J/P 特点，验证一下自己的代码(J 或 P)

回顾前面的四个部分，圈出适当的字母。

E 外倾—I 内倾

S 感觉—N 直觉

T 思维—F 情感

J 判断—P 知觉

你偏好的四个字母为：_____

请结合性格自我探索练习所得到的四个字母，与测评问卷的结果做一下比较，二者综合，我确定我的优势类型是：_____，这就是你最终的性格代码了。

✍练习 3-8 ✍

请结合性格的自我探索练习与性格测评，参考附录 2——MBTI 16 种性格类型代码分析，对你的性格做相应的分析，并将分析的内容填入表 3-5。

表 3-5　性格的自我探索与测评

结合性格自我探索，我认为符合我的性格特征描述有：
我的性格特征描述中，可能存在的影响发展的因素有：
我的性格特征描述中，可能存在的发展优势有：
适合我的职业有：
我的个人性格发展未来规划是：

✍ **练习3-9** ✍

验证你的性格

与班级中较熟悉的同学组成小组,对照性格理论中的解释和职业匹配类型进行自我分析。先将自己的分析与其他小组成员共享,说一下自己属于哪个类型,有何特征,然后再请其他小组成员对自己的分析进行评述,符合自己认知的有哪些?有差异的又有哪些?对自己适合的工作方向有何新的发现?

良好职业性格的养成

俗话说,"江山易改,本性难移",强调了性格一旦形成很难改变。倘若人的性格正好与职业性格相适应当然很好,但往往自身的性格特点与职业性格并不一定完全匹配。同时,人的性格本身存在着个体差异,而且每个人的性格也不是一成不变的,因此可以有意识地、有针对性地加以开发和培养。

一、职业性格的形成

1. 职业环境与职业性格的形成

在现实社会中,各种职业因其社会责任、工作性质、工作内容、工作方式和手段的不同,决定了它对从业者性格的不同要求,即不同职业需要不同职业性格。例如,作为医生,要有救死扶伤的人道主义品质,要有精益求精、一丝不苟的工作态度,要有高度的责任感;而演员则在个性上要活泼、善于表演,富有表现力等。

思考: 想一想与你的专业相关的岗位或岗位群应当具备怎样的职业性格呢?

2. 职业实践活动与职业性格的形成

孟母三迁的故事说明人的性格的形成受后天的生活、学习和工作环境的影响较大,良好的人文环境有助于形成良好的职业性格。在现实的工作中,每个专注于发展自己职业的人,都可以在良好的社会环境的熏陶感染下,逐渐形成适应职业所需要的性格,可见职业性格的形成也受职业环境的影响。

思考: 评价一下你周围的成长环境,有哪些方面有助于形成与塑造自己的职业性格?

3. 自我培养与职业性格的形成

良好的职业性格主要有几个特点:一是应该有良好的道德品质、正确的人生观;二是在日常生活中热爱生活、热爱集体、热爱劳动,能够经常保持愉快的情绪、广阔的胸怀,不以自我为中心;三是富有同情心,能经常想到别人,不会一时冲动感情用事;四是遇事能客观冷静地分析,正确理智地进行处理和判断,不固执己见、不主观臆断;五是有坚强的意志和毅力,没有依赖性,勇于克服困难,善于解决矛盾。当然,这些是理想化的性格特征,我们应该把它作为我们一生中追求和完善的一个目标去努力。

思考: 你认为自己的性格与自己的目标职业有哪些相悖之处,你打算采用哪些策略与方法去调适自己的性格?

二、职业性格调适的途径和方法

1. 树立正确的职业观

树立职业自豪感是培养良好职业性格的基础。只有对职业有了正确的认识并产生了职业自豪感,才能热爱自己的本职工作,才能主动调适自己不适应职业要求的性格特征。大学生要努力培养自己的自我意识,克服个性上的缺点,强化个性优势,充分认识到提升个性心理品质对于职业发展与事业成功的重要价值。

2. 学习榜样,陶冶性情

榜样力量是职业性格形成的牵引力。职场中的榜样像一面镜子照出了自身存在的差距,会成为自己努力调适职业性格的无形力量。在某种程度上,一个具有自由个性、健全人格、良好心态的人,才是一个充满活力、富有潜力的人,才是一个全面发展的人。

3. 严格要求,提高素养

作为大学生要养成自律的品格和自省的习惯,通过自我反省、自我约束,达到自我提高、完善自我的目的。教师在教学中应注重不断地渗入心理调试和心理适应训练,使学生认识到自身的不适合职业发展的个性和心态,并加以调试和修正。

4. 积极实践,加强磨炼

任何职业性格的培养都离不开实践活动,人的职业性格是在职业活动中造就的,特殊的职业造就特殊的性格。大学生积极参加社会实践,在具体实践中要做到三点:一是从易到难;二是坚持不懈;三是对症下药。

大学阶段是性格形成的关键时期,可塑性很大,只要充分认识自己、了解自己,注意扬长避短,加强修炼,就能铸造出适应各种社会环境的性格。印度古谚云:"播种行为,收获习惯;播种习惯,收获性格;播种性格,收获命运。"我国古人讲过:"积行成习,积习成性,积性成命。"这些都道出了性格的养成首先在于日常行为和习惯的修炼,积小成大,是不可忽视的。

职业性格不是一日形成的,需要坚持不懈、日积月累地不断总结提炼。我们要对自己的性格特征进行科学的分析与评价,并在此基础上找出与职业性格要求存在的差距,才能找准目标,使自己不断地进行性格的学习与磨炼,最终形成良好职业性格。

成功者的足迹

亨利·福特与福特汽车公司兴衰记

成功的故事总是被更多的人传扬,而失败的教训则往往受到双重的冷落。提起亨利·福特,几乎人人都知道他所创造的汽车流水线生产方式,以及随之而来的大工业生产和小轿车普及所带来的一系列重大社会变革。但是,福特和他创建的福特汽车工业公司为什么会从汽车行业中占绝对优势的龙头老大宝座上跌落下来,福特家族和福特汽车公司内部代表新的经营策略的革新派又怎样被福特无情地压制下去,其失败教训和内幕却鲜为人知。

　　亨利·福特出生于美国密歇根州农场主家庭,他天生具有农民的吃苦、勤劳、朴素、顽强、富有同情心等优秀性格,但农民的因循守旧、固执、僵化等不良性格在他身上也是根深蒂固的。福特创业时虽然几经失败,但他铁了心要制造适合大众的小轿车,他所设计的T型车,非常简单、非常朴素,从机械性能上说,没有任何一件不必要的零件,没有任何一点为舒适而设计的附加装置,但却非常结实,非常容易维修。有记者评论说,福特的T型车是彻头彻尾的农夫车,浑身像农民一样,只有骨头和肌肉,没有一点脂肪赘肉。

　　早期的汽车制造业完全是手工作坊方式,在手工生产时代,每装配制造一辆汽车要728个工时,而亨利·福特凭自己的指挥和顽强进取精神,简化了T型车的设计,仅需12.5个工时就制造出一辆标准部件的T型汽车。亨利·福特在进入汽车行业的第12年,终于实现了自己的梦想,他所创造的生产流水线已达到了每分钟生产出一辆车的高水平程度。低廉的价格为亨利·福特赢得了大量的平民用户,小轿车第一次成为大众的交通工具。福特说:"汽车的价格每下降一美元,就为我们争取来一千名顾客。"1914年福特公司的1.3万名工人生产了26.7万辆车;而美国其余的299家的66万工人仅生产了28.6万辆车。福特公司在美国市场的市场占有率从1908年的9.4%上升到1911年的20.3%,1913年的39.6%,1914年达到48%,月赢利600万美元,在美国汽车行业中占据了绝对优势。那时为了达到最高程度的专业化,以最大批量的流水线生产来实现最低成本,福特不允许汽车设计上有任何多余的部件和装置。为了减少因为模具更换而损失的生产时间,也为了避免品种繁多所带来的设备费用和库存费用,亨利·福特下令只生产单一型号、单一色彩的T型车。这种策略在汽车市场的初期阶段是很高明的,那时的公司销售人员多次提出要增加汽车的外观喷漆色彩。亨利·福特说:"顾客要什么颜色都可以,只要它是黑色的。"1912年,亨利·福特访问欧洲时,他手下的几个工程师就谋划改进T型车,等福特访问回来后,工程师们试图给他一个惊喜。可是亨利·福特看着新车样品模型一言不发,围着新车模型转了好几圈,他一下揪掉了左车门,又一脚踹坏了右车门,然后把后座椅顺手仍出车外,最后拿起锤子绕到车头前一锤子把挡风玻璃砸了个粉碎,在整个过程中,他自始至终没说一句话。他的行为举动明显暴露出其性格的粗暴、顽固、独断专行。从此,除了他之外谁也不能改进他的T型车。

　　随着社会需求与市场的变化,1920年后,人们对汽车的需求转向多样化和舒适性,代步的经济型汽车低价车市场已接近饱和。市场竞争尤为激烈,针对福特汽车的价格上的优势,由29家厂家联合组成的通用汽车公司在阿尔弗雷德·斯隆的领导下,在内部推行科学管理的同时,采用了多品牌、多品种的产品策略,一方面巩固众多相对独立的如雪佛兰、凯迪拉克、别克这样的著名品牌市场占有率,另一方面在汽车的舒适、多样化、个性化上下功夫。1924年通用汽车公司推出液压刹车、四门上下、自动排档的车,1929年又推出了六缸发动机的汽车,这些车都深受消费者的喜爱。而福特的T型车仍是四缸、双门、手排档。面对竞争对手通用汽车公司的攻势,亨利·福特根本不以为然,无动于衷,又与其性格上固执己见、保守和社会需求环境的变化,原先积极创新的他逐渐变成了阻碍革新的顽固者。他不相信还有比单一品种、大批量、精密分工、流水线生产更经济更有效的生产方式。对销售人员反馈的市场信息与建议,亨利·福特认为无非都是出于营销部门自己利益的危言耸听。即使后来问题的发展已经到了很明显的地步,他也不愿革新自己的汽车设计去适应市场需求,而只是寄希望于在现成的框架下解决问题。每次通用汽车公司推出一个新型号,亨利·福特的策略仍是坚持既定方针,以降价来应付。但是,长期延用降价策略的前提是市场的无限扩张,当某产品的市场饱和或样式淘汰时,运用低价刺激人们消费的策略就不灵了。同时,长期的降价经营使得福特公司的利润率极低,继续降价的余地很小。农夫式的T型车靠降价促销的道路已经走到了尽头,眼看着通用汽车公司一点儿一点儿地蚕食福特公司的汽车市场,福特公司里许多人都非常着急,希望亨利·福特听取并接受合理化建议,按市场需求重新改进产品。据说福特的孙子曾经和他争论:时代已经不同了,要他跟上新时代。亨利·福特立即打断他的话说:"你懂什么?是我创造了新时代!"从1912年福特汽车公司工程师改进车型受挫后,30年来,任何对福特题合理化建议的人在其顽固性格面前碰了壁,连其儿子、孙子也不例外。

　　由于生存的压力,亨利·福特后来终于批准了六缸汽车上马,可是已比通用汽车公司晚了7年;亨利·福特也批准了液压刹车上马,在时间上比通用汽车晚了14年。福特汽车公司凭其原先的垄断优势战胜通用汽车公司的时机已错过了,导致自己从龙头老大的宝座上跌落下来,汽车销量不断下降,公司接连亏损,使得亨利·福特变得越来越孤僻、越来越故步自封,正直的人们纷纷离去,他身边的圈子越来越小,不同意见越来越难传入他的耳中。到1946年,福特公司的亏损已达到每月1000万美元,亨利·福特不得不让位给自己的孙子亨利·福特二世。只是因为福特公司的巨大规模和"二战"的政府订货,才使得福特公司幸免倒闭破产的厄运。

　　亨利·福特的成功与失败、喜悦和心酸,都与其性格息息相关。创业时所处的社会环境使他得以发挥出性格的长处。随着社会、技术、经济的发展,企业生存环境发生了断裂型、突破性的变化,面对新的环境,亨利·福特处理问题时日渐暴露出性格中的短处,因循守旧、固执等严重阻碍了他的事业发展,差点葬送掉他的汽车公司。

(资料来源:http://www.sz.xju.edu.cn/plus/view.php?aid=3312)

课后任务

360度全方位评估你的性格

1. 目的:帮助学生对自己性格有个全面的认知与澄清,尤其是看看他人对自己性格的评价和自我评价的差异。

2. 内容:请同学们以下面的表格为例,然后想好准备和谁交流并采用什么方式交流对自己性格的评价,然后如实填写在表3-6中。

表 3-6　性格的他人评价和自我评价

评价人	缺点	优点
家人评价		
老师评价		
亲密朋友评价		
同学评价		
其他社会关系评价		
自我评价		

3. 表 3-6 中的内容分类整理后,做如下思考:

(1) 表 3-6 中的哪些性格描述你知道?哪些你不知道?

(2) 符合你对自己性格的评价吗?

(3) 哪些性格描述体现了你职业发展的优势,哪些性格描述是你职业发展的劣势?怎样在未来的职业发展中做到扬长避短?

探索我的工作能力

【认知目标】

1. 认识到在职业生涯规划中澄清个人技能的重要性，愿意为了未来的职业发展培养自己所欠缺的技能；
2. 认识到可迁移技能和自我管理技能对个人职业发展的重要性，并能利用在校学习的机会，制订训练方案，自觉提高自己的可迁移技能和自我管理技能。

【技能目标】

1. 能运用成就故事等方法手段辨识自己的专业技能、可迁移技能和自我管理技能，为自己乐于使用的可迁移技能和自我管理技能中的五种技能进行排序；
2. 会使用技能语言在简历和面试中表现自己。

【完成任务】

1. 运用成就故事等工具辨识自己的专业技能、可迁移技能和自我管理技能；
2. 使用技能语言在简历和面试中表现自己。

他的生涯经历

我的大学及后大学时代（4）——超越自我

正大实业有限公司作为一个以低密度劳动为主体的食品企业，其员工主要是厂区附近的社会人员，年龄差距和学历层次相差较大。但是，企业要想更好、更快地得到发展，必须要吸纳更多的高学历专业人才，特别是年轻的、创新型员工，用新的知识技能、思维理念去激活现有体制和运行状态下的墨守成规，从而助推企业的跨越式发展。

自担任人力安全行政科科长以来，我一直侧重人才的引进工作。外国独资的企业背景、优厚的薪资待遇、良好的发展平台对人才的招聘极具吸引力。看到陆陆续续来企业报到的各行精英逐渐走向自己的岗位并有所成就，我感到非常骄傲。但是，一段时间以后，困扰几乎所有中小企业的"魔咒"降临了——以知识型、年轻型员工为主体的企业发展所需的关键性人才流失严重，特别是刚毕业来厂的大中专院校毕业生，人均工作时长不到3个月。

一方面是企业对人才的渴求，一方面是核心员工的大量流失，面对这一棘手的问题，我和管理团队急得头发大把大把地往下掉。考虑了一段时间后，我决定与其坐以待毙，不如主动出击。首先，打电话给近期离职的员工，详细了解其离职原因，同时，与在岗的员工进行诚恳的沟通。将访谈的信息汇总后，发现员工离职的原因主要集中在认为公司所在地城市太小，人与人之间比较淡漠，缺乏归属感这三个方面。

找到症结所在就意味着给我们解决问题提供了方向。制订好解决问题的方案后，我们将初中级管理人才集中在一起开会。针对公司地理位置问题，我们和集团总部协定，制订了集团人才储备、输送计划，即员工如果达到集团用人的标准，在本企业工作2年后，可到集团内其他城市同类企业的相关岗位工作，这样既解决了员工的需求，又保证了"肥水不流外人田"。而针对人际关系淡漠的问题，为了帮助大家找到归属感，特别是年轻员工的归属感，在公司领导层的大力支持下，在员工宿舍实现了网络覆盖，增设了棋牌间、影院厅、楼层小超市等设施，完善了篮球和羽毛球场地，以丰富员工的业余生活。同时，在每周的车间清扫期间，开展球类、棋牌类比赛等活动，员工与领导同场竞技，设立丰富的奖品，并将每周的获胜者名单张贴到公司活动标兵栏内。同时，在公司工作满3个月的员工，公司按照30元/季度的标准发放季度劳保，工作满1年的员工可以享受生日贺礼、结婚贺礼、奶粉补助等各项福利制度。全体员工都可以享受春节福利、中秋福利、婚假、产假、护理假、在生育保险基金内报销生育期间的医疗费等。

这些政策的实施，不仅鼓舞了管理层员工的工作热情，同时也激励了公司各岗位的员工，使企业的社会影响力得到显著提升。每年在春秋两季招工难的问题，再也没有发生，这成为公司成立以来的一块里程碑。

问题的提出与重要性

✿练习4-1✿

请同学阅读下面的一段文章并思考：你有什么能力？你将来如何应对面试？

你的木桶能存多少水

我经历了人生中作为招聘者的第一场招聘会，第一次坐在了发问者这一边。看着一张张殷切的脸庞,我的任务却是提出一堆让他们眼里的光芒收敛起来的问题。

遇到一个女孩,在她说了一通自己的特长之后,我看着她的简历说:"你说你会 Indesign 软件,可你连软件的英文都拼错了。"那个女孩脸红了红,说:"哎呀,这是昨天匆匆忙忙赶出来的,所以可能拼写有错误。"

那一刻她已经失去了面试的机会,因为她可能以后在工作的时候借口说来不及而犯错误。

几乎每个人都有一张《毕业生推荐表》,上面的推荐语也基本上千篇一律。这张毫无个性的推荐表,并不能帮助一个人获得他想要的工作。

如何告诉面试官"我就是你要找的人"呢?至少要让看简历的人知道:除了成绩优秀,你也明白什么是社会,而且你能力出众,能够奉献;你清楚公司是个什么样的组织,你愿意服务公众。

一个学生会主席递来一张简历,上面写着她的社会实践:"组织过某个大型的国际学生会议,与伦敦、纽约、中国台湾等地区的大学建立了长期的合作关系。"这句话无疑是一块敲门砖,但是我要判断一下它的可靠性。

"你是怎么联络这些著名的大学呢?"我问。

"嗯,给他们发 E-mail 啊,国外的大学网站做得很好的,上面都能找到相关的信息,发信去邀请他们来参加会议,有回应的就继续谈。"她说。

嗯,看来这不是什么有技术含量的事情,不过是群发邮件然后守株待兔。

"那你具体做些什么事情?负责哪几个环节?"我继续问,我想知道她的作用是否不可替代。

"哦,我就让我们组里相关的负责人去做的,他们得到回应之后,我去申请经费。"

"那,其实你没有亲自与伦敦、纽约、中国台湾等地区的大学建立长期的合作关系吧?你做的事情就是打报告吗?"

"话不是这样说的。你说世博会,大家肯定说是市长办的,不会说是底下哪个具体的人做的……"她辩解着。她本可以详细说一下她的组织能力,或者强调一下她如何协调整个活动。可是她却如此辩解,我无语地看着她,眼睁睁地看着她的机会减小。

给我留下印象最好的一个面试者,是一个腼腆的女孩。她的简历老老实实,当问到会不会某个软件的时候,她很诚实地说:"不会,但是我可以学。"她要回了她的简历,说等她学会了那个软件之后,拿着作品再来面试。这一刻,她已经赢得了她的下一次机会。

如果想去一个公司做事,那你要能展示自己的学习能力和协作能力,你有踏踏实实的业绩和实践,你的木桶里存储着足够多的水。

(资料来源:沈奇岚.青年文摘·上半月[J].2011(4),略有改动)

你有哪些能力?是每个求职者在求职时都要面对的问题,用人单位最看重的就是我们的工作能力。经过前面两个单元的学习与探索,我们已经了解了自己的职业兴趣及性格倾向,也列出了几个、几十个自己感兴趣的工作,但是接下来我们所面对的问题就是哪

个(些)工作是我能干的？除了这些之外，我还能做哪些工作？因此，我们需要识别、排列出自己最突出的工作能力，并通过了解特定职业对从业者的技能要求，让自己重视学习并自觉训练相应的能力。

一、能力

能力是人们成功地完成某种活动的潜能。比如，你现在正试图做的工作——完成你个人职业发展与生涯规划，这一工作就要求你具备多种能力，如记忆能力、信息处理能力、问题解决能力等。这些能力中有的是先天就具有的，有的是通过后天的学习获得的。如果我们自己生涯规划能力较弱，在进行职业生涯规划时就会遇到困难。

目前，人们发现的能力有上百种之多，可从不同的角度对其进行分类。根据能力的获得方式，可以将能力分为能力倾向和技能两大类。能力倾向是一个人的潜在的、可能发展出来的能力，只有经过训练才能使个人获得某种知识和技能。通常，人们把能力倾向分为两种类型，一种是一般能力倾向，另一种是特殊能力倾向。一般能力倾向是指完成多种活动所必需的一般潜力，特殊能力倾向是指完成某一方面特殊活动所必需的特殊潜力。例如，某人在音乐或绘画方面有能力倾向，那就意味着此人在音乐或绘画方面学习能力较强，而要成为音乐家或画家，还必须经过专门的学习和训练。技能是指经过后天的学习和练习培养而形成的能力，如人际交往能力、问题解决能力、信息处理能力、时间管理能力、创新创业能力等。

二、能力倾向的分类

能力倾向通常指的是较为具体的能力。被誉为"多元智能理论"之父的美国哈佛大学教育研究生院心理学、教育学教授霍华德·加德纳在其1983年出版的《智力的结构》一书中，首次提出并着重论述了他的"多元智能理论"的基本结构。他认为每个人的智力都是由同种重要的多种能力构成的，各种能力以相对独立的形式表现出来。加德纳先后共提出9种主要智能：语言智能、逻辑—数学智能、空间智能、运动智能、音乐智能、人际交往智能、观察自我智能、观察自然智能、存在智能。

(1) 语言智能，即听说读写的能力，表现为个人能够顺利而高效地利用语言描述事件、表达思想并与人交流的能力。人的语言能力是在语言的生理素质基础上，通过与成人的交往活动或接受系统的教育而习得和逐步发展起来的。例如，从事作家、记者、编辑、节目主持人、播音员、律师等职业的人，在这种智能上会有较突出的表现。

(2) 逻辑—数学智能，指运算和推理的能力，表现为对事物间各种关系的敏感以及通过数理运算和逻辑推理等进行思维的能力。从事与数字有关工作的人特别需要这种有效运用数字和推理的智能。

(3) 空间智能，表现为对线条、形状、结构、色彩和空间关系的敏感以及通过平面图形和立体造型将它们表现出来的能力。空间智能强调人感受、辨别、记忆、改变物体的空间关系并借此表达思想和情感的能力。空间智能决定了人们把握周围世界的精确程度。

(4) 运动智能，主要是指四肢和身体能在时间和空间活动上配合，迅速、合理、省力和机敏地完成一定运动动作的能力。它表现为能够较好地控制自己的身体，对事件能够做出恰当的身体反应以及善于利用身体语言来表达自己的思想。一般对运动员、外科医生、舞蹈演员等职业群体该能力要求较高。

（5）音乐智能，主要是指人敏感地感知音调、旋律、节奏和音色等能力。它表现为个人对音乐节奏、音调、音色和旋律的敏感以及通过作曲、演奏和歌唱等表达音乐的能力。

（6）人际交往智能，主要是指能够有效地理解他人及其关系和与人交往能力。

（7）观察自我智能，主要是指认识到自己的能力。这种智能较高的人，如政治家、哲学家、心理学家、教师等，他们善于把握自己的情绪、动机和欲望，清楚自己的优势和劣势，善于从他人身上吸取长处和规划自己的人生目标，喜欢独立工作。

（8）观察自然智能，主要是指认识植物、动物和其他自然环境（如云和石头）的能力。

（9）存在智能，是指人所表现出的对生命、死亡和终极关怀提出问题，并思考这些问题的倾向性。

能力倾向测验所测量的是个人在某些领域的学习潜能。目前运用较广的"一般能力倾向测验"（General Aptitude Test Battery，GATB）是由美国劳工部设计的。测验可以帮助求职者获得自己能力倾向的客观信息，正确认识自己的能力及更适合的工作领域，从而进行正确的职业选择。

三、工作能力

职业能力是一个人在现代社会中生存生活，从事职业活动和实现全面发展的主观条件，是奠定一个人持久职业生涯发展的基础。我们常常使用"工作能力"一词，要区别职业能力与工作能力，可以参考职业价值观和工作价值观的区别。工作能力通常指的是与个人从事的具体工作相关的能力。例如，同样是警察这一职业，但民警与刑警具体的工作岗位不同，各岗位的工作能力要求也不尽相同。因此，本书中我们并没有严格区分职业能力和工作能力，而是根据美国著名的职业规划研究者辛迪尼·梵和理查德·鲍尔斯关于工作技能的理论，将工作能力看作是功能性技能、专业知识性技能和适应性技能的综合。

四、为什么在职业选择中要考虑工作能力

1. 职业能力影响个人选择从事何种工作

舒伯的职业发展理论认为，一个人踏入某一行业，是由多种因素决定的：个人的兴趣、能力，个人的价值观及需求，个人的学历、利用社会资源的程度及社会职业结构、趋势等。对于某些职业，如果你不具备这个职业所要求达到的能力，你就是再努力工作也收效甚微。

2. 职业能力影响个人职业发展路线

如果说职业兴趣或许能决定一个人的择业方向以及在该方面付出努力的程度，那么职业能力则能说明一个人在既定的职业方面是否胜任，也能说明一个人在该职业中取得成功的可能性。因此，一个人职业能力的发展水平、发展速率及发展方向都影响着他在此职业领域内的发展趋向和进度，即个人职业生涯发展路线。任何职业对从业者都是有入职资格要求的。同样，相应的职位也要求从业者具备相应的能力。高级职位要求从业者具备更高的能力。

3. 职业能力影响个人的工作质量

美国心理学家,社会学习理论的创始人艾伯特·班杜拉认为,当人们实现了追求的目标时,就会觉得有能力,就会感到自豪、骄傲;如果无法达到标准时,就会感到焦虑、羞愧和没有能力。这种从成功的经验中衍生出来的能力信念叫作自我效能(Self-Efficacy)。在职业生涯中,个人职业能力与职业工作岗位的匹配程度职业影响着个人的自我效能感。当一个人的能力与其所从事的工作的要求相匹配时,自我效能感就高,也就最容易发挥出自己的潜能,更好地完成任务。例如,如果一个学生认为自己擅长数学,他就会选择具有挑战性的数学问题,在不断地挑战中探索出更加简捷、巧妙的解题方法,提高解题速度与质量,并且使得自己的数学能力得到进一步提高。

4. 职业能力影响个人的工作满足程度

职业能力是决定一个人在职业中取得成就的基本条件。当个人的职业能力水平高于职业工作岗位所需能力时,只需耗费几分的能力就能够把任务完成,个人就会感到只是在重复低水平的工作,不能激发自身热情和潜力,影响了个体自我价值的实现,当然也就不能从工作中得到满足;相反,如果个人的职业能力水平低于职业工作岗位所需要的能力,个体不能按时高质量地完成任务,他的自我效能感就会很低,就会有焦虑、羞愧等消极情绪,自然也就会降低个体对工作的满意程度。

5. 职业能力在个人职业发展路线推进过程中不断发展

职业能力是在实践的基础上得到发展和提高的,一个人长期从事某一专业劳动,能促使人的能力向高度专业化发展。例如,计算机文字录入人员,随着工作的熟练和经验的积累,录入的速度会越来越快,准确性也会越来越高。个体的职业能力只有在实际工作中才能不断得到发展、提高和强化。

理论的讲解与运用

一、工作技能的分类

工作技能是指经过后天的学习和练习培养而形成的能力。辛迪尼·梵和理查德·鲍尔斯将工作技能分成三个基本的类别:功能性技能、专业知识性技能和适应性技能。

1. 功能性技能

功能性技能就是你做的事。我们的工作对象有三类,即人、物和数据。与人打交道时,可能用到提问、通知、建议、开玩笑、说服、管理等技能;与事物打交道时,可能会用到烹调、搬运、驾驶、操作等技能;与数据打交道时,可能会用到预算、编程、计算、测量等。功能性技能中既有简单的技能,也有复杂的技能。例如,与人打交道的技能中,帮助、服从是较为简单的技能,而像指导、管理就属于复杂性技能;如果你拥有较高水平的复杂技能,如管理技能,那么你就会拥有其他所有技能,如谈话、暗示、监督等。一个人的功能性技能越高,选择自己工作方式的自由度也就越大。功能性技能最显著的特点就是可迁移性,即这种技能可以从非工作领域迁移到工作领域,因此它又称为可迁移技能。

✐**练习 4-2** ✐

功能性技能显示的是你做某种事情的能力。下面所列出的是部分按照由简单到复杂顺序排列的功能性技能的清单(如表 4-1 所示),在清单中找找,看看你自己喜欢使用的功能性技能是什么以及自己所达到的水平。

表 4-1　功能性技能清单

	(数据)	(人)	(物)	
	↓	↑	↑	↓
越	综合	指导	组装 精密度调试	越
来	协调、创新	协商	操作—控制 驱动—操作	来
越	分析	教导		越
具	整理计算	监督		自
体		引导、说服	照看 送料、出料	由
	复制	谈话、暗示		
	比较	服务、服从、帮助	处理	

(资料来源:理查德·尼尔森·鲍利斯著,陈玮译.你的降落伞是什么颜色[M].北京:中信出版社,2002.)

目前,我国职业院校设置的专业与相关的工作岗位群对应性较强。高等职业院校的学生在选择专业时,可能从自己的兴趣出发选择了一个自己喜欢的专业。例如,你很喜欢饲养动物,所以你选择了兽医专业,并且希望获得专业知识,将来从事兽医工作。在这里,你会发现,仅仅具有功能性技能是不够的,必须把功能性技能(怎样饲养)与工作内容(养什么)结合起来。因此,你必须掌握专业知识性技能。

2. 专业知识性技能

专业知识性技能通常指职业业务范围内的能力。专业知识性技能通常包括工作方式方法、对劳动生产工具和劳动材料的认识及其使用。与功能性技能不同的是,专业知识性技能是不可以迁移的,它们需要你有意识地接受特殊的教育或培训才能获得。高职学生正是通过自己专业的学习来获得专业知识技能的。

✐**练习 4-3** ✐

专业知识技能清单

列出你在学校中学过或将要学习的专业课程,详细分析一下你在每门课程中所学到的专业知识技能(有必要的话可以咨询老师)(见表 4-2)。

表 4-2 专业课程与专业知识技能清单

序号	课程	获得的专业知识技能
1		
2		
3		
4		
5		
6		
7		

就工作与专业的关系而言,当前大学生寻找工作时,有专业对口型、专业相关型和专业无关型。有资料显示,专业对口型是指从事与专业紧密相关的工作,这类大学生在技术类专业中约占70%,且以工科大学生居多;专业相关型是从事与专业有一定关系的工作,这类大学生在非技术类专业中约占80%,以文、史、哲、经济、管理、语言居多;专业无关型是指所从事工作与所学专业几乎毫无联系,这类大学生在各类专业中均有,如技术类专业从事非技术类工作,非技术类专业从事技术类工作等。可见,多数用人单位对大学生的专业技能还是比较看重的,而招聘专业相关型和专业无关型岗位的用人单位,往往是通过个人的专业学习态度和学习能力来判断其价值观与潜能,所以前面讲到的功能性技能和下面将要介绍的适应性技能都非常重要。

3. 适应性技能

适应性技能又称自我管理技能,是指你处理自己与他人、与社会、与环境关系的能力。适应性技能常被看作积极的、正面的人格特征,比如,我们做事要有远见,要讲究工作效率,要负责任,与人相处要温柔、热情,有礼貌等。这里的"远见""负责""温柔""热情""礼貌"就是适应性技能。适应性技能帮助你自己更好地适应周围的环境。

对于高职学生来说,毕业文凭、职业资格证书,只是应聘时的敲门砖,而功能性技能和适应性技能让你最终获得工作机会,并且也是使你未来职业持续发展的关键能力。所以,同学们在校期间不能仅仅重视专业知识、专业技能的学习和训练,更要重视功能性技能和适应性技能的培养。由于这两种技能都具有可迁移性,因此获得这两种技能有两个主要途径。一是在学习生活中有意识的培养。例如,与人交往时注重培养自己诚信、守时,富有爱心等适应性技能,训练自己的洞察、表达、交流等功能性技能;学习过程中要养成勤奋、认真的适应性技能,锻炼自己的提问、记忆、探索等功能性技能;让日常生活学习有秩序、有条理,从而提高自己秩序的、条理的适应性技能,训练自己的安排、提高等的功能性技能;积极参加校内的社团活动及参观、访问、社会调查、公益活动等社会实践,培养积极的、友好的、独立的适应性技能,训练自己发现、收集、组织、解决问题等的功能性能力。二是可以通过人文类课程的学习进行强化训练。例如,伦理学课程即可以训练学生的说服、判断、选择等的功能性技能,也可以培养学生具有同情心的、公正等适应性技能;口才与演讲课程既可以训练学生阅读、演讲、讲述等功能性技能,也可以培养学生富有表现力和想象力的适应性技能;艺术类课程既可以提高学生的绘画、唱歌、欣赏等功能性技能,也可以使学生具有多才多艺的、活泼等适应性技能。

✍ **练习 4-4** ✍

功能性技能、专业知识性技能和适应性技能的结合:模拟面试

要描述自己的能力,需要将功能性技能、专业知识性技能和适应性技能 3 种技能结合起来。选择一个你比较熟悉的或向往的工作,如导游,假定你要参加这个面试,面试主考官限你 5 分钟内回答"你认为自己能胜任这一工作吗?",如表 4-3 所示。

表 4-3　模拟面试回答表

我的回答:

二、职业对技能的要求

不同的工作对从业者的技能要求不同。当对自己最愿意使用的几种技能有了认识之后,你所面对的问题就是:我要在哪里,在哪个领域施展这些技能?哪一些职业可以满足我施展这些技能的要求?探索自己的工作能力,目的是为了选择一个自己喜欢又有能力从事的工作,但对于职业院校的学生来说,是先学技能,再找工作,而不是先找工作,再学技能。因此,对高职学生来说了解自己的目标职业对技能的要求尤为重要。所以,高职学生还必须研究自己所心仪的目标职业对技能的要求。这样,在大学阶段同学们就可以制定自己的学业规划,有意识、有计划地根据目标职业的技能要求培养和发展个人技能。对职业的探索以及对目标职业的确定,将在接下来的两章中进行阐述。

要了解职业技能的要求有很多方法,以后我们会详细介绍。下面介绍一种了解某一职业对技能要求的比较简单的方式,即查阅《国家职业标准汇编》。

《中华人民共和国劳动法》第 69 条规定:"国家确定职业分类,对规定的职业制定职业技能标准,实行职业资格证书制度,由经过政府批准的考核鉴定机构负责对劳动者实施职业技能考核鉴定。"为了满足职业教育培训和职业技能鉴定工作需要,进一步推行职业资格证书制度和就业准入制度,劳动和社会保障部培训就业司与劳动和社会保障部职业教育技能鉴定中心将实行就业准入制度控制职业的国家职业标准编辑成册,即《国家职业标准汇编》。我国实施严格的就业准入制度,用人单位招收、录用职工,属于国家规定实行就业准入控制的职业(工种),必须从取得相应证书或职业培训合格证书并获得相应职业资格证书的人员中录用。职业资格是对从事某一职业所必备的学识、技术和能力的基本要求,包括从业资格和执业资格。职业资格证书是国家对申请人专业(工种)学识、技术、能力的认可,是求职、任职、独立开业和单位录用的主要依据。职业技能鉴定是指对劳动者进行技术等级考核和技师、高级技师资格的制度。

✎ **练习 4-5** ✎

了解职业对技能的要求

国家职业标准是实施职业资格证书制度的基础。《国家职业标准汇编》（第一分册和第二分册）中，每个国家职业标准都包括了职业概况、基本要求、工作要求和比重表等方面的内容，对各职业的活动范围、工作内容、技能要求、工作要求和知识水平作了明确规定。你在大学期间预备考取哪（几）个职业资格证？查阅《国家职业标准汇编》（第一分册和第二分册）了解该职业（工种）对从业者在技能方面的基本要求，完成表 4-4。

表 4-4 从业者具有的技能

序号	职业资格证书	技能要求
1		
2		
3		

探索的方法与技能训练

在求职的过程中，无论是求职者还是用人单位都非常重视面试这一环节。对于用人单位来说，他们有这样一个工作岗位，要找一个或几个有能力胜任这一工作的人，往往通过面试这一环节来初步考察求职者的工作能力。对求职者来说，要想得到自己心仪的工作，就必须向用人单位证明自己的能力。所以求职之初，求职者就应该决定，在他所有的技能当中，最愿意使用的是哪几项技能以及在哪里、在哪个领域施展这些技能。

对技能的识别和分析是职业规划的核心。接下来的任务就是分析自己的职业能力的构成，明确自己职业能力的优势与劣势在哪里。

✎ **练习 4-6** ✎

才 能 展 示

分小组练习。根据霍兰德职业兴趣分类，教师可将学生分成 6 组，要求每个学生都要从其中挑选出 3 组自己最愿意参加的，可以按照自己的偏好进行排序。每个学生要在自己的组内详细讲述 7 个自己得意的、有成就感和满足感的故事。要求尽可能的详细，特别是细节部分。那些经常，如重复出现的技能就是你自己最喜欢的技能。和同学们一起分析一下吧,至少找出10项,如表4-5所示。

范例

成就经历:第一次做饭　　　　　　　　　　　可识别的技能

我第一次做饭,是在去年的暑假招待我的高中同学。由于是第一次,所以我先找来一本家常菜谱,根据同学的口味先设计了一个菜谱。然后,按菜谱买回蔬菜、肉类。在做饭过程中虽然有些手忙脚乱,但在同学们的帮助下,色香味俱全的饭菜摆满面一桌。饭后,我用了不到半小时的功夫将厨房收拾的干干净净。

用心地学习烹饪
有想象力地设计菜谱
合作能力
艺术能力
快速地整理房间

表4-5　经历与可识别的技能

我的成就经历:	可识别的技能

 🖋 **练习4-7** 🖋

认真想一想,问问自己,我是喜欢使用与人交往的技能?还是与物打交道的技能?还是处理信息的技能?做一个调查吧,看看你的父母、亲属、同学、朋友是怎样评价你的能力的?

我擅长做的事:

父母对我的评价:

亲属对我的评价:

同学对我的评价:

朋友们对我的评价:

✍ 练习 4-8 ✍

我拥有的工作能力清单

依据本单元的练习所展示的使用技能,和同学们一起分析一下你所拥有的技能,至少列出 10 项,并按你喜欢的程度进行排序(从最喜欢的工作能力开始到最不喜欢的工作能力),如表 4-6 所示。表述时一定要注意将功能性技能、专业知识性技能和适应性技能结合在一起,如"我能够准确地识别植物""我能够快速打字"。

表 4-6　工作能力清单

我拥有的工作能力清单:
1.
2.
3.
4.
5.
6.
7.
8.
9.
10.

✍ 练习 4-9 ✍

我的学业规划

中国青年研究杂志社社长刘俊彦在《用人单位看重什么——百家知名企业选人标准研究报告》(《中国青年研究》,2004 年第 10 期)一文中,在从 2001 年 2 月至 2003 年 6 月的《北京青年报/人才时代》,《中国大学生就业》杂志 2001 年第 8—9 期合刊《百家名企门槛揭秘》和 2002 年 1 月至 2003 年 4 月的《中国青年》杂志上随机抽取了 100 家企业的招聘启事及人力资源经理对本企业选才用人标准的阐述资料,并运用计算机对有关数据和资料进行了处理。这 100 家企业包括大型国有企业、著名外资企业、合资企业和民营企业四种类型,其中绝大多数是具有较高知名度,为广大学生所心仪的就业单位。

研究者从调查中得出结论,创新能力、团队精神、沟通表达能力及学习能力是用人单位最看重的四种素质。研究者认为这四种素质代表了两个大的方面,其中创新能力和学习能力主要属于智力型素质(智商),团队精神和沟通表达能力主要属于情感型素质(情商)。调研得出的关键结论就是,越来越多的用人单位通过对应聘者综合素质的考察来决定取舍,"既要高智商,更要高情商"是对用人单位选才用人标准的高度概括。由此可见,"靠智商上学,靠情商找工作和获得晋升",此话有一定道理。同时,研究者在对调研中有关材料的分析中强调大学生们应注意以下四点：
(1) 认同企业文化、适应企业要求是企业重要的选才标准；
(2) 用人单位既看重学习成绩也看重学习能力；
(3) 在校学生要学会提高社会实践能力和经验积累；
(4) 用人单位对人才能力的要求是全方位的。
根据上述材料，认真分析用人单位对劳动者素质的要求，制定自己的学业规划。

∠**练习 4-10** ∠

我的职业库

根据目前你所获得的关于你的工作能力的知识，查阅《中华人民共和国职业分类大典》，并结合自己专业所对应的职业（或岗位），列出一个你的备选职业清单（见表 4-7）。

表 4-7 备选职业清单

我的备选职业清单：

成功者的足迹

我出生在一个贫困的农村家庭，生活的困顿、环境的艰辛使我很早就立志要摆脱农村，过上城市生活。我性格刚强，好学上进，1982 年我以优异成绩从 300 多名初中同学中脱颖而出，考入县重点一中。进入高中后我更加努力，奋发学习，对未来充满美好憧憬。然而，理想与现实往往是残酷的矛盾体，由于家庭条件不好，长期吃不饱饭，体力和脑力消耗过大，患上脑供血不足、营养不良、神经衰弱等疾病，被迫休学一年。由于疾病没有治愈，第二年高考成绩并不理想，考入省城一所中专学校。

回首高中阶段的学习生活，紧张而充实。中学时我只有一个信念：拼命学习，把学习成绩搞好，其他都不重要。可是因为过度"拼设备"，导致身体透支严重又缺乏保养，结果影响了学习成绩，带着满身伤痛走入中专校门。虽不甘心，然而家庭贫困没有复读重考的财务支持。好在所学专业是商业服务企业管理，听一些人讲，学这个专业的人将来都会成为经理，心理似乎有些平衡。由于生活环境和学习条件的改善，我的身体逐渐有所好转。

开学不到半个月,学校组织了一次联欢会,很多同学积极踊跃地报名参与。我性格内向,一直与世无争,从未参与过任何活动,所以那次联欢会我甘愿做一名观众。活动过后,很快学校从活动表现出色的学生中选拔出一批班委会成员,于是产生了班长、团支书等角色的班干部。渐渐地,我发现他们各方面能力都不断得到提高,我和他们之间的差距越拉越大,于是产生了改变自己、冲破自我的强烈愿望。

我开始积极主动地参与学校组织的各种活动和竞赛,很快成为校报编辑部的成员,通过书法、演讲等各项比赛,丰富了知识,提高了技能,增强了自信。很快到了"一二·九"运动纪念日,学校要组织一次大型演唱会,从班级选拔一些歌唱选手。以前在这些活动面前我都是封闭自己,所以从来就不知道自己还有一副动听的歌喉!一次不经意的试唱,被同寝室的同学发现,推荐到演唱会。那次选拔入选的规定是每位选手只能保留一首歌,幸运的是我演唱的两首歌均被入选。演唱会结束后我还被评为最佳歌唱奖,赢得了老师的肯定,同学的喝彩。在一次又一次学校集体性的活动中我找到了快乐,得到了锻炼,自身价值得以实现。三年中专的学习生活我最深切的体会是:到高等学校以后成绩固然重要,可是有比成绩更重要的就是综合能力的锻炼和提高,它将是你未来成就事业的基础。

1988年中专毕业后,我被分配到当时牡丹江市饮食界颇负盛名的丽江饭店,最初在旅店部做接待工作,后因文笔突出被调到经理办公室任秘书。一年后被任命为单位团委书记。1992年我被调到市服务局机关,先后担任业务科职员、办公室副主任、业务科长。一路走来,我深刻体会到每个人一生都有一些机遇,然而机遇往往会偏爱有准备的人。也许是诸多方面能力的积淀,每一次机遇来临时我都能准确地抓住,这与学校对自己能力的锻炼和潜能的激发是分不开的。

每个人在其人生的不同阶段都会产生不同的追求和梦想,我曾经梦想自己当一名大学老师,面对众多渴求知识的青年学子传道授业,我也曾梦想成为政府机关的领导干部,为民分忧,受人尊重。然而改革开放市场经济的新形势却把我推向商海浪潮的风口浪尖,成为金融领域的一名商人。1999年,我当时在服务局任业务科长,所属企业3年时间基本完成了股份制改造,局机关职能和权限进一步缩小。我每天工作清闲,经常感觉无所事事。一次偶然机会,结识了一名平安保险公司的业务主任,他能力很强,素质很好。经常耳濡目染,我渐渐对保险营销产生了一定兴趣。那位主任推荐我去保险公司应聘。我认为自己性格内向不适合做营销,再说自己还有一种在机关做中层干部到保险公司做业务代理没面子的偏执心里。由于当时工作不忙也确实闲得空虚,几个月的思想矛盾之后,我毅然走进平安保险公司参加培训,兼职做起保险业务。基于自己比较勤奋刻苦,加之在客户面前的诚信和专业,赢得了客户的广泛认同,我的保险业务做得风声水起,有声有色。仅一年时间从业务员做到所辖近200人的营业部经理,月收入由万元上升到2万元以上。2004年牡丹江市在一些局公开选拔行政副职,服务局有一副局长的职位,当时我是第一人选,可是矛盾了很长时间,我还是主动放弃了竞聘机会退出竞选。后来服务局、商业局、物资局三局合并,我到了合并后的贸易局工作。新局组建之初,各项工作抓的很严,不允许在外兼职,权衡利弊后,我毅然放弃了局机关科长的职位及公务员身份,专职从事起保险事业。转眼之间,做保险已有近16年的时间。由兼职到专职,从业务员做起到成为高层管理者。一路走来,有奋斗的艰辛,但更多的是成功的喜悦;虽历经无数艰难与坎坷,但更多赢得是鲜花掌声和荣誉。实践证明,我的这一选择是正确的。

保险公司是一个社会的大熔炉,员工来自各行各业,各个层次。这里人才荟萃,藏龙卧虎。平安公司是一家国际化的上市公司,是综合金融服务集团,世界500强企业,有优秀的企业文化和先进的管理机制,孕育出一批又一批行业精英。保险公司讲究公平竞争,靠业绩说话,凭能力晋升,我从试用业务员做起,半年后相继晋升为业务主任、高级主任,一年后晋升营业部经理,同业很多公司进驻牡丹江聘我做一把手,因为深爱平安,一一婉言谢绝。在保险公司讲课是一项重要技能,我从见习讲师、一星级讲师做起,一步步晋升到五星级,这是平安系统最高的讲师级别,曾多次到全国各地和行业外交流授课。

在保险公司做得好的员工收入会很高,但我当初看中的不是保险公司的收入,而是看重它给绩优员工提供到外地旅游和学习的机会,这对我有很大的吸引力。因为业绩突出,入职3个月后,公司就派我到大连参加世界华人寿险大会,到北京人民大会堂参加全国高峰会。这些年走过很多地方,先后到过韩国、泰国、新加坡、澳大利亚等十几个国家和地区,尤其是2004年到美国参加世界级高层次的国际寿险交流会议,考察了美国的很多保险公司,我更深切地感受到保险在中国正处于起步阶段,可谓是朝阳行业。中国正在与国际接轨,保险已成为社会行为,有着美好的发展前景和巨大的成长空间。现在社会上仍有一些人对保险存在误解和偏见。对于我当时的选择,单位有的领导和同事认为我不务正业,放着好好的科长不认真干,多数人不理解我的行为。但几年之后他们的看法逐步改变了,真正认可了我当初的选择。

因为喜欢所以努力,因为正确所以坚持。凭着执着和追求,2012年我从营业部经理晋升为高级营业部经理,2013年晋升为资深营业部经理,现在为外勤最高职级(业务总监),辖下近500人团队,为牡丹江数万个家庭送去几个亿的保险保障。在保险公司,我又给自己设立了新的目标:争取用5年时间培养出10个营业部经理,打造千人团队,为寿险业培养出更多优秀人才,为牡丹江人民送去更多的保障和平安!

本文是一篇特约稿,作者郭志军是我们生活中普普通通的一员,你的身边也不乏这样的人。我们不能否认郭志军是一名成功者,从这名普通的成功者的经历中我们可以得到很多启示。我们总是渴望自己的人生充满机遇,但是重要的是你有没有抓住每一次机遇的能力;我们每个人的一生中都会面临多次重要的选择,选择之前我们要慎重,选择之后就必须承担责任。

课后任务

提升自己的职业能力具有很大的挑战性。根据本单元中你所学习的相关理论,结合自己的实际,分析一下自己的哪些功能性技能和适应性技能需要提升,不要太多,列出三四个,如沟通、信息处理、计划等,制订一个训练计划,现在就开始自我训练吧。

单元五
探索我的工作价值观

【认知目标】

1. 认识到在职业生涯规划中澄清个人工作价值观的重要性,并愿意在今后的学习、工作中不断整合自己的能力、动机、态度和价值观,以确认自己的职业锚;

2. 认识到工作适应是个人与外部环境不断妥协的过程,愿意培养自己健康合理的工作价值观,实现自己生命的意义和价值。

【技能目标】

1. 能借助工作价值观澄清等多种方法给自己所看重的工作价值观进行排序;
2. 能在职业决策时有意识地把健康合理的工作价值观作为决定的标准。

【完成任务】

借助工作价值观澄清等多种方法给自己所看重的工作价值观进行排序。

他的生涯经历

我的大学及后大学时代(5)——我欲何求

某记者到青海采访时路遇一个七八岁年纪的放羊娃,记下了一段"放羊娃"对话——"你为什么放羊啊?""卖钱,攒着。""你攒钱干吗啊?""娶媳妇、生娃。""等你的娃长大了,让他干吗啊?""放羊"……

这样的回答,到底是反映了一种闭塞、愚昧、故步自封的人生态度,还是另一种超然、洒脱、不拘一格的朴素价值观,我无法更无权评价,但是,它深深地触动了我内心深处的彷徨——毕业后,我要做什么,能做什么?我想这也是大多数学生都曾经反复问过自己的问题,而答案往往就是无解的死循环……

顶岗实习之前的一天，我忽然顿悟：既然想不到可以做什么，那么不做什么是可以自己决定的吧。在家里，我是最小的孩子，虽然父母并不十分溺爱，但是对我凡事不强求，导致我养成不主动的性格，做事情习惯拖沓，不够果断。同时，父母和姐姐们都是教师，虽然工资收入很稳定，但是经年不变的生活方式让我对这类没有任何新奇与挑战的工作不感兴趣，唯一正面的影响可能是让我对奢侈生活的渴求并不强烈，能够接受生活中的一点清贫。所以我对自己说，也许我未来工作的工资待遇并不优厚，但是工作内容一定是变化的、有挑战的，能让我超越现在过于随意的自己，朝更有担当、更独立果断的自己迈进。

于是，当很多同学在顶岗实习期间想尽各种办法或者跨专业以选择更舒适、更清闲的工作时，我毅然地选择继续从事本行业，到企业车间一线去应用知识，锻炼技能。当时实习的岗位是蒙牛集团一个冷饮厂的成品库管员，工作内容是将同类型、同批次包装后的冷饮码放到-18℃的冷库中。低温的工作环境没有将我难倒，可是每天单一的工作内容却实在让人抓狂，也让我对自己当时的坚持产生了怀疑。坦白说，那时想转岗或者更换实习单位的意愿十分强烈，这可能也是很多刚走向工作岗位的同学们最艰难的阶段。然而，在随后的实习座谈中，在和指导教师交流、沟通我的心理变化后，我决定按照老师的建议，将这种阶段性的蛰伏当作对自己性格成长的一次特别的经历和考验。实习结束时，我忽然惊喜地发现，企业指导老师对我的评价是"为人坚毅、沉稳，富有有责任感"，那一刹那，忽然发现，成长让人如此愉悦地蜕变！

生活有时候就是这样，在我们朝着既定的目标前进时，往往会有很多的挫折或者歧路，也难免迷惘或者困惑，但是，现在经历它是为了以后更智慧地规避它、远离它，让我们在向成为更好的自己的路上不断攀越，不断成长！

问题的提出与重要性

对自己工作价值观的探索是职业生涯规划步骤中自我探索环节的重要部分。一个人一生中要作出无数个决定，小到今天穿什么衣服，午餐吃什么，大到做什么工作、与什么人共度今生，你的生长环境、生活阅历以及身心条件等各种因素都在影响着你的决定，但最终帮助你作出决定的，是你的价值观。价值观表达了你最看重的东西是什么，我们只有在职业活动中找到了自己的价值所在，工作和生活才会因为获得满足而变得充实而有意义。是去大企业还是到小企业发展，是去大城市还是到小城市生活，是选择工资高的企业还是不在意工资的高低？这都是我们在选择工作时遇到的问题，也是你最终必须作出的选择。如果你讨厌刻板，把新鲜多变、自由独立作为你的最看重的价值观，那么你可能就不会太在意薪金的高低、工作地点、时间等。如果你想了解自己如何作出决定，为何作出如此决定，最重要的是了解自己的价值观。所以，当同学们在研究职业前景时，最终能让自己作出职业决策、确定自己的目标职业的就是你的价值观。

一、价值观与工作价值观

1. 价值观

价值观是我们每个人独有的一种非常重要的观念体系和动力系统,是个人行为驱动和心灵成长的动力和源泉。每个人都有自己所追求的人生理想和人生目标,也都有自己所期望、所需求的事物。价值观就像"一只看不见的手",引导我们在纷繁复杂的情境中作出选择,影响着我们对我们所面临的事情作出轻重缓急、是非对错的判断,决定着我们的每一个决策,决定着我们对待每个人的态度以及处理每件事的方式。

✎ 练习 5-1 ✎

了解自己的价值观

思考并回答下面提出的几个问题。考虑好答案之后,着重想一下其中的"为什么"。然后,把几个答案联系起来思考,看这些答案和你自己有什么联系。你会发现各有不同的答案,各有各的理由,所显示出的就是每个人所独有的价值观。

假如你是一朵花,你希望自己是什么花,为什么?假如你是一棵树,你希望自己是什么树,为什么?假如你是一种动物,你希望自己是什么动物,为什么?假如你是一种食物,你希望自己是什么食物,为什么?假如你是一种交通工具,你希望自己是哪一种,为什么?假如你是一种颜色,你希望自己是什么颜色,为什么?

事实上,我们日常生活、工作中的言语、行为、态度都在表达着我们的价值观,比如在言语中的表现形式通常是:"我认为……""我在乎……""我不喜欢……"等。如果我们不能清楚地意识到自己的价值观的存在,意识不到是价值观是在影响着自己的决定,也就更意识不到价值观是如何影响我们的一言一行。当我们越是清楚地意识到自己的价值观,越是清楚地意识到我们为什么以这样的方式处事,以这样的态度对待某人,以这样的习惯讲话,我们就越了解自己为什么是这样一个人。因此,我们越是想了解自己,就越要重视对自己的价值观的研究。

人的价值观的形成,是一个漫长的过程,是个体成长过程中各种因素共同作用的结果,价值内化的过程是相当复杂的,而且常受到特定关系人的影响,从青年后期至成年期价值观念开始真正成为我们人格的核心并且当作个人行为的准则。因此,想要了解自己为什么成了这样一个人,想要知道自己将来可能过一种怎样的生活,需要花费一定精力,慢慢去挖掘、分析、澄清自己的价值观。

价值观所包含的范围非常广泛,包括自然价值观、经济价值观、政治价值观、文化价值观、社会价值观、人生价值观等,具体来说,对名利、知识、财富、时间、伦理道德、权势、美貌、情爱、健康、生命等的重视程度如何,或是如何取舍与安排都属于价值观的内容。

✍ **练习 5-2** ✍

完 成 句 子

在下列未完成的句子中,请填写你第一时间想到的观念;在完成所有句子后,请在小组分享并列出一些从句子中可能反映出来的个人价值观。

价值观	句子
_____	1. 假如我有 100 万元,我_____。
_____	2. 我曾经听过或读过的最好的概念是_____。
_____	3. 我想改变世界的一件事物是_____。
_____	4. 我一生中最想要的是_____。
_____	5. 在学校里我最优秀时是当我_____。
_____	6. 我最关注的是_____。
_____	7. 我会最经常幻想的是_____。
_____	8. 我想我父母最希望我_____。
_____	9. 我一生最大的快乐是_____。
_____	10. 我是_____。
_____	11. 对我了解的人认为我是_____。
_____	12. 我相信_____。
_____	13. 假如我只有 24 小时生命,我会_____。
_____	14. 我最喜欢的音乐是_____。
_____	15. 最能和我一起工作的人是(可有多项)_____。
_____	16. 我的工作必须给我_____。
_____	17. 我给我子女的忠告会是_____。
_____	18. 最好的电视节目是(可有多项)_____。
_____	19. 我暗地里希望_____。
_____	20. 假如我只能在大火中保存一件物品,那将会是_____。
_____	21. 假如我能改变自己一样东西,那将会是_____。

2. 工作价值观

在探讨工作价值观之前,我们有必要区分工作价值观与职业价值观。研究工作价值观的文献相当多,研究者们都根据自己的研究结果从不同角度对工作价值观进行了界定,目前尚没有统一的可操作的定义。工作价值观与职业价值观的区别就在于工作和职业。一般来说,与职业本身相关的价值观是职业价值观,是人对职业的价值判断;而工作价值观是指与个人所从事的具体工作相关的价值观。由于职业是指个人在长期工作生涯中介入的行业或领域,而工作则指在某一单位、公司或领域所从事的具体活动。工作只是一个人长期职业生涯过程中的一个片段。工作价值观与职业价值观的区别在于,是对具体工作的价值判断,还是对某一职业的价值判断。对职业的价值判断涉及职业性质,比如,你希望从事声望较高、薪酬也较高的职业;对工作的价值判断涉及工作的性质,比如你希望工作地点离家较近,交通便利,上下班节省时间。英国职业生涯规划大师舒伯把工作价值观看作是一种工作目的表达,是个人对其工作赞同与尊重的渴望。英国罗斯从终极状态和信念的角度认为职业价值观是人们从某种职业所能取得的终极状态(如收入高)或行为方式(如与同事一起工作)的信念。在英文文献中,有学者采用了 Vocational Value(职业价值观),也有学者采用 Work Value(工作价值)的说法,这两种说法基本包括了职业价值观与工作价值观的所有内容,一般不作区分。在本书中,亦不对二者作区分。

工作价值观主要包括职业价值、职业价值系统和职业价值倾向三个部分。那些在职业中我们所看重的一个个"值得"的东西,就是工作价值;众多工作价值之间有会产生各种各样的逻辑关系,就构成了我们的工作价值系统;而在这众多的工作价值当中我们认为哪些值得做,哪些不值得做,哪些是我们的首选,就是工作价值取向。

工作价值观主要有四个特征。

第一,因人而异。我们每个人都有自己独特的职业价值观系统。

第二,相对稳定。工作价值观是随着个人的认知能力发展,在环境、教育等因素影响下逐渐发展起来的,一旦形成就比较稳定,当然也会随着个人阅历的积累发生一些改变,但总体看来还是相对稳定的。

第三,阶段性。价值观由需要产生,根据美国心理学家马斯洛的需要层次理论,在职业生涯发展中,人们的价值观也会随着需要的变化而呈现一定阶段性。

第四,工作价值观又是多元化的。每个人的价值观系统中的职业价值有很多,人们常常在选择时感到痛苦,就是因为价值系统中的几个价值产生了冲突,鱼与熊掌不可兼得。因此,对工作价值观的澄清和排序就显得非常重要。

二、为什么在职业选择中要考虑自己的工作价值观

古往今来,职业是人们赖以维持生计的最主要途径,也占去了人们一生中最美好的时光,新精神分析学的重要代表人物美国德裔心理学家埃里克森将人的一生分为八个发展阶段,其中 24 岁到 60 岁这一大段时间都被划分为投入工作和亲密关系的阶段,这一阶段也正是个体满足自我实现需要的重要阶段,而满足自我实现需要的关键就在于个体所从事的职业可以使其生命具有怎样的意义,在于个体能否得到自己最想在职业中得到的价值。

(1)工作价值观是价值观在职业生活中的表现和延续,它左右着我们每个人职业生涯发展的方向。它浸透在个体的职业个性当中,充满了情感和意志,支配着人的职业行为、职业态度和职业信念等,为个体实施自己认为合理的职业行为提供了正当的理由,决定了职业岗位对于自我的意义,是一种内心的尺度、一种衡量标准。因此,在职业生活中,能够得到自己看重的工作价值的人容易感到满足,这种满足包括身心的、精神上的和物质上的。

（2）工作价值观与职业发展的匹配程度影响着我们职业道路的发展水平。如果所从事的职业岗位与自己的工作价值观不符合，我们就不能全身心地快乐地投入到工作中去，也就无法发挥自身的最大潜能，在工作岗位上只能当一天和尚撞一天钟，仅是敷衍完成工作，难以取得长足进步，个人的职业生涯发展也就无从谈起。

（3）工作价值观影响着我们的职业生涯幸福感。将工作价值观作为人和工作之间进行匹配的基础是幸福生活的开始。工作只是手段，幸福才是目的。虽然，目前来说绝对的财富公平和机会均等难以实现，但幸福却可能被我们每一个人拥有。不同的职业会存在薪酬福利、工作环境、成长空间以及职业前景的不同，但更重要的是个人的工作价值观与职业匹配与否。不同的职位会带来经济收入、政治权力、社会地位、成就感和荣耀感等方面的不同，如果职业岗位不能带来我们最看重的价值或意义，我们就会总是感到不满足，这种不满足也许更多体现在心理上，而不是物质上。

（4）工作价值观随着我们职业生涯的发展而不断变化发展着。由于我们每个人的身心条件、年龄阅历、教育状况、家庭影响及兴趣爱好等方面的不同，导致我们对职业有着不同的主观评价。刚毕业的大学生与处于职业发展中期的中年人，在职业价值的认知上是不同的。大学生急需解决的是在工作单位中找到归属感，一个能够积累实践经验的平台并获得一定的薪酬回报，以保证自己在经济上独立于父母。中年人的工作能力已经得到别人的认可，并且在组织内部承担了更加重大的责任。随着薪酬回报或职位的提升，中年人又不得不面对一个选择，是安于现状还是在原有基础上谋求更大发展，需要重估自己的职业抱负，自己到底想要的是什么，看重的是什么？这个时候，薪酬和认同感也许不再是中年人追逐的目标，有人想进一步从事高层管理工作，那么需要的是提升自己的管理决策技能；如果是专业技能的顶级发展，那么专业知识的更新和技巧的娴熟就显得尤为重要。还有些人会发现自己只想求安稳，一直以来大部分精力都投入到工作中，却忽视了生活，于是决定将重心转回到生活中，但这时又要面对自己由于偏重工作带来的日常生活影响力已经下降这个事实。

理论的讲解与运用

一、人生需要层次理论

美国心理学家马斯洛曾指出"人是永远不能满足的动物"，并提出了著名的"人生需要层次理论"。马斯洛指出人的需要由低级向高级层次推进，即从生理的需要→安全的需要→友爱和归属的需要→受尊敬的需要→自我实现的需要。

后来，马斯洛的学生补充了他的观点，增加了人生需要金字塔的层次数（增加了求知的需要、求美的需要和与自然融为一体的需要），即为人生需要八层次理论。拓展后的人生需要层次塔，如图5-1所示。

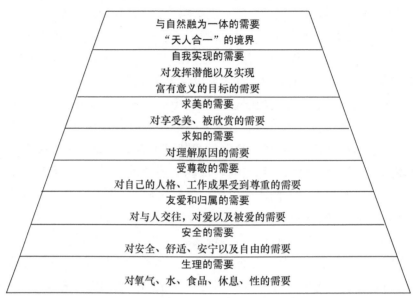

图 5-1 马斯洛的人生需要层次理论及其拓展

我们相信,每个人都希望在自己的人生中实现较高层次的需要,最终能够实现自我价值,达到"天人合一"的境界。人有实现高层次需要的愿望是好的,但并不是随心所欲就能实现的。实现人生较高层次的需要,对人的知识、素质、能力是有要求的。也就是说,较高层次的人生需要必须要有丰富的知识、较高的素质和能力去实现。人生需要层次与个人能力、职业生涯发展的关系,如图 5-2 所示。

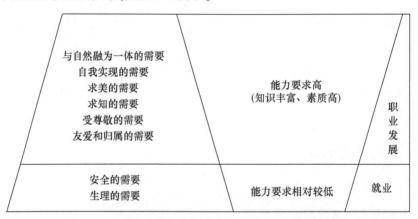

图 5-2 人生需要层次与个人能力、职业生涯发展的关系

站在人生大舞台上,每个人都渴望实现自己的价值,追求职业生涯的成功。我们上大学,不仅是为了学习知识,最终的目的是找到适合自己发展的职业而实现自我价值,获取职业生涯的成功。从高校人才培养目标中也可以看出,高校办学是为了将受教育者培养成人才,决不只是为了让学生找到一个"饭碗"。当一个人能被社会公认为"人才"时,意味着他满足了高层次的人生需要,其职业生涯已经取得了成功。

上大学学习知识、培养能力,绝不是仅仅为了就业,获得一个职位,满足低层次的人生需要。如果单纯只是为了就业,不上大学照样可以实现。通过上大学,不仅可以获得较高的职业发展起点,而且还可以在未来将在大学里所学到的知识应用到工作中,为满足社会和他人的需要创造物质财富和精神财富,从而最终实现自己高层次的人生需要。

二、职业锚理论

当你驾着职业生涯之舟在人生的海洋中航行或漂泊的时候,有一天早上,在明媚的阳光下,会突然发现一处风景秀丽的港湾,于是决定停船下锚,在此处你可以大干一番事业,并从此过上幸福美好的生活。这个锚,就是你的职业锚,这个区域就是你职业生涯的最佳贡献区。这是对职业锚的形象比喻。

在职业生涯规划领域,有一个著名的人物,就是美国麻省理工学院斯隆管理学院教授埃德加·H.施恩。20 世纪 60 年代,施恩教授领导了一个专门的研究小组,这个小组跟踪研究斯隆管理学院 44 名 MBA 毕业生 12 年,采用了面谈、问卷、测评等多种形式进行职业生涯研究。研究结束后,施恩在《职业动力论》中首次使用了"职业锚"的概念。施恩说:"设计这个概念是为了解释,当我们在更多的生活经验的基础上发展了更深入的自我洞察时,我们的生命中成长得更加稳定的部分"。

职业锚是指当一个人不得不作出选择的时候,他无论如何都不会放弃职业中的那种至关重要的东西或者价值观。"锚"就是人们选择和发展自己的职业时所围绕的中心。施恩的研究告诉我们,职业锚是自我意向的一个习得部分,只有在经历早期的职业活动,获得实际工作经验的若干年后,才能依据自身的动机、能力、需要和价值观准确地进行职业定位。可见,根据施恩的研究成果,个体对自己职业锚的确认需要一个过程,只有通过几年的工作实践过程,整合自己的能力、动机和价值观,才能找到让自我获得满足和补偿的一种稳定的职业定位。职业锚很难在进入职业领域前就通过测试的方式获得。所以,在大学阶段,我们虽然不能通过测试的方式确认自己的职业锚,但是,职业锚理论可以帮助并促进我们进行自己分析和自我定位,特别是职业院校的学生,在学校期间可以通过职业体验、实习等活动认识自己的职业锚,指导自己进行职业生涯规划。

施恩先后共界定了以下八种类型的职业锚。

(1) 技术/职能型。他们非常看重自己在技术领域中的成就,乐于花时间和精力在自己技术进步或职能方面的发展和成长上。抛锚于技术型的人喜欢面对来自专业领域中的挑战,致力于追求自己专业水平的不断提高,多数不喜欢全面的管理工作。

(2) 管理型。他们非常看重自己在管理领域中的成就,渴望独自负责一个部分的工作,倾心于全面管理,乐于承担管理责任。抛锚于管理型的人具有较强的沟通能力和控制力,致力于追求更高的管理工作职位。

(3) 创造型。他们希望创建属于自己的公司或完全属于自己的产品(或服务),志向是开拓自己的事业。抛锚于创造型的人有强烈的创造欲望,即使在别人的公司工作,也是在学习并评估中,寻找成熟的机会以便自己创业。

(4) 自主/独立型。他们非常看重自由的工作方式和生活方式,喜欢随心所欲地安排自己的生活和工作。抛锚于自主/独立型的人不愿受组织的限制,不大关注升迁机会,一心追求能施展个人能力的职业环境。

(5) 安全/稳定型。他们非常看重职业活动中的安全与稳定,追求让他们感到放松的稳定的工作环境。抛锚于安全/稳定型的人成功的标准是一种稳定、安全、整合良好的家庭和工作环境。

（6）生活型。他们非常看重自己整个生活质量的提高，希望将生活的各个方面整合为一个和谐的整体。抛锚于生活型的人希望获得一个能满足个人、家庭和职业需要的工作环境。

（7）服务型。他们非常看重个人所认可的核心价值，追求的是对他人有益的活动，如能帮助他人、保护他人的安全。抛锚于服务型的人会一直追寻服务他人、社会的工作机会。

（8）挑战型。他们非常看重对自己有挑战性的工作，喜欢解决难题和战胜强硬的对手。抛锚于挑战型的人把新奇、变化和困难当作自己的终极目标，越是不容易解决的事、越是强大的对手，越是能激发他们的斗志。

练习 5-3

一个人的所有工作经历、兴趣、人格、能力倾向等集合而成为他的"职业锚"。它告诉此人，到底什么才是最重要的。下面请根据问题梳理自己的各种经历，看看自己想过一种什么样的生活，从中明确自己的职业定位。

1. 你在中学、大学时，主要在哪些知识上投入了巨大的精力？尤其是你的课外时间，主要用于学习哪些知识？
2. 如果同样付给你年薪 10 万元，并且不会遭遇失败的话，你情愿选择做什么工作？
3. 你开始工作时的长期目标是什么？
4. 哪些知识和哪种学习、工作的方式是你最喜欢或最不喜欢的？你觉得怎样才能更好地体现你的价值？

探索的方法与技能训练

研究工作价值观可以让我们正视自己在进行职业生涯规划时所关心的问题，可以帮助我们找到下面这几个问题的答案："我是谁""我适合做什么工作""我的生命有什么意义"我们经常会遇到这样的情况：某人宣称自己很看重某方面的价值，但当他必须舍弃一项价值的时候，他偏偏舍弃的就是那个方面的价值，这也许会有其他因素的影响，但我们可以肯定他并不是真正了解自己。在实际生活中，很多我们认为理所当然的东西，事实上到了我们必须在矛盾中选择的时候，我们的决定并非如此，也就是说，很多内心深处的东西在矛盾中才真正暴露出来。因此，工作价值观的探索是职业生涯规划步骤中自我探索部分的重要内容。很多时候，我们需要在一些机遇中作出选择，左右我们选择的最根本的标准就是工作价值观：是选择工作环境的舒适还是较高的薪酬回报，是迎接机遇的挑战还是保持现状以求安稳？清楚了自己看重什么，就会在工作选择中着重注意这些问题，只有我们的选择符合自己的工作价值观，才能在职业行为中避免心理冲突，产生积极体验。

一个了解自己工作价值观的人,在作职业决策的过程中,会选择与自己工作价值观相匹配的职业,在职业性质和内容方面,在劳动难度和强度方面都能够使自己得到满足,自然会提高自己的职业满意度;相反,如果不了解自己的工作价值观,从事与自己工作价值观相悖的职业的个体,就不容易在职业生活中感到满足,甚至影响到日常生活,都会被消极阴郁的情绪笼罩,长此以往,幸福感也会受到严重影响。

在实际生活中,我们总是会遇到很多可以同时满足个人不同的价值观、动机、才能的工作组合,不知如何去取舍,我们不知道究竟什么样的组合对自己才是最合适的,因此需要对自己工作价值观进行澄清并排序。

✍练习 5-4 ✍

你心里更倾向于哪种工作?

如图 5-3 所示,你可以将自己的一天 24 小时比作一块馅饼,那么在这一天内你可以尝试不同的工作,并由你来决定从事每种工作的时间,比如,与人打交道 8 小时,与物打交道 4 小时,体力工作 2 小时,脑力工作 4 小时,拥有权力 2 小时等,这样就可以通过分析看出你更加看重什么,倾向于哪种类型的工作。试着画一下生活馅饼,看一看,你心里更倾向于哪种工作,更看重什么工作价值。

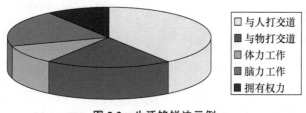

图 5-3 生活馅饼法示例

✍练习 5-5 ✍

生 涯 幻 游

尽可能放松,使你自己能舒服地坐在椅子上(或躺在地上)……现在,闭上眼睛并完全松弛自己……舒缓你的呼吸……看看身体还有哪些地方还有点儿紧张……有的话,请放松、放松、放松……

现在,我希望你想象自己经由时空旅行"穿越"到未来三年后,三年后的世界……在三年后的某一日……新的一天,而你刚醒来,几点了?……你在哪儿?……你听到什么?……闻到什么?……你还感觉到么?……有人与你在一起吗?……是谁?现在,你已起床。下一步要做些么?

现在,你正在穿衣服,请注意,你穿的是什么……一旦你穿上,你要做些么?你的情绪如何?你意识到什么?……

现在,你正要去某地。回头看时,你刚才离开的地方像什么?……(暂停)……你上路了,坐什么交通工具?……(暂停)……有人和你在一起吗?……那是谁呢?……(暂停)……当你走路时,注意周遭的一切,……(暂停)……后来你到目的地……(暂停)……你在何方?……这地方像什么?……(暂停)……对!这儿,又意识到什么?……(暂停)……在这儿,你要做什么?……(暂停)……旁边有人吗?有的话,与你是什么关系?……(暂停)……你要在这儿逗留多久?……(暂停)……今天你还想去别的地方吗?……(暂停)……在这一天中,还想做的是什么?……(暂停)……现在,你回家,今天是什么日子?……(暂停)……到家时,有人欢迎你吗?……(暂停)……回家的感觉又是如何?……(暂停)……既然到家,想做的是什么?……(暂停)……你与别人分享你做的事吗?……(暂停)……你已准备去睡……(暂停)……回想这一天,你感觉如何?……(暂停)……你希望明天也是如此吗?……(暂停)……你对这种生活的感觉究竟如何?……(暂停)……过一会儿,我将要求你回到现在,回到学校及教室来,我从10开始倒数,当我数到0的时候,就可以睁开眼睛了。好,10—9—8—7—6—5—4—3—2—1—0。好,你回来了,请睁开眼睛,看看周遭的一切,欢迎你旅游归来,喜欢的话,可以分享你的经历……若不想,花些时间思考,想想这些经历。然后,考虑下列的事情:

1. 三年后与今天有何不同?
(1) 人:_____
(2) 事:_____
(3) 生活内容:_____
2. 三年后与今天有何关系?
(1) 延续了今天的_____
(2) 改变今天的_____
(3) 最深的感受是_____
3. 写一封信给未来的自己。

_____

✍ **练习 5-6** ✍

工作价值观澄清

每个人在工作过程中,都期望从工作中获取些什么,如金钱或者地位,也有的人希望自己的工作给别人提供帮助或带来艺术的享受,还有的人会希望在工作过程中能够完全按照自己的想法独立工作……请给你的 15 项工作价值观排序。在排序之前请阅读一下钢琴家路易斯·拉舍的忠告。

钢琴家路易斯·拉舍认为:如果就一项已知的价值观,你能够对接下来的 7 个问题都回答"是",那么可以确定这项价值对你很重要。

1. 我是否对这一价值感到骄傲(或珍视、爱护)?
2. 我是否愿意公开维护这一价值——也就是说,在别人面前公开地为它辩护?

3. 我是否在考虑了其他的价值之后才选择了这项价值？
4. 我是否考虑到了表达这项价值的后果？
5. 我是否自主地选择了这项价值？
6. 我是否已经按照这项价值去行动了？
7. 我是否依照这项价值前后一贯地行动？

给你提供的15项工作价值是：

1. 利他助人：工作的价值在于提供机会让个人为社会大众的福利尽一份力。
2. 美的追求：致力使这个世界更美好，增加艺术的气氛。
3. 创造性：能让个人发明新事物，设计新产品或发展新观念。
4. 智性激发：提供了独立思考、学习与分析事理的机会。
5. 独立性：能允许个人以自己的方式或步调来进行。
6. 成就感：因能看到自己工作具体成果而获得精神上的满足。
7. 声望地位：能提高个人身份或名望，但此声望是来自于他人的敬佩，而非来自权力与地位。
8. 管理权力：能赋予个人权力来策划并给其他人分配工作。
9. 经济报酬：获得优厚的报酬，有能力购置他所梦想的东西。
10. 安全感：能提供安定生活的保障，即使经济不景气时也不受影响。
11. 工作环境：工作能在温度适宜、干净舒适的环境下进行。
12. 上司关系：能与主管平等且融洽地相处。
13. 同事关系：能与志同道合的伙伴愉快地工作。
14. 变异性：工作之价值在于富于变化，能让人尝试不同内容的事情。
15. 生活方式：工作的目的或价值在于能让人选择自己的生活方式，并实现自己的理想。

你的排列顺序是：_____

_____

_____

✍ **练习5-7** ✍

工作价值观排序——价值丧失活动

表5-1中列出的是我们工作中的一些比较重要的工作价值观，你也可以自己增加一些认为比较重要的工作价值观。在这些工作价值观中选出5项你认为最重要的工作价值观并写下来，写好后，按要求完成：当你的生活发生了一些变故，恐怕你要失去其中的某项职业价值，认真考虑一下哪一项是你最先可以舍弃的，在旁边画叉。接下来，又有一项价值要离你而去，这次你又会选择哪一项？好好权衡一下，同样，在旁边画叉。这样的步骤一共有四次，接下来两次你又是如何作出选择的，分别在选项旁边标注好，看看你心目中最不能舍弃的那一项价值是什么？可在小组中结合问题做深入的讨论。

表 5-1　工作价值观排序

能力的使用	成就	晋升
审美	利他	权威
自主	创造性	经济回报
生活方式	个人的发展	体力活动
声望	冒险	社交
社会关系	多样性	工作环境
文化认同	身体强健	经济保障

思考与讨论：
（1）什么工作价值观对你来说是最重要的？为什么？
（2）所选的 5 项工作价值观和你心目中的工作有关系吗？
（3）你所选取的工作价值观是外在的还是内在的？
（4）在你所选的工作价值观中有没有互相抵触的？

成功者的足迹

女农民刘彩华的创业之路

刘彩华是黑龙江省双城市周家镇东跃村的农民，也是黑龙江省培养的第一批"村村大学生"。

1986 年，刘彩华以几分之差未能进入大学校门，但她很快从困惑与迷惘中走了出来，开始探索农业发展新路子。经过认真分析，她认为思想观念陈旧，不注重应用农业新技术、新成果是农业问题的关键所在。于是她开始到东北农业大学、黑龙江省农业科学院推广中心，请教专家、老师，学习农业科学技术，探索致富之路。村里人看她很注重钻研，这年的 11 月，就选派她参加黑龙江省星火计划人才培训，由省农业科学院园艺分院的专家和东北农业大学的教授当面授课，学习果树栽培技术。

1987 年春季，刘彩华在村里担当起"葡萄当年快速育苗"技术员来，当年培养出一等成苗 6000 株，净获利 4000 元。虽然获利不多，但她看到了自身的价值，同时也坚定了她的带领村民致富的信念。在连搞三年葡萄育苗后，刘彩华又开始繁育果树苗木。为鼓励村民发展庭院经济，她去帮助他们修剪，并讲解一系列的栽培管理技术及防治病虫害的方法与措施。从 1988 年到 1995 年的 8 年中，她共繁育各种果树苗木 30 万株，赠送给乡亲 4000 余株，她也从繁育推广果树苗木中获利 13 万元，尝到了依靠科技致富的甜头。

1998 年，她第一次与东北农业大学大豆研究所合作，为他们繁育 200 亩"东农 298"大豆良种。回收价格是按当时当地市场价格每斤加上 0.15 元，运费及包装物均由大豆研究所负责。从 1998 年开始繁种到现在，她和农户先后为东北农业大学大豆研究所、黑龙江省农业科学院大豆所共同繁育大豆良种大约 90 万斤,增收 13 万元。繁育大豆良种的同时,她还为东北农业大学马铃薯研究所繁育过一年脱毒种薯,品种是"美国大西洋",它是加工薯片的专用品种。这些算是她创业的起点。

2001 年 10 月,刘彩华带着自产的 60 吨秋白菜,来到了全国最大的蔬菜批发市场——山东寿光。在那里很顺利地销售完了白菜,并且开阔了视野,知道了各种蔬菜的产地及供给情况,了解到东北白菜在秋季上市早,品质好等许多市场行情与商机。

2002—2003 年,刘彩华二次去寿光销售自己家和乡亲的白菜。这一次她在寿光走访了很多农民,了解他们的土地经营情况,知道了他们土地转租费的价格是每公顷 15 000 元。在当时是双城的 10 倍,说明彼此的效益差是 10 倍。惊讶的同时,她看到了黑土地的希望。"民以食为天"是千古不变的道理,平坦肥沃的黑土良田有着巨大的潜能,一定能产出金子,她对此深信不移。

早在 2000 年 7 月,美国的安妮博士到东北农业大学讲学时听说了刘彩华的情况后,一定要看看中国的现代农民。在同发达国家的农业博士对话后,刘彩华深深地感到自己与"现代农民"还有着很大的差距。暗下决心,一定要成为一名有文化、有知识、有抱负的新时代中国农民。2003 年 12 月份,黑龙江省决定实施"村村大学生计划(培养)"。当从电视新闻中看到这条消息后,刘彩华立即报名并参加了考试。2004 年 3 月 5 日,刘彩华被黑龙江农业经济职业学院录取为绿色食品生产与管理专业的学生,在她 36 岁的时候,怀着激动的心情走进入了梦寐以求的大学校园。

两年的刻苦学习,她系统地掌握了作物、蔬菜、果树、食用菌的种植栽培技术,学到了植物生理学、遗传学和植物保护等专业知识,懂得了农业投入品、生态环境、农业产业化与建设可持续农业的密切关系,了解了农业气象要素对农作物产量品质形成的重要性。2004 年的"备春耕"生产是在 5 月初进行的,刘彩华当时带着两个月内所学的作物栽培技术回到了家乡。她用两亩地作为玉米高产试验田,她告诉乡亲们:玉米获得高产的因素是多方面的,品种是一方面,科学技术管理是另一方面,底肥不足或所施肥料不合理,直接影响玉米的生长发育和产量的形成。两亩试验田的玉米脱粒后,每亩增产 100 斤,虽然产量不是很高,但这是她学习作物栽培的成绩单,更是她学科技用科技的起点。

作为一名村村大学生,她时刻不忘"谋致富求学深造,学科技建设家乡"是她光荣又艰巨的任务。

2004 年 9 月,东跃村村委会与全体村民讨论修建三个自然屯主干道的事情。因村委会有 270 亩开荒地,准备重新发包出去,一次性付款用此款修路。消息传出后,村民纷纷议论,这 270 亩地还有 4 年才到期,提前付款十几万,不划算。刘彩华当时在学校里知道了这件事,立即请假回来了。她认为自己应该承包这些地,将这些钱用于修路是正确的。东跃村有三个自然屯,南边与周家镇粮库接壤,北与哈尔滨市平房区的长胜村为邻。道路全长十几公里,雨天泥泞难以出行,每逢瓜果、秋菜上市,经常要隔村绕行,极大地制约了村级的经济发展。因为路难走,鸡蛋价格始终比长胜村每斤低 0.05 元,只此一项该村的养鸡户少收入很多钱。刘彩华要为东跃村的主干道的贯通作出贡献,要为繁荣和建设家乡出力。9月22日,刘彩华在周家镇政府签下了承包东跃村270亩开荒地的合同,承包期21年,一次性付款14万元。2009年1月,刘彩华牵头成立了双城市良农谷物种植专业合作社。两年后,这个专业合作社种植了5000亩玉米、有机水稻、绿色蔬菜,产粮720万斤,总产值超过千万元,辐射带动2000多户农民。2012年,刘彩华获得"全国十大农民女状元"荣誉称号。

刘彩华从一名高考落榜的农村女孩到带领一方农民致富的合作社领军人,这个案例就真真实实地发生在我们身边。从她高考落榜的那一刻起,她的人生方向就被科技兴农、造福农村和农民的信念左右着。正是有了这样的信念,她不怕在田间一蹲就是几天几夜,不怕一次次的育种失败,不怕奔波在一家家农户间的辛苦,才有了今天的硕果累累,可见工作价值观在我们的职业生涯道路上着实起着助推器的作用。

由于各种主客观条件的限制,人们的工作价值观常常会出现许多误区,影响人们的择业行为。比如,赶时髦、随大流,求体面,过分强调职业的社会地位;图实惠,盲目追求高薪高酬的职业;寻"热土",片面强调地区优势;图轻松,缺乏事业心等。由此可见工作价值观通过人们的行为、态度、信念、兴趣等会对职业选择产生各种影响。这就提醒人们要树立正确的工作价值观,引导自身走上成功和发展之路。

课后任务

对前面几个单元中你所列出的备选职业(或从自己的专业出发,列出与自己专业相关的职业或岗位)进行一下研究,看看哪些工作与你所看重的那些工作价值观相匹配,列入表5-2,并说明原因。

表5-2 备选职业与工作价值观相匹配

序号	我在意的工作价值观	选择原因	职业岗位
1	帮助他人	在帮助别人的同时达到自我价值的实现	护士
2			
3			
4			
5			
6			
7			
8			
9			
10			

探索工作世界

【认知目标】

1. 认识到探索工作世界在职业选择过程中的重要性,愿意在职业选择时全面了解工作世界的信息;

2. 认识到在职业选择时外部环境既给求职者提供机会,又使求职者受到各种条件的限制,需要他们以积极的心态去面对工作世界。

【技能目标】

1. 掌握霍兰德职业分类、工作世界地图、罗的职业分类及我国职业分类的主要观点,并能运用上述理论指导自己进行职业探索;

2. 掌握职业信息管理的技能,建立自己的备选职业库。

【完成任务】

建立自己的备选职业库。

他的生涯经历

我的大学及后大学时代(6)——厚积薄发

来到学校才发现食品加工技术和"超级大厨"之间存在着极大的差距。如果说"超级大厨"满足的是小范围消费群体口味的话,食品加工技术则是推动整个食品行业大发展,满足不同人群不断变化的饮食需求。那么,学食品类的专业人未来都将从事怎样的工作,发展又如何呢?

从行业发展的角度分析,"民以食为天"的古话,直白地定位了这个行业经久不衰的动力之源。随着中国经济体制改革的不断推进,各行业蓬勃发展,社会物资极大丰富,食品生产企业大量激增,产品数量、种类不断丰富,以更好地满足消费者的购买欲望。行业的快速发展为食品类从业人员提供了充足的就业信息。但具体分析企业的用人需求,我们不难发现,劳动密集型的重复熟练工依旧是就业的主体,而具备相关食品知识、技能的岗位人群相对比重就少了很多。概括来说,主要集中在企业的工艺设计岗位、产品研发岗位、分析检验岗位及企业管理岗位。结合在校就读期间老师所做的调研分析与自己多年在食品企业的工作经验,对食品类专业毕业生(食品加工技术、食品分析与检验、营养与食品卫生三个专业)的职业生涯成长轨迹做了一点归纳,见表6-1。明白前进的方向,只要不断努力,就一定能收获丰硕的果实,这也是我依旧选择在食品行业打拼的动力所在。

如果很多同学还未明确自己未来的工作内容和发展前景,可通过与专业教师、辅导员、就业专员、往届毕业生等有经验的人员进行沟通,也可通过网络平台查找相关信息。当然,更鼓励大家能利用假期或者实习参观的机会,到企业去考察、体验,让自己在未来的职场不再迷惘,扬帆远航!

表6-1 食品类专业毕业生职业生涯轨迹及岗位综合素质分析

	岗位名称	岗位综合素质	对应专业
主要就业岗位	生产操作岗位	1. 具有较强安全意识、节约意识; 2. 吃苦耐劳、团结协作,服从管理; 3. 熟练使用生产设备,并具备常见的故障排除能力; 4. 完成车间下达的生产任务及质量指标	①
	化验质检岗位	1. 依法检测、依标操作,严谨求实,公正客观; 2. 有强烈的社会责任感,敢于说实话、负责任; 3. 准确配制试剂、药品,做好特殊药品管理; 4. 及时、准确采样,选择化验设备,依照化验规程进行品质检验; 5. 填好化验单、存档,出具验收合格单或不合格说明	②③
	品质控制岗位	1. 明晰岗位职责,严格管理不徇私情; 2. 及时依生产环节设置有序采样、存样,适时检验; 3. 熟知各生产环节监控要点,确保生产安全; 4. 及时反馈结果,与生产负责人有效沟通	①②③
	营养配餐岗位	1. 热情乐观、善于沟通、口齿伶俐、身体健康; 2. 熟悉各类食物原料的营养价值加工方法; 3. 掌握不同种族、生理、病理人群的营养需求和改善方法; 4. 能进行科学的食谱设计,提出合理的膳食改善建议	③
发展就业岗位	产品研发岗位	1. 乐于创新、善于观察,有持续的自我学习能力,坚韧不拔; 2. 熟知各类原料营养成分及加工特性; 3. 生产经验丰富,科研能力强,严格执行国家标准; 4. 有一定文字功底,能撰写产品说明书与工艺指导书	①③
	车间管理岗位	1. 善于沟通,有较强组织协调能力,有多年工作经验; 2. 熟悉生产工艺流程及各监控要点,懂得车间管理; 3. 熟知各设备性能、会使用、基本维护并能进行常见的故障排除; 4. 善于观察应变力强,灵活调配生产额度与人员配置; 5. 定时巡检,严把质量关,发现问题及时处理; 6. 全程跟进新产品投产,快速掌握核心技术	①②

续表

	岗位名称	岗位综合素质	对应专业
发展就业岗位	膳食顾问	1. 热情乐观,善于沟通,体态健康,有保密意识; 2. 能进行不同种族、生理、病理人群膳食调整和食谱设计; 3. 能向雇主提出合理的膳食改善建议并监督其完成,提升雇主的身体健康; 4. 热心公益,能进行社区机构等部门的营养普及与宣讲,促进全民营养意识提升和身体素质提升	①③
	企业其他管理岗位	1. 保有对企业的忠诚和对本职工作的热爱; 2. 积极参与公司各项发展规划的制定,依据本职工作经验,提出合理建议; 3. 能领会并有效执行公司的各项决议,不断总结和改进自身工作方法; 4. 随机应变,处理各种突发问题,善于沟通和组织; 5. 严谨、认真,身心健康	①②③

注:食品加工技术专业代码为①,食品分析与检验专业代码为②,营养与食品卫生专业代码为③。

问题的提出与重要性

如果把人比作自由游弋的鱼儿,那工作世界就是水域,为人提供了活动的空间、发展的条件和成功的机遇。在我们选择工作时,除了考虑自己的兴趣、能力、价值观、性格外,也要进行外部工作世界的探索,对即将从事的职业相关因素进行理论分析和实际调研,做到"知己知彼,百战不殆"。通过了解工作世界的信息,你才能清楚相关行业(职业)发展的前景和职业环境,认识企业文化,明确岗位的基本工作要求,深刻理解所选职业的特点,帮助自己更加理性地选择职业。可以说,工作世界是一个人实现其生涯理想的外部平台,如何能够更好地利用这个外部平台,帮助自己实现理想,是职业生涯中非常关键的一部分。

一、什么是工作世界

了解丰富多彩的工作世界是职业生涯规划中的关键部分,是我们进行正确而合理的职业选择的基础。

工作世界是由地域、组织、行业、职业、职位所构成的一个"生态系统",是一个人实现其职业理想的外部条件。我们可以从宏观和微观两个层面了解工作的世界。宏观层面要了解国家当前整体就业环境,包括就业形势和就业趋势、国家有关的就业方针和政策、劳动力市场情况、家庭经济状况、目标行业的现状及发展前景,所选职业在社会环境中的发展过程和目前的社会地位以及社会发展趋势对此职业的影响。微观层面指具体的职业(或工作岗位)的基本工作要求、工作的内容、工作的性质、工作的条件、报酬收入及工作所在地域、企业的规模等。

要更好地了解工作世界,还需要区分这样两组概念:职业、行业和产业;工作、职位和岗位。

1. 职业、行业和产业

职业是反映以社会分工为纽带的社会形式和社会关系。

行业是反映以生产要素组合为特征的各类经济活动。行业是根据人类经济活动的技术特点划分的,即按反映生产力三要素(劳动资料、劳动对象、劳动者)不同排列组合的各类经济活动的特点划分的。

在我国,行业一般分为农林牧副渔、医药卫生、建筑建材、冶金矿产、石油化工、水利水电、交通运输、信息产业、机械机电、轻工食品服装纺织、安全防护、环保绿化、旅游休闲、办公文教、电子电工、玩具礼品、家居用品、物资、文化体育及办公用品等。

产业是指对各类行业在社会生产力布局中发挥不同作用的称谓。行业划分的着眼点是生产力的技术特点,产业划分的着眼点是生产力布局的宏观领域。世界各国把各种产业划分为三大类:第一产业、第二产业和第三产业。第一产业是指提供生产资料的产业,包括种植业、林业、畜牧业、水产养殖业等直接以动植物为对象的生产部门。第二产业是指加工产业,利用基本的生产资料进行加工并出售。第三产业又称服务业,它是指第一、第二产业以外的其他行业。第三产业包括交通运输业、通信业、商业、餐饮业、金融保险业、行政、家庭服务等非物质生产部门。

职业、行业、产业三者之间既有区别又有密切的联系,在狭义的范围内可以互相代替。以建筑师、教师、木匠、机械专家为例,从职业的角度看,建筑师、教师、木匠、机械专家这是四种不同的职业;从产业的角度看,建筑师属于建筑业,而建筑业属于第二产业,教师属于服务业,即第三产业,木匠、机械专家都属于加工制造业,而加工制造业属于第二产业;从行业的角度看,建筑师属于建筑建材行业,教师属于教育行业,木匠属于制造行业,机械专家属于机械机电行业。

2. 工作、职位和岗位

工作是指在一个组织机构中,从业者为维持机构运作所从事的体力或脑力劳动。不同职位的工作者在执行任务之后,会获得相应的经济报酬。职位是随组织结构定的,它更偏重于职业发展的等级,更多地反映职业发展不断提升的工作责任、工作行为、能力和任职资格以及相应的待遇等。而岗位是根据事务来定的,即常说的因事设岗。职位是泛指,岗位是具体地与人对应的,岗位只能由一个人担任,而职位可以由一个或多个岗位组成。

二、我国宏观的工作环境

(一) 我国劳动力市场现状

劳动力市场就是指在劳动力管理和就业领域中,按照市场规律,自觉运用市场机制调节劳动力供求关系,对劳动力的流动进行合理引导,从而实现劳动力合理配置的机制。劳动力市场的主体是求职者个人与用人单位两方,双方的主动相互选择才使就业得以实现。由于现实社会中一些非市场因素的存在及劳动力市场本身存在的一些难以解决的矛盾,如果按照现代劳动力市场的标准,我国的劳动力市场目前还处在发展的初级阶段。我国正以公平竞争、有序运行、调控有力、服务完善、城乡一体的目标模式为导向,促进劳动力市场的有序发展。目前我国劳动力市场的基本状况如下。

1. 劳动力总量供大于求

中国社会科学院发布的2013年《社会蓝皮书》中指出:2012年,国际经济社会环境中的不稳定、不确定因素仍然突出,中国在就业、劳动关系、收入分配、社会管理等方面,仍然面临各种问题和挑战。目前,我国是世界上人口最多、劳动力数量最大的国家,劳动力供求总量矛盾和结构性矛盾将长期存在。2013年,需在城镇就业的劳动力总量预计有2500万左右,农村还有约1亿富余劳动力需要转移就业,劳动力供大于求的矛盾仍然突出。从我国的产业结构上来看,第三产业用人需求占主体地位。从供求状况对比来看,生产设备操作工、商业和服务业人员的需求较大,劳动力需求大于供给。从行业需求上来看,80%左右的企业用人需求集中在制造、批发和零售、住宿和餐饮、居民服务和其他服务、租赁和商务服务、建筑业。从用人单位需求来看,私营企业、有限责任公司、股份有限公司的用人需求占据主体地位。从文化程度上来看,多数用人单位都对劳动者的文化程度有要求,高中文化程度的劳动力是市场中的求职主体;大专以上文化程度的岗位空缺与求职人数的比率近年来呈下降趋势,就业压力加大。从用人需求对技术等级要求看,劳动力供需总量集中在初、中级技术等级,高级技师、技师和高级工程师的劳动力需求大于供给,高级技能人才仍较为短缺。不同城市的经济结构不同,对劳动力的需求也不同。

2. "用工荒""就业难"现象同时存在

"就业难"和"用工荒"是当今我国劳动力就业市场上出现的两种对立的现象。一边是一些企业因招不到合适员工,用工短缺,造成开工不足、设备闲置等现象,严重制约了企业的发展,出现"用工荒"。究其原因主要是因为企业对从业人员的基本工作能力要求提高,而农民工总体综合素质还有待提高,自身技能与岗位要求之间还存在一定落差。另一边又是大学生"就业难",这是因为在劳动力市场,不但存在着就业总量问题,还有就业结构性问题。高职院校培养的是高技能型的人才,但我国最能消化人力资源的不是高技术产业,而是劳动密集型产业。高速发展的中国经济并不能为大学生提供足够的工作岗位,而大学生普遍也不愿意降低身段去填补民工荒造成的空缺。

3. 结构性失业问题突出

结构性失业,主要是由于经济结构(包括产业结构、产品结构、区域结构等)发生了变化,现有劳动力的知识、技能、观念、区域分布等不适应这种变化,与市场需求不匹配而引发的失业。可见,结构性失业是相对于企业所需要的合格劳动力的不足,而非绝对地缺乏就业机会。从大学生就业市场的状况来说,造成结构性失业的主要原因有三点。一是思想观念型结构性失业。大学生在求职时,往往回避适应经济形势发展的需要,从自己的主观愿望出发择业,如多数毕业生不愿意选择劳动力需求量大的中小企业、私营企业,而愿意去选择党政机关、国有企事业单位、大公司等竞争激烈的单位;同时,不考虑自己的贡献,期望高工资回报。二是技能型结构性失业。一些大学生的知识技能难以满足工作岗位的需求,导致失业。三是区域差别型结构性失业。我国区域经济发展不平衡。部分毕业生不愿去相对艰苦的西部或农村等落后地区工作,而愿意去经济发达地区工作,导致东部发达地区就业竞争激烈。

(二)我国大学生的就业政策

近年来,我国政府出台了一系列政策,旨在解决大学生就业难的社会问题。2009年1

月,国务院办公厅发布了《关于加强普通高等学校毕业生就业工作的通知》(以下简称《通知》),要求各地区、各有关部门要把高校毕业生就业摆在当前就业工作的首位,采取切实有效的措施,拓宽就业门路,鼓励高校毕业生到城乡基层、中西部地区和中小企业就业,鼓励自主创业,鼓励骨干企业和科研项目单位吸纳和稳定高校毕业生就业。2010年教育部出台《关于大力推进高等学校创新创业教育和大学生自主创业工作的意见》(以下简称《意见》),开始实施"创业引领计划"。该《意见》指出:"大学生是最具创新、创业潜力的群体之一。在高等学校开展创新创业教育,积极鼓励高校学生自主创业,是教育系统深入学习实践科学发展观,服务于创新型国家建设的重大战略举措;是深化高等教育教学改革,培养学生创新精神和实践能力的重要途径;是落实以创业带动就业,促进高校毕业生充分就业的重要措施。"2013年人力资源和社会保障部印发《关于实施离校未就业高校毕业生就业促进计划的通知》,对离校未就业高校毕业生进行实名登记,通过对其开展职业素质测评、应聘指导、模拟面试等方式来帮助其提高求职能力,为其提供就业信息、开展有针对性的创业服务,针对重点对象进行帮扶。同时加强对大学毕生的劳动权益保护,国务院办公厅《关于做好2013年全国普通高等学校毕业生就业工作的通知》明确规定:"用人单位招用人员、职业中介机构从事职业中介活动,不得对求职者设置性别、民族等条件,招聘高校毕业生,不得以毕业院校、年龄、户籍等作为限制性要求。"

我国现行大学生就业政策主要内容如下。

1. 鼓励和引导毕业生到城乡基层就业的政策

为鼓励高校毕业生参加社会主义新农村建设、城市社区建设和应征入伍,《通知》提出实行四项具体鼓励政策。

第一,基层社会管理和公共服务岗位就业补贴政策。其中涉及两项补贴政策:一是对到农村基层和城市社区从事社会管理和公共服务工作的高校毕业生,符合公益性岗位就业条件并在公益性岗位就业的,按照国家现行促进就业政策的规定,给予社会保险补贴和公益性岗位补贴;二是对到农村基层和城市社区其他社会管理和公共服务岗位就业的,给予薪酬或生活补贴,所需资金按现行渠道解决,按规定参加有关社会保险。

第二,学费和助学贷款代偿政策。对到中西部地区和艰苦边远地区县以下农村基层就业并履行一定服务期限的高校毕业生以及应征入伍服义务兵役的高校毕业生,实施相应的学费和助学贷款代偿。

第三,选聘招录优惠政策。对有基层经历的高校毕业生在研究生招录和事业单位选聘时实行优先,在地级市以上党政机关考录公务员时进一步扩大对其招考录用的比例。

第四,继续实施和完善面向基层就业的专门项目,扩大项目范围。主要内容包括四个方面:一是2009年中央有关部门和地方基层就业专门项目要鼓励更多的大学生参加;二是要制定各项目待遇政策衔接的办法;三是对参加项目的毕业生给予生活补贴,参加有关社会保险;四是与项目相对应的自然减员空岗,要全部聘用那些项目结束后留在当地就业的高校毕业生。

2. 鼓励毕业生到中小企业、非公有制企业就业的政策

中小企业是吸纳高校毕业生就业的主渠道。目前,70%以上的大学生去中小企业和非公有制企业就业。《通知》提出了完善落实相关制度和政策的工作要求,主要包括以下三个方面。

第一,清理影响就业的制度性障碍和限制。主要是在档案管理、人事代理、社会保险办理和接续、职称评定以及权益保障等方面,要认真清理现行制度,简化手续,做好服务工作,形成高校毕业生到企业就业的有利环境。

第二,取消落户限制。对企业招用非本地户籍的普通高校专科以上毕业生,各地应取消落户限制(直辖市按有关规定执行)。

第三,落实就业扶持政策。企业招用符合条件(主要指就业困难人员)的高校毕业生,可享受相应的就业扶持政策。扶持政策包括对企业的社会保险补贴以及定额税收减免政策;劳动密集型小企业招用登记失业的高校毕业生达到规定的比例,可享受高至200万元的小额担保贷款。

3. 鼓励骨干企业和科研项目单位积极吸纳和稳定高校毕业生就业的政策

为提高骨干企业人力资源质量和科研项目质量,对于有技术专长、优秀高校毕业生等,要采取相应的鼓励政策。《通知》提出以下三项措施。

第一,鼓励企业更多吸纳高校毕业生。国有大中型企业特别是创新型企业要更多地吸纳有技术专长的毕业生,高新技术开发区、经济技术开发区和高科技企业要集中吸纳高校毕业生。

第二,鼓励困难企业更多地保留高校毕业生。支持困难企业更多地保留大学生技术骨干,按规定给予社会保险补贴、岗位补贴或职业培训补贴。

第三,鼓励科研项目聘用高校毕业生。承担国家和地方重大科研项目的单位要积极聘用优秀毕业生参与研究。一是给予其劳务性费用和有关社会保险费补助,由项目经费列支。二是参与项目期间,毕业生户口、档案可存放在项目单位所在地人才交流机构。三是聘用期满,可续聘或到其他岗位就业,聘用期间工龄、社会保险缴费年限连续计算。

4. 鼓励和支持高校毕业生自主创业政策

自主创业是我国大学生就业的重要增长点。据有关调查,目前应届毕业生中自主创业的比例仅为0.3%。创业难度很大,潜力也很大,需要加大政策扶持和服务力度,鼓励大学生自主创业。《通知》提出以下几点。

第一,鼓励高校积极开展创业教育和实践活动。

第二,税费减免和小额贷款。对毕业生从事个体经营符合条件的,三年内免收行政事业性收费;登记失业高校毕业生可申请小额担保贷款,合伙经营和组织起来就业的,适当扩大贷款规模,从事微利项目的享受贴息扶持。

第三,创业服务。对有创业意愿的高校毕业生参加创业培训的,给予职业培训补贴。强化高校毕业生的创业指导服务,提供"一条龙"创业服务。建设完善一批大学生创业园和创业孵化基地,给予相关政策扶持。

第四,鼓励支持高校毕业生灵活就业。鼓励高校毕业生从事灵活就业,符合就业困难人员条件的可享受社保补贴政策。

5. 对困难毕业生的就业援助措施

第一,对困难家庭毕业生,高校可根据情况给予适当的求职补贴,公务员考录、事业单位招聘时免收报名费和体检费。

第二，对离校后未就业回到原籍的毕业生，各地要摸清底数，免费提供政策咨询、职业指导、职业介绍和人事档案托管等服务，并组织其参加就业见习、职业技能培训等促进就业活动。

第三，对登记失业的高校毕业生，各地要纳入当地失业人员扶持政策体系，抓好政策落实。

第四，对就业困难和零就业家庭的高校毕业生，要实施一对一职业指导、向用人单位重点推荐、公益性岗位安置等帮扶措施，按规定落实社会保险补贴、公益性岗位补贴等就业援助政策。就业困难人员的标准，由省级人民政府规定。

（三）我国高等职业教育发展现状

高职教育是我国高等教育的重要组成部分，是面向人人、面向社会的教育，我国高等职业教育的办学方针是"以服务为宗旨、以就业为导向"，目的是培养应用型人才和具有一定文化水平和专业知识技能的劳动者，与普通高等教育和成人高等教育相比较，高等职业教育侧重于实践技能和实际工作能力的培养。目前，我国高等职业院校有1184所，年招生规模达到310多万人，在校生达到900多万人，高职院校招生规模占到了普通高等院校招生规模的一半。

大力发展职业教育，加快人力资源开发，是落实科教兴国战略和人才强国战略，推进我国走新型工业化道路、解决"三农"问题、促进就业再就业的重大举措；是全面提高国民素质，把我国巨大人口压力转化为人力资源优势，提升我国综合国力、构建和谐社会的重要途径；是贯彻党的教育方针，遵循教育规律，实现教育事业全面协调可持续发展的必然要求。党和国家一直高度重视职业教育工作，于2002年和2005年两次作出关于大力发展职业教育的决定，明确提出了职业教育的发展方向和目标，把职业教育作为我国经济社会发展的重要基础和教育工作的战略重点，使职业教育发展的政策环境、舆论环境和社会环境得到了明显改善。《2013中国高等职业教育人才培养质量年度报告》显示，"蓝领"毕业生在就业市场独具优势，发展潜力较大。在全球经济不景气的情况下，中国高职毕业生的就业率却连年稳中有升。从当前情况来看，高等院校毕业生的就业率排第一位的是"985"院校，第二位的就是高职院校，其他的学校类型都在之后。高职院校大力推进校企合作，行业企业参与高职院校人才培养的深度和广度增加，将企业培训前移到教学过程，缩短了学生岗位适应时间，成为提升学生就业能力的有效举措。目前，高职毕业生已成为中小企业的就业主力军。2012年，全国在300人以下规模企业就业的高职毕业生有近六成，在50人以下规模企业就业的高职毕业生约三成。

三、微观的工作世界

1. 新职业层出不穷，对从业人员的素质要求也越来越高，终身学习、培训和再教育成为常事

职业的变化和发展主要受社会及管理的变革、技术变革、经济变革、产业及行业的演变等因素影响。新职业是指经济社会发展中已经存在一定规模的从业者，具有相对成熟的职业技能，而《中华人民共和国职业分类大典》中暂未收录的职业。在未来职业发展中，职业的知识含量增大，职业要求不断更新，永久性职业减少，新职业会越来越多地出现在服务部门,特别是与健康、通信和计算机相关的行业。高职院校的学生应关注职业变迁及发展趋势,以便更好地适应变革中的社会职业环境。毕竟,在知识经济时代,职业变化是传统社会的几倍。

近年来国家发布的新职业有会展设计师、珠宝首饰评估师、创业咨询师、手语翻译员、灾害信息员、孤残儿童护理员、城轨接触网检修工、数控程序员、合成材料测试员、室内装饰装修质量检验、豆制品工艺师、化妆品配方师、纺织面料设计师、生殖健康咨询师和婚姻家庭咨询师、乳品评鉴师、品酒师、坚果炒货工艺师、厨政管理师、色彩搭配师、电子音乐制作师、游泳救生员、动车组司机、动车组机械师、皮具设计师、劳动关系协调员、安全评价师、调味品品评师等。

如果一个人没有接受过足够的教育,那么选择工作的范围将非常狭窄。世界范围内新技术革命的深入发展和信息产业的迅猛崛起,导致了职业发生了深刻变革,职业分工越来越精细,职业活动的内容也不断更新变化,现代科学技术运用到职业领域中的周期也越来越短。这些变化使得职业的专业性越来越强,对从业人员的素质要求越来越高。职业生涯是一个连续不断的发展过程,因此,大学生必须树立终身学习的观念,只有通过不间断的学习,及时补充更新相关知识,提高从业素质,才能保证和促进自身的持续发展。

2. 多种工作形式可供我们选择

练习 6-1

工 作 形 式

请同学们用头脑风暴的方法回答:当今社会有哪些工作形式是我们可以选择的?这些选择带给我们的思考是什么?

随着社会的发展,工作的形式有很多种,如全职工作、兼职工作、多重工作及自由职业、创业等。

(1) 全职工作。最常见的就是具有相对的保障性和稳定性的全职工作,即连续为同一雇主工作,每周工作40或40个小时以上的工作。

(2) 兼职工作。工作的同时,兼做另一份工作,叫兼职。

(3) 多重工作。和兼职工作有些类似,多重工作是指一个人同时兼有2个或2个以上独立的工作角色。多重工作者的角色包括:是指为两个或两个以上雇主工作,为一个雇主工作同时自己也经营企业,经营两家独立的企业。

(4) 自由职业。自由职业是指摆脱了企业与公司的管辖,自己管理自己,以个体劳动为主的一种职业。自由职业,是目前社会中比较受追捧的一种自雇形式,是一个人的经营模式。

(5) 创业。创业是一个发现和捕获机会并由此创造出新颖的产品、服务或实现其潜在价值的过程。

3. 工作的变动成为常事

随着社会的发展和用工制度的改革,工作的变动已经司空见惯了,适时地变换工作单位或工作内容是适应环境的重要方面。近几年的调查显示,中国 30 岁以下的年轻人平均 5 年至少更换工作一次,一生中至少要换 7 次工作。另据统计,营销、房地产、广告等行业跳槽现象非常普遍,其中广告行业的人才流失率约 10%,大约每人平均 1 年跳槽 1 次,营销和保险行业最高,每年达到了 30%,房地产大约 10% 至 20%。在岗位类别方面,初级职位的流动率高于中高级职位的流动率,有两年以上工作经验的求职者流动频率高于刚毕业的学生。

四、为什么在职业选择时要了解工作世界

∽ 练习 6-2 ∽

拓展职业的思考

用头脑风暴法列举出与手机相关的尽可能多的职业。

从以上练习中,我们知道:一件物品的制造涉及许多的人和职业,比如,从管理到制造,从研发到市场。这说明有很多专业和技能是可以变通的。因此,同一个专业可以从事多种职业,比如,汽车维修专业毕业的学生,可以从事汽车检测与维修、汽车保险、汽车驾驶、汽车营销,也可从事与汽车相关行业的经营与管理等工作。因此大学生在探索工作世界时,应了解和自己专业相关的职业有哪些。

在我们进行职业定位时,我们要回答的第一个问题是"我将来要从事什么职业"。举个例子,一个财务管理专业的学生,在完成自我探索时,确认自己的职业兴趣是常规型的,职业性格探索时又了解到自己是偏向内倾,虽不太乐于交际,但做事踏实,所以他认为将来可以从事自己喜欢并适合的会计工作,这样简单地以为生涯规划工作结束了,不用再探索了。但他忽略了一点,会计在不同行业、不同组织,其工作内容、工作待遇会有所差异,同时,组织规模大小不同、文化不同,对从业者个人的性格、能力等方面的要求也是不同的。每一个职业(或工作)本身所包含的信息主要有:工作地点、升迁状况以及包括薪酬、福利、进修机会、工作时间、休假规定等在内的雇佣状况,还有从事这个工作所需的必备条件,如教育程度、资格证书等,以上这些信息即使在同一个职业,在不同的组织岗位名称也可能不同,从地理位置上说有城市有乡村,城市有大中小,有的工作主要在室外,有的工作在室内,有的工作地点变化性强等。同一职业如财务专员,不同规模的企业对从业者基本工作能力的要求也有高有低。所以,在进行职业定位时还必须要考虑另两个问题,即"我将来要到哪个城市、哪个单位去"和"我将来的发展路线如何"。要回答这两个问题,需要对职业进行了解和评估。

1. 促进个体进行正确的职业生涯决策

一些大学生在规划自己的职业生涯过程中,缺乏对职业和自我的合理认识,表现出犹豫不决、不知所措,感到迷茫,无法作出明确的职业决策,甚至出现焦虑、挫折感,不敢正视现实、面对未来。这都是职业决策困难的典型表现。如果学生能够了解自我的特质,并收集研究工作世界的信息,那么就会作出合适的职业决策。

✎ 练习 6-3 ✎

写出你眼中的工作世界

在纸上写出自己眼中的工作世界。注意这里不强调写得如何,只要能表达自己对工作世界的想法就好。

在这个练习中,我们会发现同学们的描述都不同,有的可能表达工作世界中的激烈的竞争,强调工作世界中有令人茫然失措和失望的一面,但也有一些同学面对职业世界显得积极乐观。学生的描述之所以还有这么大的差别,和他们能否全面地了解工作世界有很大的关系,只了解和看到负面信息的学生常常会陷入悲观,于是作出错误的职业生涯决策。相反,如果能够清晰、全面地了解工作世界,就能够把握企业用人要求及工作发展的普遍路径和规律,明确与目标职业的差距,确定求职方向和发展目标,制定出正确的求职策略,作出合理的职业生涯决策,从而在激烈的求职竞争中找到属于自己的工作。

2. 进一步认识和了解自己

在探索工作世界的过程中,大学生常常会陷入两难的境地。比如,大学生会为留在大城市还是中小城市而难以决策。留在大城市找一份不稳定、目前也不很理想的工作,但是未来的学习、发展机会可能很多,可以获得亲友的尊重和关注,而且文化娱乐生活也很丰富,个人成长进步快;回到家乡中小城市有个待遇不错的、稳定的工作,压力小,但是自己将来的发展前景非常有限,缺乏挑战性。世间的事没有完美的,外部条件总给我们设立这样或那样的限制,看上去似乎很难作出决定,也会有些沮丧和焦虑,但是我们正是在这种两难的选择当中,知道什么是对自己真正重要的,从而调整自己的行动,走出属于自己的职业生涯发展道路。

3. 培养和提升大学生的职业能力

很多大学生在进行工作世界探索时,不是主动搜集相关信息,而是寄希望于学校、职业辅导老师或者亲戚朋友,期望能够告诉他们工作世界是什么样的。但结果常常令人失望,因为每个人由于个人知识、经验的局限,不可能掌握所有工作世界的信息,所以工作世界的探索更多地需要同学们自己来完成。在这个探索的过程中,同学们可以培养和提升自己的很多职业能力。比如,想了解职业信息就要咨询相关专业人士,这个过程提高了人际沟通能力和表达能力;整理职业信息时,提高了对资料和信息的搜集整理能力;了解全面的工作世界信息,要作出职业生涯决策,这样提高了职业生涯的决策能力。

4. 有助个体规划未来职业发展

掌握全面的工作世界信息可以帮助学生展望未来的职业发展。比如,通过搜集工作世界的相关信息,了解到未来所要从事行业的发展状况、趋势,了解到企业的现状、发展前景、组织结构及管理体制等方面内容,就可以评估出自己的个人发展路径及提升空间,可以大致得出未来的职业发展道路,以及会遇到的一些情况。当然,也可评估风险所在,并为此做好心理准备。

在工作世界中,每个学生都能找到与自己的特长相匹配的那份工作。找工作是一个过程,对于有些人来说,可以说是一个漫长而艰辛的过程,因此需要做好各种心理准备。但是无论如何,都要学会调整心态,而不要轻言放弃。另外,虽然所有工作都有这样那样的局限性,都有不能令自己满意的地方,但是工作和生活都是丰富多彩的,我们可以通过兼职或其他活动来平衡自己的生活。在工作世界中,同学们要学会应对不断变化的工作市场和经济形势,一个职业决定很可能不会持续一生,因此要做好应对变化的准备,而这个准备就是职业生涯规划,我们要根据实际情况,适当调整职业目标和决策。

理论的讲解与运用

一、职业分类理论

各个国家通过职业分类将社会上数以万计的现行工作类型,划分成类系有别,规范统一,井然有序的层次或类别。因此,要获得关于工作世界的主要信息,唯一也是最便捷的方式就是先了解职业分类的知识。

职业分类是采用一定的标准和方法,依据一定的分类原则,对从业者所从事的各种专门化的社会职业所进行的全面、系统的划分与归类。职业分类的目的就是将社会上的工作类型划分出层次或类别。职业分类的发展也是职业自身发展的需要。

职业分类涉及社会生活的各个领域,是国家经济发展的一项基础性工作,是一个国家形成产业结构概念和进行产业结构、组织、政策研究的基础。职业分类客观地反映国家经济、社会、科技等领域的发展和结构变化,为国民经济信息统计和人口普查规范化提供依据;是劳动力科学化、规范化、现代化管理的基础;同时,为职业教育与培训和就业服务提供条件;是完善国家职业资格证书制度的重要基础工作。

高职毕业生与用人单位在就业市场进行"双向选择"的过程,实际就是求职者选择职业和职业选择求职者的过程。因此,对于在校的学生来说,了解职业的种类及分类的依据,了解不同职业对劳动者素质的不同要求,对未来的求职作出正确的择业决策及合理规划自己的职业生涯是非常必要的。

职业分类的方法很多,标准各异,一般划分的标准是按从事社会劳动的不同内容、手段、劳动方法、环境、劳动消耗量等方面进行的。如依据就业者主要从事的劳动的性质,可以分成脑力劳动和体力劳动职业;依据对专门知识和技术所需要的程度来分类,可以分成专门职业和非专门职业或一般职业。

(一)霍兰德职业分类理论(详见本书第24—34页)

(二)工作世界地图

工作世界地图(World-of-Work Map)是全世界范围内应用最广泛的职业分类系统,它是由美国大学考试中心(American College Test,ACT)于1985年发展出来的,如图6-1所示。

ACT根据数据—观念(Data-Idea)和人群—事物(People-Thing)两个维度和四个向度区分出四个主要分类象限,工作世界地图还将分类系统与霍兰德的职业兴趣理论有机联系起来。

数据是指文字、数字、符号等资料的收集、整理与归档等程序,使之有助于进一步分析和统整。

观念是指想法的启发、观念的传播、思考的运作、创意的发挥、真理的探究等认知历程。

人群是指和其他人进行接触与沟通,包括了解、服务、协助或教导以及说服、组织、管理或督导等。

事物是指处理物品、材料、机械、工具、设备和产品等与人或观念无关的实物。

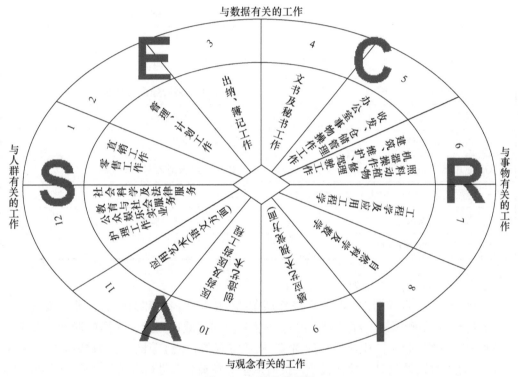

图 6-1　工作世界地图

从图 6-1 中可以看到:
社会服务类工作要求从业者具备社会型的职业兴趣与能力;
管理和销售类要求从业者具备影响型的职业兴趣与能力;
企业经营类工作要求从业者具备常规型的职业兴趣与能力;
技术类工作要求从业者具备现实型职业兴趣与能力;
科学技术类工作要求从业者具备研究型职业兴趣与能力;
艺术类工作要求从业者具备艺术型职业兴趣与能力。
ACT 将职业分为 6 大类职业,12 个职业群,23 个职业簇。
6 大类职业包括:
商业交际工作类别:(Business Contact Job Cluster);
商业操作工作类别:(Business Operations Job Cluster);
技术工作类别:(Technical Job Cluster);
科学工作类别:(Science Job Cluster);

艺术工作类别:(Art Job Cluster);

社会工作类别:(Social Service Job Cluster);

23个职业簇,如表6-2所示。

表6-2 美国大学考试中心(ACT)职业簇

A. 市场与销售	B. 管理与规划
C. 记录与沟通	D. 金融交易
E. 储存与分配	F. 商业机器电脑操作
G. 交通工具的操作和修理	H. 建筑与维护
I. 农业与自然资源	J. 手艺与相关服务
K. 家庭/商业电器修理	L. 工业电器的操作与修理
M. 工程学与相关技术	N. 医药学与技术
O. 自然科学与数学	P. 社会科学
Q. 应用艺术(视觉)	R. 创造/表演艺术
S. 应用艺术(写作与演讲)	T. 综合性健康护理
U. 教育与相关服务	V. 社会与政府服务
W. 个人/消费者服务机构	

(三)中华人民共和国职业分类大典

1999年5月,我国劳动和社会保障部颁布的《中华人民共和国职业分类大典》(以下简称《大典》),是我国第一部对职业进行科学分类的权威性文献。我国的职业分类是以工作性质(一般通过不同职业活动的对象、从业方式等体现)等同一性为基本原则,运用一定科学手段,通过对全社会就业人员所从事的各类职业进行分析和研究,按不同的职业性质和活动方式、技术要求及管理范围进行划分和归类的。《大典》将我国全社会的职业归为8个大类,66个中类,413个小类,1838个细类(职业)。每一大类包含中类、小类和细类(职业)。我国的职业分类体系通过职业代码、职业名称、职业定义、职业所包括的主要工作内容等,描述出每一个职业类别的内涵与外延,并对《大典》中第三、四、五、六这4个大类中技能类的职业,制定了具体的职业标准。八个大类是:

第一,国家机关、党群组织、企业、事业单位负责人;

第二,专业技术人员;

第三,办事人员和有关人员;

第四,商业、服务业人员;

第五,农、林、牧、渔、水利业生产人员;

第六,生产、运输设备操作人员及有关人员;

第七,军人;

第八,不便分类的其他从业人员。

大类是职业分类结构中的最高层次,大类的划分和归类是以工作性质的同一性为主要依据,并考虑我国的管理体制、产业结构的现状与发展等因素,将我国全部社会职业大致分为管理型、技术型、事务型、技能型等职业类别。第七和第八大类的中类、小类、细类(职业)名称相同,不再进行下一层次的划分。中类是对大类职业体系分解的子类。中类的划分和归类是根据职业活动所涉及的知识领域、使用的工具和设备、采用的技术和方法,以及所提供的产品和服务种类等的同一性进行的。小类是中类的子类,小类的归类和划分是根据从业人员的工作环境、工作条件和技术性质等的同一性进行的。细类是《大典》最基本的类别,即职业。一般是根据工作对象、工艺技术、操作方法等的同一性进行的。一个职业包含一组性质相同、具有通用的职业知识和职业技能的工作。

《大典》表述每一大类的内容包括大类编码、大类名称、大类概述、所含中类的编码和名称;第一小类的内容以包括小类编码、小类名称和小类描述;每一细类的内容包括职业编码、职业名称、职业定义、职业描述及归入本职业的工种名称及编码等。例如,农艺工这一职业所属的大类是第五大类,包括从事农业、林业、畜牧业、渔业及水利业生产、管理、产品初加工的人员;所属的中类是种植业生产人员,包括从事大田作物、园艺作物、热带作物、中药材等种植、管理、收获、储运和农副产品初加工人员。所属小类是大田作物生产人员,包括从事粮、棉、油、糖、烟、麻等大田作物的土地耕作、种植、田间管理、收获、储藏和产品初加工的人员。而农艺工是指导从事农田耕整、土壤改良、作物栽培、田间管理、收获储藏等农业生产活动的人员。所从事的工作主要包括:① 进行农田的土地耕整、土壤改良;② 选种、制种、育苗、播种、栽插等;③ 进行施肥、灌溉与排水、中耕除草等田间管理;④ 对农作物的长势长相、营养、群体、生理保障等进行诊断以及产量预测;⑤ 对旱、涝、干热风、低温冷害等开展抗灾活动和生产自救;⑥ 提纯复壮、杂交制种、储藏、保管种子;⑦ 收获农作物;⑧ 对收获的农作物及其产品进行脱粒、晾、晒等加工和储藏;⑨ 维护和保养农具。[1]

从 2004 年起,我国根据社会经济发展需要,建立了新职业定期发布制度,并不断补充与修订国家职业分类体系。

✐ 练习 6-4 ✐

《中华人民共和国职业分类大典》有三种检索方式,一是根据大典职业分类结构体系表进行查询,获得大类、中类、小类、细类编码和名称(见表 6-3);二是根据职业名称的首字笔画查询职业名称及其相关内容;三是根据职业名称的首字汉语拼音查询职业名称及相关内容。查阅一下我国职业分类大典,看看你在前面的学习中建立的职业前景都属于哪一大类? 中类还是小类? 考虑一下是否还需要增加新的备选职业?

---

[1] 国家职业分类大典和职业资格工作委员会. 中华人民共和国职业分类大典(2007 年增补本)[M]. 北京:北京中国劳动社会保障出版社,2008.

表 6-3　职业分类结构体系表

序号	可能介入的职业	所属大类	所属中类	所属小类
1				
2				
3				
4				
5				

（四）罗的职业分类

罗(Anne Roe)是美国的一位临床心理学家,她的人格理论约在 20 世纪 60 年代初期提出,她依据其所从事的临床心理学经验及对各类杰出人物有关适应创造、智力等特质的研究结果,综合了精神分析学、墨瑞(Murphy)的人格理论与马斯洛的需要层次论等理论,构建其人格发展的理论。罗在其所著的《职业心理学》(1956 年)中创建了一种职业群分类法,这种分类法已被广泛的使用,虽然在我国还未本土化,但对我们进行职业生涯规划很有指导意义。罗将职业分为服务、组织、技术、户外、科学、文化、艺术和娱乐 8 类,同时罗根据该职业所要求的责任和能力,给分类又加入了一个维度:工作水平。

罗从需求被满足或受挫折的角度概括了亲子关系,并分析了三种基本的亲子关系:依赖、回避和接纳。

罗认为儿时的养育经历与职业选择有很大关系。

第一种亲子关系是依赖型。依赖包括从过度保护到过度要求。过度保护和过度要求的父母都吝于表现出他们的爱和赞许。孩子的生理需求可以满足,但由于达不到父母的期望,他们的心理需求往往得不到满足。被过度保护的孩子学会迎合他人的愿望以求得赞赏,渐渐变得依赖于他人。过度要求的父母则对孩子期望过高,孩子若达不到标准就不会获得认可。在父母的高标准严格要求下,长大的孩子会变成完美主义者。他们会为表现得不够完美而焦虑,因而在作职业选择时会较为困难。

第二种亲子关系是回避型,其程度可从忽视到拒绝。尽管不是有意忽视,但孩子的生理、心理需要都被冷落。罗用情感拒绝来表示回避,并非所有的拒绝都是物质上的忽视。

第三种亲子关系则是接纳型。也许出于偶然,也许是在爱的基础上,孩子的生理、心理需求都能够得到满足。父母以一种不关心也不参与的态度或者积极的方式鼓励了孩子的独立与自信。

根据罗的理论,你所选择的工作反映了你儿时的家庭气氛。如果你的家庭温暖、慈爱、接纳或过度保护,你可能会选服务、商业、组织、文化、艺术和娱乐类等跟人打交道的工作;如果你经历的家庭氛围是冷漠、忽视、拒绝或过度要求,你可能会选技术、户外、科学之类等跟物体、动植物而非跟人打交道的职业。如图 6-2 所示,罗的职业分类体系为 8 种职业类型。

(1) 服务。这些职业主要是与服务和照顾他人的个人品位、需要和安康有关。

(2) 商业。这些职业主要是与面对面的销售商品、投资、房地产及服务有关。

(3) 组织。这些是在商业、工业、政府部门的管理类和白领工作,主要是与企业和政府的组织有效运作有关。

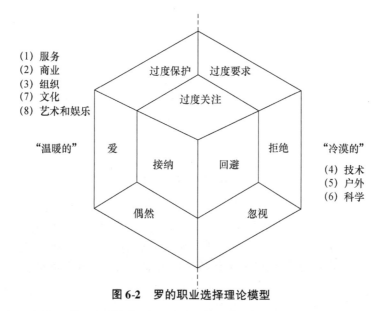

图 6-2　罗的职业选择理论模型

（4）技术。这个群体包括商品、水电气的生产、维护和运输有关的行业。

（5）户外。这个群体包括农业、渔业、林业、矿业和相关的行业,主要与耕种、保护、收割庄稼、水产品、矿藏、林产品、其他自然资源和畜牧有关。

（6）科学。这些主要是与科学理论及其在特殊情况下的应用有关的行业,不同于技术。

（7）文化。这些职业主要是与文化遗产的继承和传播有关的行业。

（8）艺术和娱乐。这些行业主要包括与创造性艺术和娱乐中特殊技能的使用有关的行业。

✍ 练习 6-5 ✍

想想你所成长的家庭氛围,是"温暖的",还是"冷漠的"？你如何描述你的父母？他们对你是关注还是忽视,是接纳还是拒绝？根据罗的理论,试分析一下自己可能适合什么样的职业？

罗界定了下面的六个工作水平。

水平1——专业和管理:独立的责任。这个水平包括改革家、发明家、高级管理者和行政人员。这些人制定政策和规则,让其他人遵守。他们在重要的事情上独立担负责任。对于这个水平的职业,除了社会以外通常没有更高的权力级别。

水平2——专业和管理:这个水平与水平1的主要区别是一个程度的问题,一定的独立性是必要的。但是它所承担的责任要比水平1低一点。这个水平如工程师、兽医、教师、运动员等。

水平3——半专业和小企业:这一水平有几个特征,如对他人承担责任少;执行他人所制定的政策或仅仅为自己个人作决定(就好比在管理小企业时那样);需要高中程度的教育,外加技术学校或同等学历。这个水平如会计、警察等。

水平4——技术性:技术性职业教育要求有学徒经历或者是其他特殊的培训或经验。

这个水平如出纳员、拍卖师等。

水平 5——半技术性:半技术性的职业要求某种培训和经验,但是明显要低于水平 4 中的职业。此外,它所允许的独立性和主动性也较小。这个水平如服务员、出租车司机等。

水平 6——非技术性:这些职业不需要特别的训练或教育,也不需要多少能力,只要具有听从指令、做简单重复的工作的能力就足够。这一水平主要是体力劳动者。

✎ **练习 6-6** ✎

我的职业基因树

选一张 A4 纸,先在上面画一棵大树,每一根树枝上代表一个家庭成员及生活中对自己"重要的他人",将这些成员过去现在的职业填上去,从中寻找共同的特点。然后探讨他们对自己的职业期望是什么?过去生活中哪个成员对自己影响最大,你觉得他们的哪些工作特质带来了他们的成功,哪些工作特质使得他们对工作非常满意?

✎ **练习 6-7** ✎

根据罗的职业分类理论为你的职业前景标明工作水平。

二、需要我们了解的工作信息内容

职业生涯规划中有一个重要的步骤就是了解外部的工作环境,对外部工作世界的了解需要通过收集自己感兴趣的职业信息来实现,而这也是职业生涯规划的核心部分。

(一) 了解用人单位种类

在我国,用人单位按性质可以分为企业单位、事业单位、政府机关、社会团体等。

1. 企业单位

企业是以盈利为目的独立核算的法人或非法人单位。企业单位与职工签订劳动合同。企业按所有制划分,主要有中外合资、外商独资、国有、私营、全民所有制、集体所有制、股份制、有限责任等。

2. 事业单位

事业单位一般指以增进社会福利,满足社会文化、教育、科学、卫生等方面需要,提供各种社会服务为直接目的的社会组织。事业单位与职工签订聘用合同,登记在编制部门进行。

3. 政府机关

政府机关是国家和地方各级政府行政管理的总称,在政府部门中工作的人员,除去少部分专业技术人员(如医生、计算机操作人员)和工勤人员(如清洁工、司机、炊事员)外,主要是国家公务员。

4. 社会团体

社会团体是社会上各种群众组织的总称,包括工会、团委、妇联、青联、学联、科协、各类学会、各行业协会等。社会团体的就业岗位,要求从业者有一定的文化水平、政策水平、专业知识和较强的工作能力。

一般来说，政府机构、事业单位的工作相对没有挑战性，工资不是很高，个人业绩与收入基本无关，福利较好，工作稳定，职业能力提高较慢，职位晋升机会较少。在企业中的大型国有企业工作会很轻松，但是个人能力发挥有限，工资福利收入与个人业绩相关，待遇较好，工作较稳定，职业能力成长较慢，晋升机会较政府部门多一些。国有企业在招聘时，比较看重应聘者的学历、专业及实践经验。在民营企业工作较为辛苦，个人收入与工作业绩紧密相关，工资待遇一般，工作稳定性不高，职业能力提高较快，晋升机会较多。民营企业在选择人才时比较看重个人的敬业精神及踏实肯干的工作热情。外资企业，尤其是知名外企有独特的企业文化，激励机制健全，工资待遇较好，职业能力提高较快，晋升机会相对较多。外资企业比较看重员工的竞争进取精神及创造力。

（二）了解用人单位对人才的要求

用人单位对人才素质的总体要求主要有以下三点。

1. 认同企业文化

企业文化是企业生存和发展的精神支柱。员工只有认同企业文化，才能够快速适应企业的环境，才能与公司共同成长，才能在工作中实现个人的最大价值。一般情况下，公司在招聘时，会重点考查大学生求职心态、自我职业定位是否与公司的企业文化相一致。

2. 对企业忠诚，有敬业精神

一项调查显示，国有企业、外资企业、民营企业都一致认为，宁可要一个对企业足够忠诚、哪怕能力差一点的员工，也不愿意要一个能力非凡但朝三暮四的员工。员工对企业忠诚，主要表现为认同企业文化，坚守对企业的负责态度，认真工作，不离不弃，踏踏实实地做事。

敬业精神是人们对自己所选择职业的高度认同和热爱，它是一种职业素质，是全心全意、尽职尽责、奉献精神的代名词。敬业精神体现在责任感、主人翁意识，为做好工作而主动学习，注重细节，先付出后回报等方面。企业会把这样高素质、忠诚负责、敬业的员工视为最宝贵的财富。

3. 综合素质强

个人综合素质比学历更重要，这是现代企业的用人特点。所谓综合素质强，一是要有较高的社会责任感，有正确的世界观、人生观、价值观及强烈的事业心等；二是要身心健康；三是要有扎实的基础知识，较高的专业技能；四是要有较强的基本工作能力，包括适应能力、创新能力、团队合作能力及独立思考和解决问题的能力等。

（三）了解职业的内容

一般来说，了解职业的内容可参考以下几项。

1. 工作性质

工作性质是指职业的定义、职业中所需要的设备、机器及工具、职业生产的产品或者提供的服务、工作中需要完成的任务和履行的职责。

2. 所需的教育及培训

所需的教育及培训包括准备进入该职业需要的知识、进入该职业所需要的教育经历及工作经验等。

3. 所要求的个人资历及技能

所要求的个人资历及技能包括进入该行业所需要的技能、职业所需要的学历学位证书、技能证书等。

4. 薪酬收入及福利

薪酬收入及福利包括平均工资、最高工资水平、医疗保险、退休金等。

5. 工作条件及时间长度

工作条件及时间长度包括物质条件、工作环境、工作的地理位置、工作时间长短、是否加班等。

6. 该职业中典型人群的人格特征

该职业中典型人群的人格特征包括了解该职业的职业环境中大多数人的人格特征、年龄范围、男女比率等。

7. 就业和发展前景

就业和发展前景包括就业趋势、晋升空间、晋升平均时间、该行业中工作的稳定性、行业的发展前景等。

8. 个人从该工作中获得的满意度

个人从该工作中获得的满意度体现的价值(收入水平、安全感、成就感、独立型、创造性、休闲时间、社会地位)是否符合自身的价值观。

9. 工作组织的类型

工作组织的类型是指所工作单位的性质,企业、事业单位、政府机关等。

10. 对于你个人的利弊

对于你个人的利弊,即该工作的有利条件和不利条件,个人对于职业最喜欢的原因,对于不喜欢的地方如何克服和避免等。

探索的方法与技能训练

工作世界信息作为求职的重要依据,是求职者就业择业的基础和起点,关系到求职择业能否最终实现。在求职过程中,谁搜集的信息越及时、越全面、质量越高,谁的视野就越开阔,求职的主动性、把握性就越强。因此,毕业生在开始求职之旅时,首要环节就是关注工作世界信息,并且逐步培养就业信息的搜集、整理加工、储存以及运用的能力,为成功求职做好充分的准备。下面介绍几种探索工作世界信息的方法。

一、形成自己预期的职业库

很多大学生不知道如何进行工作世界的探索,其中一个很重要的原因就是工作世界的信息浩如烟海,根本搞不清从哪里入手,更谈不上如何进行了。如果有一个探索范围,则会容易得多。

高职学生可以从自己所学的专业入手,结合我们在兴趣和性格探索部分所学的知识,列出与自己专业相对应的或相关的职业,帮助自己初步形成一个探索的范围。此外,每个人心中还有自己理想的职业,可以通过头脑风暴的形式把它们列出来。这样就获得了一个职业清单,看看这些职业有什么共同点,就可以启发你想到更多值得探索的职业。再结合自己的能力和价值观再次从职业清单中进行筛选,最终就得到我们个人预期的职业库。

例如,一名模具设计与制造专业的学生,专业成绩优异,在班级担任学习委员,在校学生会任管理部部长一职,临近毕业,对于具体选择什么工作而难以决定。通过与其沟通,并对这名学生进行职业测评。测评显示,他的兴趣探索的结果是管理型与现实型占主导,管理型的人适于从事需要胆略、冒风险和承担责任的活动,即管理、决策方面的工作。而现实型的人比较适合需要进行明确、具体分工的,并有一定程序要求的技术型、技能型工作。性格探索的结果是 ESFJ,这种性格特点是乐于助人,能够积极给予他人关注和关怀,机智,富有同情心,注重秩序,适合友好的、稳定、讲求规范的工作环境。能力探索的结果是管理能力、动手操作能力、交际能力较强。价值观探索的结果重视创造和服务;希望用自己的能力去创建属于自己的公司、产品或者服务,而且愿意冒风险,并克服障碍;相信自己,并有很高的动力去证明自己的创造力,工作中要求有一定的权力和自由,可以不断去创造;希望工作能够创造价值,能够帮助他人,改善人们的生活或者安全问题,使生活更美好。

从这名学生的职业探索结果,我们可以看到,他的专业是模具设计与制造专业,这个专业注重培养学生的实践操作能力;从能力角度分析,他的管理能力、动手能力特别强;从他的兴趣角度分析,他比较喜欢管理领导别人,同时喜欢动手操作;从他的性格角度分析,他乐于助人,愿意给予他人帮助和关怀;从职业价值观角度分析,他注重创造和服务大众。

所以初步确定适合他的职业首先应该具有与人打交道、能够领导、帮助他人的特点;其次还要有技术性、创造性等特点,由此他可以列出或搜索一些符合这些特点的职业,如企业技术管理人员等。

练习 6-8

结合所学专业和自身特质建立自己的预期职业库(见表 6-4)。

表 6-4 预期职业表

我的专业:		
与我的专业对应或相关的职业:		
	自我描述	匹配职业
我的职业兴趣	描述:	
我的性格偏好	描述:	
我的职业技能	描述:	
我的工作价值观	描述:	
我的预期职业库(想继续探索的职业清单):		

二、用职业分类的方法帮助探索工作世界

在复杂的工作世界中挑出相关、有用的信息,是一项艰巨的工作。同学们即使形成了自己的职业库,但到底有哪些工作可能和职业库得出的职业特点相符合也是一个问题。如果能按照一定的规则将职业分类,同学们就可以轻松地找到和这些特点相关的工作了。

✎练习 6-9 ✐

运用工作世界地图或《中华人民共和国职业分类大典》的分类方法为自己在练习 6—8 题中建立的预期职业库中的职业进行分类。

三、职业生涯人物访谈

生涯人物访谈是进行职业生涯规划的一个重要的方法。职业生涯人物访谈,是通过与一定数量的职场人士(通常是自己感兴趣的职业从业者)会谈而获取关于一个行业、职业和单位"内部"信息的一种职业探索活动。通过访谈,了解该职业岗位的实际工作情况,获取相关职业领域的信息,进而判断你是否真的对该工作感兴趣,实际上是一次间接、快速的职业工作感受。

生涯访谈的对象一般是从事相关职业的资深或至少工作了 3 年以上的工作者。进行生涯人物访谈的目的:一是利用这种途径检验以前通过其他方式所获取的职业信息是否正确、及时;二是可以全方位地了解从事你所探索的职业的人的真实的工作感受,而这些信息是在其他职业信息文献里难以找到的。

为防止访谈中的主观影响,应至少访谈两人以上,如既与成绩卓然者谈,也与默默无闻者谈,则效果会更好。访谈时,学生应明确访谈的目的是收集供职业生涯决策的信息,而不是利用生涯人物来找工作,以免引起双方的尴尬。建议同学们在正式的访谈前,至少做两件事情:一是为自己准备一个 30 秒的自我介绍,因为在访谈过程中,对方可能会问到你的职业兴趣和目标;二是对需要提出的问题做一些准备,先列一个访谈题纲这样有助于访谈深入进行,能够取得较高的效率。

✎练习 6-10 ✐

请同学们利用课余时间,采访两三位职业目标人物,听听经验人的心声,谈谈自己的收获。并参考下列访谈提纲进行记录,然后制作访谈表(见表 6-5)。

职业目标人物生涯访谈提纲如下。

1. 您是怎样决定自己的职业的?为此您做了哪些准备?
2. 对于这份工作,您最喜欢它的是什么?最不喜欢的又是什么?这份工作对您的生活有什么样的影响?
3. 在工作中,您通常每天都做些什么?您工作的主要职责是什么?
4. 从事您的这种工作需要什么样的技能?有什么特别的能力要求吗?

5. 目前这一行业同类岗位的薪酬水平如何？
6. 您目前的职位是什么？说说您职位晋升的过程。
7. 您是通过什么渠道提升自己的？您曾参加过哪些培训和继续教育？
8. 您对现在所在的行业有些什么看法？
9. 您在从事这一工作之前，在哪些单位干过哪些工作？
10. 我现在可以通过一些什么样的方式、提高哪些技能或素质，以便日后能进入这一行业呢？
11. 就您知道的情况而言，我所学的专业可以进入哪些领域工作？
12. 您对目前的工作是否满意？
13. 与您的行业相关的其他职业还有哪些？什么样的兼职工作经历能使我熟悉这个行业？
14. 您能给我一些学习或就业方面的建议吗？
15. 请推荐几个业内人士，以便我能与他们谈一谈，可以吗？

表 6-5 职业目标人物生涯访谈表

被访人基本情况
姓名：＿＿＿＿＿ 性别：＿＿＿ 毕业学校：＿＿＿＿＿＿＿＿＿＿＿＿＿＿＿＿
所学专业：＿＿＿＿＿＿＿＿＿＿ 现工作单位：＿＿＿＿＿＿＿＿＿＿＿＿＿
联系方式：＿＿＿＿＿＿＿＿＿＿＿＿＿＿
访谈人基本情况：
姓名：＿＿＿＿＿ 班级：＿＿＿ 访谈时间：＿＿＿＿＿＿＿＿＿＿＿
访谈内容：
访谈收获：

四、利用工作世界信息表进行分析

对于高职学生来说，选择了自己喜欢的专业，也比较认可自己将来可能工作的专业领域，但是职业或具体的工作岗位又有很多的选择，比如，一个旅游英语专业的学生，将来的工作可能是在中心城市做导游，也可能在小城市当一名幼儿园的英语教师，还可能自己创业。所以，你还面对这样一个必须解决的问题——你愿意到哪里去施展你的技能？不同职业、不同的工作岗位，工作性质不同，对劳动者的技能要求也不相同。高等职业教育的优势体现在其培养目标上，就是培养高技能的劳动者，对于高职学生来说绝大多数是从学校到工作，通常是先学技能，后就业。我们进行生涯规划的一个目的就是获得一份适合自己的工作。适合自己的工作是什么样的？应该是自己有能力做好，又比较喜欢，同时能从工作中获得满意感的工作。要获得适合自己的工作，需要全方位地了解职业。

✍ 练习 6-11 ✍

结合练习 6—8 中建立的预期职业库，以及职业生涯人物访谈的成果，完成表 6-6。

表 6-6　××××工作信息调查分析表

序号	项目	具体信息
1	工作性质	
2	所需的教育及培训	
3	所要求的个人资历及技能	
4	薪酬收入及福利	
5	工作条件及时间长度	
6	工作组织的类型	
7	该职业中从业者的典型人格特征	
8	就业和发展前景	
9	从该工作中获得的个人满意度	

续表

序号	项目	具体信息
10	该工作的发展路线	
11	该工作带对自己的生活方式的影响	
12	对自己来说从事该工作的有利条件和不利因素	
13	信息来源	

✎ **练习 6-12** ✎

对目标企业进行调查,并填写调查表(见表 6-7)。

表 6-7　目标企业调查

调查项目	主要信息
企业文化	
企业性质	
企业规模	
经营范围	
经营地址	
组织机构	
入职标准	
领导者特征	

五、职业体验

职业体验,即在用人单位参加社会实践和实习活动。职业体验可以让你尽早接触社会,开阔自己的视野,学以致用,更有利于了解工作单位的文化、工作情况和工作要求,这种一手信息具有全面性、准确性的特点。同学们应充分利用寒暑假、业余时间开展社会实践或实习活动,适当做兼职,并通过实践与实习活动,充分地展示自己的优势,提升自己的薄弱环节。同时,了解就业形势、行业发展情况、职业发展机会、用人单位职位需求信息以及内部管理等信息,为自己的职业选择及择业竞争奠定良好的基础。

✍ **练习 6-13** ✍

请同学们利用业余时间,完成职业体验,并以报告的形式提交(见表6-8)。

表 6-8　职业体验总结报告

姓名:_____ 性别:_____ 所在学校:_____
所学专业:_____ 实践单位:_____
实践时间:_____ 单位电话:_____
实践内容:
实践总结和收获:
实践单位评语:

六、职业信息收集的其他方法和途径

我们可以通过多种途径来获取工作世界的信息,各种来源的信息是比较甄别的。每个信息渠道各有特点,在收集信息的过程中,要结合自己的实际情况,尽量选择适合自己的收集信息的渠道。当然,当我们获得了大量的职业信息后,在进行信息处理时,最重要的工作是去伪存真,遵循"适合自己的就是最好的"原则,结合自己的兴趣、爱好、能力等条件对信息进行筛选。

(一)社会关系网络

各种社会关系是一个非常有效的职业信息获得渠道。每个人都可以通过家庭成员、亲友、师长、校友等社会关系,建立一个广泛的就业信息关系网络。通过社会关系搜集到的就业信息一般都比较可靠、及时,针对性强,价值相对也比较高。

(二)传统媒体

报纸、广播、电视、杂志等传统媒体是搜集就业信息的传统渠道,一般都会定期或不定期发布招聘信息,毕业生通过这些媒介,可以很容易就掌握就业政策、行业现状、职业前景、用人单位性质、所需人才条件等大量职业信息。求职者最好是对感兴趣的、符合自身需求的招聘信息仔细研究和翻阅。这种探索方法的缺点是信息内容有限,无法深入了解招聘公司的背景及相关信息。

(三) 学校就业指导中心

学校的就业主管部门是联系毕业生与用人单位的桥梁与纽带。学校的毕业生就业办公室是同学们获取用人单位信息的主渠道,他们提供的信息无论是数量还是质量,都有明显的优势。学校的就业指导中心与各部委和省市的毕业生就业主管部门及用人单位有着密切的联系,在那里汇集了大量的国家、省、市有关就业政策与形势、就业法规信息、行业信息、招聘活动信息及社会需求。他们收集职业信息及时、准确、可靠、针对性强。

(四) 计算机网络

网络是我们工作生活不可缺少的部分,目前,我国各类人才信息网将近3000个。各类招聘资讯在网络中极易查找,许多大中城市中的部分用人单位已基本实现网上求职、网上招聘活动。通过这个平台可以了解到国家出台的相应的政策、统计数据、供求信息,还可以了解到一些公司的服务宗旨、组织文化等。网络查询,最大的优势在于即使求职者身在异地也能获得大量工作信息及就业机会。当然,网络中也充斥着各种虚假的、过时的垃圾信息,需要你自己鉴别。

下面推荐一些学生常用的网址。

中国人力资源网:http://www.hr.com.cn/
黑龙江省大中专学校毕业生就业服务信息网:http://www.work.gov.cn/
中华人民共和国教育部:http://www.moe.edu.cn/
全球最大中文职业信息搜索引擎:http://www.jobsoso.com/
我的工作网:http://www.myjob.com.cn/
职场快线:http://www.jobems.com/
职友集:http://www.jobui.com/
中国中小企业信息网:http://www.sme.gov.cn/
中国大学生就业促进工程项目:http://www.ccepe.org/
中国高等教育学生信息网:http://www.chsi.com.cn/
中国高校就业联盟网:http://www.job9151.com/
中国大学生就业信息网:http://www.jyxx.com.cn/
中国大学生就业网:http://www.hero163.com/
中国高校人才网:http://www.dxdx.cn/
前程无忧:http://www.51job.com/
智联招聘:http://www.zhaopin.com/
中国人才热线:http://www.cjol.com/
中华英才网:http://www.chinahr.com/
中国劳动网:http://www.labournet.com.cn/
21世纪人才网:http://www.21cnhr.gov.cn/

(五) 各地的人才市场

人才市场是专门为人才流动提供服务的一个常设机构,一般属当地政府人事部门主管。这种机构的主要任务是收集、发布人才需求信息,为用人单位和个人提供信息服务。人才市场属于横向收集资源的渠道,所搜集的职业信息量较大。而且,人才市场与各大型企、事业单位及其他用人单位常年保持着密切的联系,可为高校和毕业生提供查询服务,可以通过人才市场这种专门机构来了解职业和目标岗位。毕业生到人才市场查询相关职业信息时,要选择那些信誉度高、专业性较强的机构,它们提供的信息是比较准确可靠而有参考价值的。

(六) 供需见面会

各地毕业生就业主管部门、高校单独或联合举办的毕业生供需见面会、定期举办的人才市场招聘会等,都在较短的时间内汇集了众多的用人单位和大量的需求信息,有一定的针对性和很强的时效性。招聘单位有机关、事业单位、国有企业、民营企业、合资企业等各种不同性质的单位,毕业生参加供需见面会可以直接与用人单位进行交流,获取丰富而全面的职业及人才需求信息,同时可以锻炼自己的口才与胆识,积累一定的求职经验。

七、职业环境分析的技巧

(一) 对社会环境的分析

社会环境分析,就是对我们所处的社会政治环境、经济环境、法制环境、科技环境、文化环境等宏观因素的分析。

(1) 分析的主要内容有:国家的社会政策、特别是大学生就业政策是怎样的？社会的变迁对人才提出了哪些更高要求？人们的社会价值观到底发生了哪些变化？社会文化环境包括教育条件和水平、社会文化设施如何？国家的经济增长率情况如何？景气程度如何？经济建设的重点是否发生转移？国家的经济发展战略怎样？经济结构是否发生了转变,劳动力供求状况如何？产业结构、产业政策如何,市场潜力如何？国家的政治氛围有哪些有利于大学生择业？

总体来说,我们现在面临一个非常好的宏观环境,社会安定,政治稳定,经济发展迅速,并与全球一体化接轨,法制建设不断完善,文化繁荣自由,尖端技术、高新技术突飞猛进。因此,在这个大前提之下,我们需要特别注意的是职业环境的变化。

(2) 分析的主要方法有:可以通过网络了解、进行生涯人物访谈等方法。

(二) 对行业环境的分析

所谓行业环境分析包括对目前所从事行业和将来想从事的目标行业的环境分析。

(1) 分析的主要内容有:你即将踏入的行业发展现状如何？国际国内发生的重大事件是否影响到该行业的发展？目前,该行业发展的优势、劣势是什么？发展趋势如何？目前,该行业的社会发展地位如何？从事行业需要什么素质和资格证书？自己是否具备该行业的人脉系统？

(2) 分析的主要方法有:到企业一线去了解；通过网络了解；通过企业招聘信息分析,行业杂志报纸。

行业环境分析实例

对"畜牧兽医"而言,请勿片面地把它和狭隘的"庭院圈养式"小农经济相联系！事实上,畜牧业在西方发达国家经济结构中的地位举足轻重,兽医更是高尚职业之一。在我国,现代畜牧业是一个朝阳产业,正在加快集约化、标准化、专业化步伐,畜牧业已成为发展农村经济,建设小康社会和构建社会主义新农村的重要内容,其研究对象涵盖畜禽生产、动物检疫检验、兽药生产与营销、饲料生产与营销、畜产品精加工、企业经营管理、对外贸易等产业链的多个领域,尤其面向都市的"宠物经济"和关注健康、关注食品安全的畜产品质量管理等专业,更是火爆异常!

(资料来源:第四届黑龙江省大学生职业规划设计(专科组)比赛一等奖获得者的作品)

(三)对企业环境的分析

企业环境一般包括单位类型、企业文化、发展前景、发展阶段、产品服务、员工素质、工作氛围等。首先,要确定自己适合什么样的企业文化、什么样的环境,从而找到真正适合自己要求的公司。

(1)分析的主要内容有:你即将选择企业或者单位的类型是什么?单位的企业文化理念是什么?你即将选择的企业或者单位的工作氛围如何?发展前景怎样?企业处于什么发展阶段?企业(单位)的发展实力如何?在社会的地位和声望如何?企业(单位)的领导人和员工素质怎样?是否有战略眼光和相应的措施?企业(单位)的制度如管理制度、用人制度、培训制度等如何?

(2)分析的主要方法有:企业参观和调研;实习兼职体验;招聘现场观察。

练习6-14

测试:了解自己适合什么阶段的企业

【选项】

1. 我希望进入一家薪酬普通但稳定性高的企业。
2. 我希望进入一家能重用年轻人的企业。
3. 我希望进入一家以实力决定待遇的企业。
4. 为了自己将来创业方便,我希望进入一家能充分学习的企业。
5. 我希望进入一家环境安定,能从事新项目开发工作的企业。
6. 我希望做自己喜欢而且待遇又高的工作。

【答案】

选择"1"的人,适合进入"成熟期"的企业;

选择"2"的人,这个愿望恐怕很难在企业中实现,但可以尝试"开发期"或"成长前期"的企业;

选择"3"的人,"成长前期"的企业最适合你;

选择"4"的人,适合进入"开发期"或"成长前期"的企业,这样才有机会学到所有工作的实务;

选择"5"的人,可以考虑"成熟期"企业的企划或开发部门;

选择"6"的人,只有一条路——自行创业当老板。

（四）对岗位环境的分析

所谓岗位环境分析,就是要认清所选岗位在社会大环境中的发展状况、技术含量、社会地位、岗位需求等。

（1）分析的主要内容有:岗位名称,岗位属性,岗位是与个人职业发展最为密切相关的因素,岗位所要求的基本能力结构,包括学历、资历、经验、品质、个性等多方面因素,岗位的薪酬标准及晋升路线等。

（2）分析的主要方法有:有企业参观和调研;实习兼职体验;招聘现场观察;访谈法。

岗位环境分析实例

（1）分析的工作岗位是:销售（饲料）

（2）工作内容

① 及时了解公司内部情况（报价,产品变动等）;

② 帮助企业内部及时收集销售在外情况（客户资料,客户投诉等）为公司决策提供重要信息。

（3）工作要求

① 热爱营销行业,喜欢从事营销工作;

② 能承受一定的工作压力;

③ 对饲料行业有一定的了解,口齿伶俐、善于表达。

（4）发展前景:农、牧、副、渔业生产的迅猛发展是我国改革开放的巨大成就。在国民经济中占有重要地位。与此同时各种动物疫病的发生也成为一个不容忽视的问题。近年来农业部不断要求各部门重视养殖业发展,这也间接地说明了畜牧兽医就业的前景是无限广阔的。

（资料来源:第四届黑龙江省大学生职业规划设计（专科组）比赛一等奖获得者的作品）

（五）对地域（城市）环境的分析

（1）分析的主要内容有:即将前往的城市具有优势和发展前景的行业是什么？对你即将选择从事行业的需求如何？城市发展的经济实力如何？城市的文化氛围、医疗条件等如何？城市生活满意度如何？

（2）分析的主要方法:去城市亲自调查;通过工作在此城市的职场人物了解。

成功者的足迹

获得更多的职业知识

一份职业是否为自己的兴趣爱好所在,是否有发展前途,是否适合自己,作出正确的判断前必须掌握充分的信息。当你决定投身于某一项职业前,请先花几个星期时间,对这项工作做一番全盘的认识和了解。如果想快速达到这一目的,你可以去拜访那些在这个行业干过一二十年甚至更久的人。

与他们的会谈能对你的未来产生深远的影响,对此我有深刻的体会。与杰克相遇后,我的职业生涯面临重新选择,我曾就职业问题请教过他,这些对我的人生选择起了至关重要的影响。事实上,如果没有杰克的教诲,我的一生将变成什么样子,实在难以想象。

时下许多年轻人常常从表面现象来判断一个职业的好坏。他们看到某个职业很风光,看到从事这个职业的人收入水平比另外的人更高,自己价值取向就开始动摇了——当人们无法真实了解自己的内在需求时,外在的东西就会注入其中。

解决问题最合理的方法是更广泛地收集信息,更深入地了解职业内部动作规律,更切实地了解职业对于个人能力素质的种种要求。

几乎大多数人在选择第一份职业时都显得过分草率,他们甚至根本没有了解这份职业所包含的内容。他们不是从职业的角度,而是从一个旁观者、消费者的角度来理解。他们对职业的理解往往停留在想象中,想象职业带来的浪漫和刺激,想象工作过程中那种激情。例如,许多年轻人艳羡娱乐明星,他们从旁观者的角度看待娱乐圈的热闹,但是娱乐圈除了那些在台面上的演员、歌手和节目主持人以外,大多数人都在做一些单调和枯燥的工作。即使那些表面上看起来风光的人,内心也隐藏着许多无可奈何的东西。

如同买一件衣服之前要试穿一样,选择一份工作前,一定要试一试,从内部完整地了解这份职业,再来决定自己的取舍。因此,当你找到自己感兴趣的职业或工作,并且在心理上接受了它之后,接下来应该向你所能接触到的正在从事这份职业的人提一些问题:

——现在的职位需要承担什么样的责任和义务?

——每天的工作内容大概是什么样的?

——这份工作要求个人做怎样的配合?(如一周的工作时间、压力、工作的复杂性、人际关系等)

——你的工作变化性大吗?例如,与昨天、上个星期或上个月比较,你做了哪些不同的事?

——你的同事都是些什么样的人?

——这个领域的成功人士必须具备什么样的专业知识?普通员工需要什么样的专业素养?

——根据你注意到的,这个行业的佼佼者,都具备了何种人格特质?

——这份工作需要具备什么样的技术及能力以及资格?(教育程度、专业训练、经验、证书或执照)

——估计一下,刚进入这个领域的新人,其起步底薪是多少?

——工作的未来发展趋势如何,可能有怎样的变化?

——当经济情况循环低落时,拥有像你这种专业经验的人才是不是仍然需要?

——也许你得到的是一些不利的消息,例如人们会告诉你:"要从事这份工作,你必须要有一个硕士学位和10年的相关工作经验。"但是,不要被这些说法迷惑,而是应该去寻找一些例外的情况,了解是否有获得硕士学位,却没有10年工作经验的人也成功地进入了这一职业。

我认识一名年轻人,渴望成为一名建筑师。在作出最后决定之前,花了几个星期时间,去拜访自己所在城市的建筑师,并且写信给一些著名建筑师,向他们询问以下问题:

——如果生命能重新开始,您愿意再做一次建筑师吗?
——在认真评估我之后,您是否依然认为我具备成为一名优秀建筑师的素质?
——建筑师这一行业是否已经人满为患?
——在我学习了四年的建筑学课程后,找工作是否困难?
——如果我的能力属于中等,工作时间的前5年,我可以赚到多少钱?
——当一名建筑师的好处和坏处?
——如果我是您的儿子,您愿意继续鼓励我做一名建筑师吗?

也许你不像这个年轻人一样勇敢,过于害羞以致不敢单独去见那些"大人物",那么我建议你找一个同龄人一同前往,彼此增强信心;或者可以请求你父亲一同前往。我们应该树立这样的信念:你向他人请教,从某种意义上是给予他荣誉。许多成年人都喜欢向年轻人提出忠告,相信你所请教的人会很乐意接受你的拜访。

如果你写信给5位建筑师,他们因为太忙而无暇见你(这种情形一般不多见),那么就去拜访另外5个。总会有人愿意见你,给你一些建议,这些建议也许可以使你免除种种忧虑。

请记住,你是在从事自己生命中最重要且影响最深远的一项决定。因此,在你采取行动之前,多花点时间探求事实真相。

如果你不这样做,在余下的生命中,你可能后悔不已。

如同买一件衣服之前要试穿一样,选择一份工作前,一定要试一试,从内部完整地了解这份职业,再来决定自己的取舍。

(资料来源:[美]雷恩·吉尔森著,彭书淮编译.选对池塘钓大鱼[M].北京:机械工业出版社,2004.)

课后任务

1. 现在就着手收集一下你前面所列出的备选职业清单中的各个职业的信息,并对你所收集的信息进行整理,完成表6-9,为进入职业决策做好准备。

表6-9 我的备选职业清单

项目序号	目标岗位	所需教育与培训	工作任务和职责	所要求的技能	发展前景	薪酬收入及福利	特殊要求
1							
2							

续表

项目序号	目标岗位	所需教育与培训	工作任务和职责	所要求的技能	发展前景	薪酬收入及福利	特殊要求
3							
4							
5							
6							
7							
8							
9							
10							

2. 利用假期进行一次职业体验。根据你所学理论选择一份工作,并将你所了解到的职业信息、你所观察、思考的问题及你的活动记录下来。

我的职业生涯决策

【认知目标】

1. 认识到职业生涯决策在职业生涯规划中的重要性,辨认自己在重大问题上的决策风格及存在的问题,并愿意以开放的心态不断修正自己对自我和外部世界的认识;

2. 认识到为了获得未来良好的职业发展,自己必须独立作出职业生涯决策,并愿意对自己的决策负责任。

【技能目标】

1. 掌握职业生涯决策的主要理论,掌握职业生涯决策的方法、步骤以及技能要点,能根据职业生涯决策操作方法进行科学地职业决策;

2. 描述自己的职业生涯决策过程,能运用职业生涯决策理论反思自己的职业生涯决策过程,并反复修正、改进;

3. 在实际的工作、生活中,养成良好的科学决策行为习惯。

【完成任务】

完成附录4——大学生个人职业发展档案。

他的生涯经历

> **我的大学及后大学时代(7)——我求为何**
>
> 大学期间曾经聆听过一场极为精彩的辩论赛,正反双方的辩题分别为"爱一行,干一行""干一行,爱一行"。乍一看这两个论断没什么不同,可是中国的语言博大精深,细细思量,却又琢磨出一些特别的意味。前者,貌似体现了一种遵循自我内心诉求的自由;而后者,则在某种程度上体现了一种义无反顾的担当。最终的辩论结果是"爱一行,干一行"胜出,但是就连辩论者自己也说,辩论在于思辨过程的火花灵动,在于慷慨陈词的智慧闪烁,在于固守观点的誓死捍卫,不代表赢的一方便是真理。比如,参赛者本身也许彼此都更认同对方的辩题,但是因为热爱辩论,他们只能坚守己方论点,也因为他们是专业选手,所以他们更专注立论、旁征博引。迄今为止,能真正把这两个观点区分得清清楚楚的人可能屈指可数,至少我现在还没有弄明白。

但是，这次辩论却诱发了我的思考——我们该如何面对人生时时刻刻都在进行的抉择，并且一旦选择以后不后悔、不懊恼。如果说当初选择食品加工技术这个专业是迷茫，是随缘，那么经过了几个学期的专业学习，我对未来的职业发展有了更深入的了解，也对食品行业更加的热爱，对从事食品行业的相关工作充满信心。这样看来，我是因为先选择了食品专业，后产生了热爱，而后因为热爱这个专业，决心在这个领域继续发展。上述辩论中的两个观点都在我的求学和职业选择中得到体现，所以究竟是"爱"在先还是"干"在先，都不是我们最终作出职业选择的理由，下定决心的关键在于对自身性格的理解，对工作职场的调研，对未来生活的渴求。

就像之前提到的，我的职场决定在于通过各种方式、途径让我对食品行业未来的发展充满信心，我期待超越顺其自然、随遇而安的自我，我渴望过充满挑战、激情也许并不富足的生活。这一切的一切是我作出最初入职决定的前提，也是这一切的一切，让我重新定位岗位，找到目前对我来说个人最适合的位置，让我安心享受工作带给我的或喜悦或纠结！

那么你呢，我亲爱的朋友们，你是否也做好了进入职场的准备？不盲目、不跟从、不冲动，找个时间坐下来理性客观的思考。好的开始是成功的基石，希望你现在的职业决策能成就你登上事业的巅峰！

问题的提出与重要性

在了解了自己在工作方面的兴趣、性格、能力、价值观及工作世界后该如何选择职业？有哪些决策策略可以帮助你作出选择？这一系列问题关系到你个人的发展，甚至影响到国家的人才发展战略，而要深入地回答这些问题，就离不开职业生涯决策的学习。

一、职业生涯决策的含义

职业生涯决策也被称为生涯决策，我国学者将它直接翻译为职业决策。辛格（Singh）和格林豪斯（Greenhaus）等人认为职业决策是个体一生中必然要面临的重要决策，是指个体对自己将要从事职业作出的选择，是按照劳动力市场上的需要，对现存的职业进行比较、选择其最适合自己所具有的职业劳动力就职条件，实现自己劳动能力与劳动岗位相匹配的形式。在顾明远主编的《教育大辞典》中职业决策被定义为：人们根据自身特点和社会需求作出合理的职业方向抉择过程，内容包括个人的价值探讨和澄清，关于自我和环境的使用、谋划和决定过程。

职业生涯决策是职业目标、职业方向确定并实现的过程。要了解职业生涯决策，就要充分理解它所包含的三层含义。

第一，职业决策是人生的一种决策。职业决策是个人针对自己的个性因素对工作岗位类别进行选择和确定。对于大学生们来说，进行职业决策是使自己从"学生"转变为"职业人"的关键环节,是实现人生价值的开端。因此,职业决策是人生的一种重大选择。

第二,职业决策是个人因素与职业因素优化统一的过程。不同的人有不同的职业目标,不同的社会岗位将对不同的劳动者进行选拔。这就要求我们在作出职业生涯决策时,必须考虑到自己的性格、兴趣、气质、技能和价值观等相关信息,同时必须面临生活、教育和休闲等方面的选择。这样才能在综合自我信息和职业信息的基础上,利用职业生涯知识与技能,对自身个性因素和职业因素进行优化统一,作出有效的个人职业生涯发展决策。

第三,职业决策是个人向客观现实妥协的过程,也是个人对"我与职业"关系的调适过程。每个人都有自己的职业理想,然而理想和现实之间往往存在差距,我们在作选择的时候,必然要在职业理想和客观现实之间作出一定的妥协,在理想和现实之间进行科学合理的分析与调适,真正解决好"我与职业"的关系,让自己高度认同自己的职业选择,为自身将来的发展搭建广阔的平台。

二、职业决策的重要意义

若把人的生命比喻为一根1米长的红线,其中工作要占将近一半。可见,工作的选择即将来职业的选择多么重要,它的选择将会影响您的后半生甚至一生,选择正确,可能人生将一帆风顺,充满阳光;选择错误,则可能弯路连连,损失多多。生活中的许多例子也表明,大多选错职业的人都无法取得真正的成功。职业决策的重大意义在于以下几个方面。

(1) 良好的职业决策有助于择业者理性地去选择职业和工作岗位。现实中,我们会经常遇到一些人,对自己的个性因素分析得非常透彻、合理,也了解了大量相关的职业信息,却不知道如何作职业生涯决策,有的即便作了生涯决策,也作得非常糟糕。这主要是因为对于获得的信息没很好地进行整理加工,缺乏必要的职业决策知识和技能,因而不能进行科学决策。

(2) 良好的职业决策有利于个人和职业的双向优化配置。在制定职业生涯决策时,人职匹配是关键。人们在选择职业的同时,职业也在选择人。职业选择得当,既能使劳动者的利益得到最大限度地实现,同时也能使用人单位获得正常的经济效益、社会效益,也利于社会的稳定。

(3) 良好的职业决策有利于把握机遇。因为机遇往往稍纵即逝,一旦错过,终身遗憾。所以在进行职业生涯决策的时候要迅速、科学、实际地选择。良好的职业生涯决策可以让我们准确地给自己定位,迅速地掌握适合自己个性特征的职业信息,从而利用决策方法和技术,快速地作出合适的决策。

(4) 良好的职业决策有利于促进人的全面发展。职业决策的过程固然辛苦,但它却可以使决策者树立积极的人生态度,积极分析就业形势,了解社会需求信号,及时提高自身的文化水平、专业技能,鼓励决策者通过自身的学习和劳动获得成功。

三、不同的决策风格

✍ **练习 7-1** ✍

回顾你的决定

请回想迄今为止在人生中所作的三个重大决定,按以下几个部分进行描述并记录在纸上:

当时的目标或情境是什么?你所拥有的选择是什么?你作出了什么样的选择?你做出该选择的依据是什么?现在的你对当时的选择有什么评价?当你完成对三个重大决定的描述之后,再综合地分析一下,上述三个事件中的决策有什么共同之处,从中可以看出你在作决策时,有什么特点?

职业决策是一个复杂的认知过程,通过此过程,决策者组织有关自我和职业环境的信息,仔细考虑各种可供选择的职业前景,作出职业行为的公开承诺。从这个概念可以看出:职业决策是一个过程,而不单单是一种结果。美国职业生涯专家斯科特(Scott)和布鲁斯(Bruce)于1995年认为决策风格是在后天的学习经验中逐渐形成的,将决策风格划分为五种类型:理智型、直觉型、依赖型、回避型和自发型。

1. 理智型

理智型以周全的探求、对选择的逻辑性评估为特征。理智型的决策者具备深思熟虑、分析、逻辑的特性。这类决策者会评估决策的长期效用并以事实为基础作出决策。理智型决策风格是比较受到推崇的决策方式,强调综合全面的收集信息、理智的思考和冷静的分析判断,是其他决策风格的个体需要培养的一种良好的思考习惯。但理智型的决策风格也并不是理想的、完美的决策方式,即使采用系统的、逻辑的方式,也会受到因为害怕承担决策的后果而不能整合自己和重要他人观点的困扰。

2. 直觉型

直觉型以依赖直觉和感觉为特征,比较关注内心的感受。直觉型的决策风格以自我判断为导向,在信息有限时能够快速作出决策。当发现错误时能迅速改变决策。由于以个人直觉而不是理性分析为基础,这类决策发生错误的可能性较大,因此,易造成决策不确定性,容易使周围的人丧失对直觉型决策者的信心。

3. 依赖型

依赖型以寻求他人的指导和建议为特征。依赖型的决策者往往不能够承担自己作决策的责任,允许他人参与决策并共同分享决策成果,会受到他人的正面评价,但也可能因为简单地模仿他人的行为导致负面的效果。依赖型的决策者需要理解生活中那些重要的人对自己的影响程度。

4. 回避型

回避型以试图回避作出决策为特征。回避型的决策风格是一种拖延、不果断的方式。

面对决策问题会产生焦虑的决策者,往往因为害怕作出错误决策而采取这样的反应。往往是由于决策者不能够承担决策的责任,而倾向于不考虑未来的方向,不去做准备,不确定自己的目标,也不思考,更不寻求帮助。这样的决策者更容易受到学校等支持系统的忽略。所以,这些学生需要意识到自身的决策风格及其可能造成的危害,努力调整,增强职业生涯规划的意识和动机,才能从根本上得到帮助。

5. 自发型

自发型以渴望即刻、尽快完成决策为特征。自发型的个体往往不能够容忍决策的不确定性以及由此带来的焦虑情绪,是一种具有强烈即时性,并对快速作决策的过程有兴趣的决策风格。自发型决策者常会基于一时的冲动,在缺乏深思熟虑的情况下作出决策,此类决策者通常会给人果断或过于冲动的感觉。

✍ **练习 7-2** ✍

你属于哪种职业决策类型?

请根据你对自身的了解,判断下列表述与你是否符合。
1. 我会仔细检查我的信息来源,以保证在决策之前了解正确的事实。
2. 我用一种逻辑化的、系统化的方式来作出决策。
3. 我会根据我的感觉来作出决策。
4. 我相信直觉会告诉我该作什么选择。
5. 如果没有跟别人商议,我很少作出重要的决策。
6. 在作重要决策时,我采用他人的建议。
7. 除非有很大的压力,否则我尽量不作重要决策。
8. 我通常在最后一刻才作出重要决策。
9. 我经常作出冲动的决策。
10. 我经常受某一时刻的刺激而作出决策。

结果说明:1、2 题为理智型,3、4 题为直觉型,5、6 题为依赖型,7、8 题为回避型,9、10 题为自发型。你和哪个类型的题目最符合,列出符合的序号,序号对应的类型即你最倾向于的那个类型(可以是 2 种类型及以上)。

(资料来源:姚裕群. 职业生涯规划与发展[M]. 北京:首都经济贸易大学出版社,2000.)

三、影响我们做职业决策的因素

职业决策的过程就是要选择到自己最满意的职业的过程。在这个过程中,除了认真根据决策原则进行决策外,还要注意正确对待影响人们职业决策的因素。因为个人在决策过程中的心理状态是十分复杂的,有很多因素会影响个体作出决策。所以在进行职业选择时,一定要从自身实际出发综合考虑以下几个方面。

(一) 个人因素的影响

1. 性别

虽然一个人的性别应该不会影响自己的事业选择和成功,但在现实生活中不同性别的人会有不同的职业倾向优势。比如,护理类女生多,售后服务类男生多等。一般情况下,大多数人还是愿意选择有性别优势的岗位。

2. 年龄

对工作的看法和态度、对机会尝试的勇气、对胜任任务的能力和经验,不同的年龄表现都会有所不同。一个企业招聘研发人员、售后技术支持人员一般愿意直接从高校毕业生中招聘,招聘管理岗位人员一般愿意招聘有一定人事处理经验的人。因为研发、技术支持需要队伍年轻化,而管理层,年龄稍微年长,能年老持重、处理较为复杂的事物。

3. 健康状况

现实生活中,几乎所有的职业都需要健康的身体。如果失去了健康这个前提,生命都将可能枯萎凋零。随便一家企业或用人单位,面对身体状况不是特别好的面试者都会有选择的犹豫。大学生要保持良好的精神面貌,时刻关注自身的健康状况。

4. 个性特征与兴趣爱好

不同的气质、性格、能力的人适合不同类型的工作。认识自己是成就自己的前提,我们每个人都有自己独特的天赋和能力。正如前几章所谈到的兴趣、气质、工作风格、工作价值观,尤其是价值观会深刻影响一个人的职业决策。

5. 人生重大事件

一个人作决策时候的状态也深深影响着职业的选择,倘若当时某个人正遭遇了人生重大变化,可能他的决策就会有失稳重和细致。近些年,在情绪与职业决策的关系方面的研究充分说明了这一点。人生重大事件是指使生活发生重大变故的事件,如战争,遭受虐待、严重交通事故、重要亲人亡故、恐怖袭击、重大自然灾害等。由于每个人的性格类型、应激机制、思维、经验等存在着较大差异,使得人们面对重大变故、变迁的反应差别很大。

(二) 家庭环境因素的影响

家庭环境是一个人人格特点、价值观、需求、学习能力的主要养成场所,是影响职业决策的重要因素。家庭对择业态度、观念、行为产生的影响,有时甚至成为职业决策的决定因素。

1. 家庭经济水平影响职业决策

每个家庭的经济状况不同,经济水平的高低对职业决策也会产生很大影响。生活在贫困家庭中的学生往往会养成许多优良的品质,如独立工作能力强,能吃苦耐劳等。但在这种家庭中,由于物质条件匮乏,成长环境较差,制定出科学合理的职业决策的概率往往会较小,比如,靠助学贷款求学的学生,毕业求职时候很容易倾向于工资待遇高的单位而会忽视利用其他因素进行决策。生活在经济宽裕的家庭中,获得的信息可能相对较多,可能形成子女更多的依赖性格,在职业决策时,可能会显得盲从。

2. 父母职业水平和教育程度影响职业决策

父母职业是孩子最早观察模仿的角色,孩子必然会受到父母职业技能的熏陶。父母的职业经历对子女的职业决策有较大影响,大多数父母都有意识地将自己的生活阅历、职业感受和工作价值观灌输给子女,子女也倾向于将父母的职业发展经历作为自身职业发展的借鉴和参考。要促成有效的职业决策,决策者本身需要从家庭层面深刻剖析自身的择业价值观。

3. 家庭社会关系影响职业决策

家庭社会关系对大学生的职业决策也有较大影响。它能提供给大学生的就业信息往往针对性较强,这些信息一般能直接提供最全面的行业及职位信息,并能对其进行推荐,成功率较高。而缺乏家庭社会关系的大学生职业发展压力更大、竞争更激烈,往往会形成非科学、非理性的职业决策。

总之,在作职业决策的时候,要看到家庭因素的影响作用,积极借鉴父母的人生经验,认真倾听家人的意见,同时结合自身个性特征,综合分析各种信息和影响因素,最后给出自身职业发展的理性定位。

✎练习 7-3 ✎

我该如何做主

我叫小欣,我家住在农村。父母都是农民,初中文化,还有一个上初中的弟弟。我考上职业学院的时候,家里欠下了债务,负担很重。亲戚们的生活条件也都一般,指望不上,可以说,现在家里不能再给我提供更多的帮助了,只有靠自己。为了减轻父母的负担,我特意向学院申请了勤工俭学工作。虽然很辛苦,但至少在一定程度上减轻了我的压力。现在马上要毕业了,我是旅游管理专业的,很想继续求学,升本科,可是家里实在没条件帮助我了,半工半读也难以维持,只能选择参加工作。当导游收入不错,我现在的求职方向就选当导游得了。

小欣的境遇是不是你也有过,而且仿佛就在身边。现在小欣很苦恼,你能否结合前面所学的理论,帮她分析一下可能影响她决策的因素,让她摆脱心灵的困扰,以良好平和的心态进行职业决策?

✎练习 7-4 ✎

影响你做决定的因素

这个练习的目的是确定哪些因素会影响你作出决定以及这些因素之间是否存在某种规律性。首先写下 3 个你已经作出的决定,然后按照表 7-1、7-2 指出哪一个因素影响你的决定,影响的程度有多大?用○代表决定 1,用△代表决定 2,用☆代表决定 3。

决定 1(○)_____

决定 2(△)_____

决定 3(☆)_____

表 7-1　外部因素影响表

外部因素	轻微影响	中度影响	强烈影响
家庭成员的期望			
家庭责任			
地域歧视的观念			
性别歧视的观念			
生存需要			
其他因素（具体说明）			

表 7-2　内部因素影响表

内部因素	轻微影响	中度影响	强烈影响
缺乏自信			
对变化的恐惧			
害怕作出错误决定			
害怕失败			
害怕嘲笑			
其他因素（具体说明）			

在填好表之后，注意观察各因素之间的规律性。

1. 哪种因素阻碍你作出一个令人满意的决定多一些，内部因素还是外部因素？

_____

2. 如果某一因素强烈地影响你的某一项决定，而另一个因素中等程度地影响你的两项甚至三项决定，你认为哪一个对你的决策更有影响力？

_____

（资料来源：[美]萨克尼克等著，李洋等译．职业指导第 7 版[M]．北京：中国劳动社会保障出版社，2005．）

（三）社会环境因素的影响

除了个人和家庭因素影响着我们的职业决策，社会因素对于职业生涯决策的影响也是不容忽视的。

1. 政策导向

一个国家的社会政策影响着一个行业的兴衰，很多行业的未来发展趋势是和国家的政策导向息息相关的。不同时期的就业政策，体现着不同时期社会的需要，是人才资源配置的具体准则，也是毕业生就业过程中所遵循的基本规范。所以大学生要积极通过浏览新闻媒体、网页，阅读政府工作报告等，了解各个行业的发展态势，了解国家倡导优先发展什么产业，积累必要的政策信息和行业信息，搭建自己的信息导向平台。

2. 社会需求因素

一般来说，社会需求是促进行业发展的长远动力，是大学生择业时要考虑的重要因素。所以大学生在选择职业时候，要多分析，多了解社会需求，了解自身所选择的职业在社会中的地位、作用、发展现状，将会对自身社会生活会有怎样的影响。如果选择的职业既有政策导向的支持，又符合社会需求，还是自己所喜爱的职业，那无论对于择业者自身还是对于相关行业都将是非常好的。

3. 城市环境因素

现实生活中，一个城市的生活环境、文化氛围都将深刻影响到一个行业的发展，因为处于不同区域和具有不同的产业结构，其城市的发展定位与战略是不同的，一个行业在这座城市是否受到重视，不但影响着行业的发展，也将影响着这一行业从业者的职业发展。另外，城市的文化底蕴、人文素质、市政建设等都将直接影响到将来生活的舒适程度，尤其是所在企业或者单位的周边环境，对人的影响也不可忽视。企业或组织也会因为所处地域环境的不同，形成不同的企业文化氛围，从而在人事管理上、财务制度上、员工培训与发展上、薪酬待遇与岗位轮换等方面都会有各自的风格。例如，深圳是座花园城市，人文环境非常吸引人，薪资福利待遇高，但工作压力大，工作节奏快，消费水平高。而内地城市，如四川自贡环境虽比不上深圳，但工作节奏慢，生活的压力相对都比较小，消费水平低。所以大学生在进行职业选择时候，要考虑城市环境的影响因素，切忌随大流去大城市工作，因为工作毕竟只是生活的一部分，不是全部。大学生要充分结合自己所在的行业和自己对生活的要求，尽可能多地了解自己有意向的城市、有意向的用人单位的各项制度，从而进行综合抉择。

除上述几种因素之外，机遇也对职业决策有很大的影响，虽然机遇具有一定的必然性，但其存在也有其偶然性，它是可遇而不求的，一个工作机会不是每个人都有机会获得的。

影响职业决策的因素并非单独存在，而是经常交织在一起，使决策变得困难而复杂。所以我们要用一些职业决策的相关理论和策略，来克服干扰决策的因素，从而进行科学理性的决策。

五、高职生职业决策困难的表现及应对

个体在职业选择过程中会遇到各种困难，特别是在面临最后决策时，不知道要从事什么职业或从几个职业中挑选一个时，这种种困难被称作职业决策困难。

霍兰德认为个人人格发展的方向受遗传与环境的影响，其发展层次又与智力、成就以及自我评价有关，因此若自我评价出现矛盾，会导致职业生涯决策摇摆不定，若不了解职业环境状况，则可能无法作出职业决策。对于职业决策困难的分类，得到比较广泛认同的是盖提等人 1996 年提出的理论。他们认为职业决策困难包括 3 个方面：缺乏准备、缺乏信息以及不一致的信息,每个方面又包括几个不同的维度。具体参见图7-1。

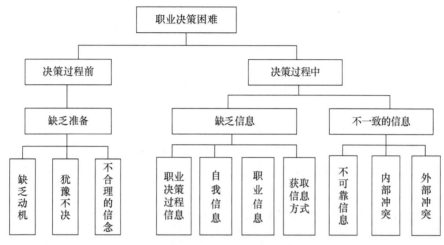

图7-1 职业决策困难示意图
(资料来源:杨书良等.大学生素养与职业生涯设计[M].北京:机械工业出版社,2002.)

(一)高职院校学生职业决策困难的表现

高职院校的学生的职业决策困难主要表现为几个方面。一是内、外部冲突问题比较突出,对自我和职业认识不完全正确、自我心理内部的矛盾、职业信息内部的矛盾、自我特性与职业特点之间的矛盾、自我认识与他人认识之间的矛盾构成大学生职业决策困难的主要方面。二是职业成熟度较低,个体经历的职业决策困难就越少。高职院校学生毕业时比本科学生年龄普遍小,工作经历少,自身专业选择掺杂因素比较多,对自我的职业兴趣了解程度不高,对自我职业去向非常不明确。三是职业效能感普遍较低。职业决策自我效能感决定着个体对职业选择活动的参与、投入程度及坚定性,从而影响个体潜能的开发及职业目标的实现。由于学校对学生的职业指导缺少个性化辅导,导致高职院校学生在职业选择时,很多学生表现出犹豫、不知所措,无法作出明确的职业决策,由此而引起一系列的反应,如焦虑、挫折感,甚至不敢正视现实、面对未来。这些都是职业决策困难的典型表现。

(二)高职院校学生应如何应对职业决策困难

高职院校学生出现职业决策困难的主要心理因素来源于自身的人格特征、地域(民族)文化以及家庭教养方式的影响,学生可以通过以下途径进行调整。

1. 提升自我效能感

职业决策自我效能是指个体对自己能否成功地处理与解决与职业有关活动的信心程度。职业决策自我效能主要包括五方面具体内容:个体对自身的准确认知能力(包括自己的能力、职业兴趣、与职业价值和自我概念的自我评价)、获取职业信息的能力、根据自身特点与工作特点进行目标匹配和筛选、对职业决策的具体实施规划的能力、在职业决策过程中应付困难等所需能力的信心水平。高职院校学生可以在校内外通过多种途径改善自我效能感,如多参加社会实践机,增强与职业活动有关的亲身经历。实践活动中成功和失败的经历都可能转变为个体的直接经验,这是最稳定也是最可靠的信息源,对职业决策能力判断的影响也越大;也可以和本院系或者其他院系和自己有类似困惑的学生进行交流学习,增强自身的替代性经验。学生可以通过对他人,尤其是处于相同的文化背景、与个体特征相似的同学或者是职业规划方面做得优秀同学所从事的职业活动的观察学习或模仿,结合自身条件,形成对自己能力的判断。多同老师、父母、同伴、权威偶像交流也可以获得他们的支持鼓励,有助于提高学生自身的职业能力信念。

2. 清除不合理信念

职业决策困难往往来自于学生自身不合理信念的作用。不合理信念有三个特征:绝对化要求、以偏概全和极度悲观。

绝对化要求往往表现在完美主义倾向的学生身上。因为想要作出一个完美的职业决策,并且让他身边的重要他人感到满意,而感到焦虑和对失败的恐惧,从而导致迟迟不能作出职业决策。这种职业决策困难可能通过很多种方面表现出来,如拖延职业的选择,或频繁转换专业等。

以偏概全表现在,他们通常会固执地认为如果有同班同学应聘某公司失败,那么自己再去尝试也是徒劳的。

极度悲观的学生在进行职业决策时,会不停地想到自己不够优秀,所学专业不够热门,毕业院校又没有竞争力,而迟迟不敢去进行任何的面试,认为自己即使去面试也一定会失败。这些不合理信念阻碍了学生科学、理性、果断地进行职业决策,因此有必要在职业规划过程中自我认知的环节将自己的不合理信念列一张清单,然后尝试对每一条不合理信念进行反驳,说服自己,把不合理的信念从大脑中清除出去,科学、理性、果断地进行职业决策。

✍ **练习 7-5** ✍

大学生职业决策自我效能量表

本量表可以帮助你了解在选择职业时所出现的困难及其原因,为进一步给你进行职业辅导提供科学依据,从而更好地作出决定。

请仔细阅读指导语,根据自己的真实情况,在专门设计的答题纸上,填写好自己的基本信息,并在每题最适合自己情况的选项上打"√"。

指导语:请仔细阅读下列每一种说法,并表明你对完成每一项任务有多大的信心。请在答卷纸相应的代号上打"√"。

完全没有信心	有一点信心	有一些信心	比较有信心	完全有信心
1	2	3	4	5

例题:你有多大信心能找到称心如意的工作?

如果你完全没有信心,请在 1 上打"√";如果你有一点信心,请在 2 上打"√";如果你有一些信心,请在 3 上打"√";如果你比较有信心,请在 4 上打"√";如果你完全有信心,请在 5 上打"√"。

1. 列出几个你感兴趣的职业或工作。
2. 查找你感兴趣职业或工作的信息。
3. 选择一个适合你个人前途的职业或工作。
4. 为你的职业或工作目标制订下一个近期和长期计划。

5. 即使你灰心丧气时,仍坚持为你的职业目标而努力。
6. 确定你理想的职业或工作是什么。
7. 查找有关聘用你所在系大学生的用人单位的信息。
8. 从你正在考虑的可能的职业或工作中挑选一个职业或工作。
9. 确定你需要采取的行动步骤,以便成功地获得你已选择的职业或工作。
10. 判断一种职业或工作中你认为最有价值的东西。
11. 了解某一职业或工作的发展前景。
12. 选择一个适合你喜爱的生活方式的职业或工作。
13. 作出职业决定,不会担心是对还是错。
14. 获取老师或辅导员的求职推荐信。
15. 解决找工作时遇到的经济困难。
16. 确定你最有能力的职业或工作。
17. 找老师询问与你所学专业有关的职业和工作的情况。
18. 选择你的父母不同意的职业或工作。
19. 获得与你未来职业或工作目标有关的工作经验。
20. 当你的父母或朋友要你从事你力不能及的职业或工作时,违背他们的意愿。
21. 描述你想要从事职业的工作事务。
22. 找到并利用人才交流中心,参加人才交流会。
23. 解决与男朋友或女朋友求职时的各种冲突。
24. 为了实现你的职业目标,列出你愿意或不愿意失去什么。
25. 查明目前或未来某种职业或工作的就业趋势。
26. 选择一个适合你兴趣的职业或工作。
27. 为了你的职业目标,决定你是否报考研究生或参加职业培训。
28. 查明某一职业或工作的人均月收入或年收入。
29. 选择一个适合你能力的职业或工作。
30. 学习专业以外的有助于你的未来职业的技能。
31. 准确地评价你的能力。
32. 找一个你感兴趣职业或工作的已参加工作的人交谈。
33. 挑选一个最好的职业或工作,即使要付出更大的努力。
34. 利用各种社会关系,获得职业和工作信息。
35. 利用国家就业政策和法规,保护自己的正当权益。
36. 查找关于研究生招生的信息。
37. 选择你想要的职业或工作,即使它的就业机会呈下降趋势。
38. 成功地应付求职面试过程。
39. 找到就业机会严重不足时的暂时应对措施。

✎ 练习 7-6 ✎

不合理的信念检验

检验自己是否有职业生涯中不合理的信念,并根据不合理的信念做出反驳。
1. 选择一个职业或专业之后,就不能再回头了;一旦下了决心,就不能再更改了。
2. 每个人终身只能有一个适合于他的职业。
3. 父母或别人能告诉我将来可以做什么,如果不这样,我就对起他们,会失去他们的支持和欢心。
4. 只要有兴趣或只要有能力就一定能成功。
5. 我在工作中必须十全十美,否则就不算成功。
6. 这个世界简直变化太快了,计划未来是不可能的。
7. 工作只要能满足我的需要即可,不管对我来讲是否有兴趣、有价值。
8. 男人和女人应该严格按照传统的看法去选择工作。
9. 公司的经理会为我铺平道路的,我不用积极争取。
10. 觉得自己没有资格或能力从事一份更好的职业和职位。
11. 工作后,就不需要再进行学习了。

理论的讲解与运用

下面主要介绍两类生涯决策理论。其中描述性的生涯决策理论包括泰德曼(Tiedeman)的决策历程和盖拉特(Gelatt)的积极不确定的生涯决策理论,规范性的生涯决策理论包括盖缇(Gati)的 PIC 模型、卡茨(Katz)的决策分析模式以及认知信息加工理论的 CIP 模型。

一、泰德曼的决策历程说及应用

泰德曼和奥哈拉(Tiedeman & O'Hara)于 1963 年提出了一个职业生涯发展的职业决策模型。他们的职业生涯决策模型不是重点强调人们选择的职业,而是重点关注人们作出选择的方式。该模型认识到个体的独特性和复杂性,认为职业生涯发展作为一种经验能帮助个体区分一种自我同一性(Ego Identity),同时重新整合自我同一性。自我同一性受到以下一些因素影响:来访者早期在家庭中的童年经历;来访者解决心理危机的能力;与社会价值观相比较的来访者的价值观。他们的理论采用新精神分析学派埃里克森(Erikson)的社会心理发展理论作为框架。他们的著作明确了一系列阶段,来访者在度过生命周期时,会经历这些阶段。

第一阶段是参与阶段,完成探索—定型—抉择—正式等工作,即了解和收集信息,确定几种可选择方案,并选择其中一种,再进一步给予检验。

第二阶段是履行和调整阶段,完成定向—变动—调整等几项工作,即将选择的方案落实于现实生活,然后评估其结果,并根据个人对结果的满意程度,对方案做调整或改变。在这一过程,决策者要取得个人选择和环境要求之间的平衡,如图 7-2 所示。

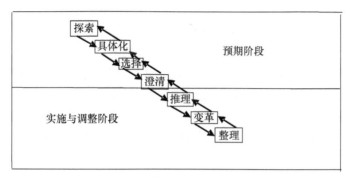

图 7-2　泰德曼的七步骤职业决策模型

第一,要注意的是,模型中七个步骤之间的箭头指向都是双向的,这表明决策过程不只是向一个方向发展的。

第二,选择阶段发生在这一过程的早期,而不是像我们期望的那样发生在过程的结束。

第三,决策制定过程中有四个阶段主要发生在个人的头脑中,因此涉及我们的思维过程。

第四,即使我们开始实施一个选择,我们依然处于决策制定过程中。当一个人已经处于推理阶段,并不表明他无法回到澄清阶段,这只是决策制定过程的一部分而已。

二、盖拉特的积极不确定的生涯决策理论

盖拉特所提出的"积极不确定"(Positive Uncertainty),是以积极乐观的态度,面对及接纳做决定时不可避免的不确定——信息的不确定、情绪的不确定、人之判断的不确定以及成功概率的不确定。

盖拉特于 1962 年提出职业决策过程模式,将职业决策过程分为以下 5 个步骤:① 个体意识到作决策的需要,并制定决策的目的或目标;② 搜集与目标或目的有关的信息,同时调查所有可能的方案;③ 对搜集到的信息进行预测,估计可能的选择结果以及结果出现的概率;④ 根据价值系统,评价结果是否满足需要;⑤ 决策的估价和选择,根据可能的结果及结果的价值,按照一定的标准,作出决策。决策有两种,即终极性决策或调查性决策。终极性决策是指与目的或目标一致或相关的决策;调查性决策是指还需进一步考察的决策。调查性决策最后将导致终极性决策。他认为,预测系统和价值系统的内容比决策标准更容易观察到,而且远不如决策标准复杂,所以,提高信息服务将会增加作出好的决策的可能性。

盖拉特认为,决策是一种非序列性、非系统性、非科学性的人类历程。他把作决策重新定义为"决策是一种将信息调整、再调整,融入决策或行动内的历程。这个决策历程中包含 3 个要素:信息、调整再调整的历程、行动的决定。"他认为,信息固然重要,但应对信息持怀疑和不确定的态度,这样才能作再三的思考和探索。他提出要"以幻想面对事实,但不对事实抱有幻想"。"以幻想面对事实"是培养一种活泼、创造,但步步

为营的心态,对事实时而批判,时而证实:"但不对事实抱有幻想",以为掌握了信息,就掌握了未来。

另外,决策者要改变对目标的态度,对目标要调整、再调整,保持一种"不确定",让目标浮动,不要固着于目标。目标随时根据内、外在环境调整,会产生新经验、新信息、新价值、新观点。最后,盖拉特提出,决策要采用全方位的理性决策,即必须同时应用左脑与右脑,深思过去,熟虑未来,对决策保持适度弹性。弹性就像对过去与现在的反思,它具有双重作用:能够适应变化,也能创造变化。因为决策者的独特性与完整性,在作决策的过程中,不会硬套公式,所以更容易使结果不一致。盖拉特认为,未来成功的决策者必须具有的态度是,面对未来的不确定,保持积极的心态,也要思考人如何主宰信息,如何主宰自己。

三、盖缇 PIC 模型及应用

PIC 模型的理论基础是方面排除理论,是阿莫斯·特维尔斯基(Amos Tversky)提出的一种在决策方案之间做出选择的方法,是行为决策理论的一种。特维尔斯基认为,决策方案的选择通常都是多属性的。例如,对职业发展的决策来说,可以以本人对职业的要求为属性进行选择,对职业价值观、职业能力、薪酬福利、未来发展等属性进行描述。根据方面排除理论的要求,在选择过程的每一阶段,挑选出某一属性或某一方面,根据其重要性对之作出评价,对不符合决策要求的属性便予以排除,即不再在以后的比较选择中继续加以考虑。应用方面排除理论作选择时,要直到剩下某种未排除的方面或属性时,再作出最后的选择。这种方法较规范的多属性效用模型理论要更具效率,对决策者认知能力的要求也相对较低,因为它无须考虑复杂的数学运算。在多数情况下,广泛地搜寻所有潜在的职业方案是不切实际的。所以,根据不同的目的、过程和结果将职业决策过程分解成三个主要的阶段,PIC 即是这三个阶段的缩写。Prescreening,即排除阶段,通过基于个人偏好的结构化的搜索,排除掉一些选择方案,从而得到少量的、可操作的部分——有可能的方案,此阶段主要使用结构化信息。In-depth Exploration,即深度探索阶段,通过对有可能方案的深度探索,产生一些合适的方案,此阶段主要使用非结构化信息。Choice of the most Suitable Alternative,即选择阶段,基于对所有合适方案的评估和比较,挑选最合适的方案。

1. 排除阶段

排除阶段即排除潜在大量方案阶段。在许多职业决策的情境中,潜在职业方案的数目是相当大的。排除阶段的目的就是将这些潜在方案的数目减少到比较少(如七个或更少),从而可操作的水平,称为有可能的方案,以后的步骤中这些方案值得更多的注意。正是因为有可能方案的数目有限,所以决策者能够为每个方案收集广泛的信息,并且有效地加工这些信息。排除阶段可以分为以下五个步骤。

(1)搜索有希望的职业。

(2)运用序列消除策略检验可选择职业的兼容性,按照每一个职业的有关方面所反映的相对重要性,每次检查一个方面,依次类推。

(3)确定最重要方面的可接受水平的范围。首先选择被认为是最佳的水平,然后选择额外的、次级渴望但仍可接受的水平。

(4) 将可选职业的特征水平与个体可接受水平的范围进行对比。

(5) 敏感性分析。检查筛选结果对偏好中的可能变化的敏感性,包括重新检查预先筛选阶段的输入及结果。

2. 深度排除阶段

深度排除阶段即对可能方案的深度探索阶段。这个阶段的目的是找到一些不仅是可能的而且是合适的方案。基于以下两方面,该方案被认为是合适的:每个合适的方案与个人的偏好相符;个人符合该方案的要求。在这个阶段,收集更多的非结构化的信息,对于更好地理解每一个有希望方案的本质,这些信息十分关键,因为各职业方案绝不仅仅是各个特点的简单相加。这个阶段也是深度探索的阶段,因为每一个可能方案的核心将对个人是否能满足有关方案的要求提出重要的问题(如在较大压力的条件下工作我能表现得很好吗)。考察某个方案是否真正适合个人,涉及两个条件:一是在个人认为最重要的方面上检查每一个可能方案与个人偏好的符合程度;二是在其他重要的方面上检查该方案与个人偏好的符合程度。可能的方案都是在排除阶段的筛选后留下的,它们在重要的方面上多少与个人的偏好相符合。例如,对工作环境的偏好水平(如只在室内工作)和给定方案的特性(如主要或只在室内工作)两者之间交叉的程度有多大。在深度探索阶段,随着获得更多的、更具体的信息,个人的偏好是会调整的。另一个适合性的方面涉及个人满足特定方案要求的程度,也包含两种适合的条件。一个适合的条件是考察个人是否真正能达到方案核心规定的要求(如个人是否愿意轮班作为护理人员的核心方面)。另一个适合的条件涉及考察实现每个方案的可能性,一方面考虑个人过去的教育背景、实践经验等;另一方面要考虑每个可能方案的先决条件(如最低的从业资格)。最后,希望个人能通过自己的努力来提高实现某个有希望方案的可能性(如参加一个能获得从业资格的培训课程)。四个适合性的条件经常导致更多的方案被排除,结果合适方案的清单往往比可能方案的清单更短(降低了下一个阶段选择的复杂性)。与排除阶段一样,为了防止一个实际上是合适的方案被绝对排除,必须仔细地进行灵敏度检验。所以,当一个可能方案被定为不合适时,建议重新审核一遍导致该方案被排除的信息,并且考虑在关键方面上是否可以折中。

3. 选择阶段

选择阶段即挑选最合适方案阶段。第三阶段的目的是考虑到个人的偏好与能力,挑选对于个人来说最合适的方案,如果有必要的话,挑选次等的方案。这个阶段涉及对前面阶段中搜集的结构化与非结构化信息进一步加工。

(1) 挑选最合适的方案

许多人会在第二阶段结束时得到一个合适的方案,并据此收集相应的信息。在这种情况下,没有必要再比较方案了。但是深度探索阶段结束时也会得到两个或更多的合适方案,个人为了挑选最合适的一个不得不比较这些方案,这时就要关注它们的特点,将方案的优缺点进行比较,考虑方案之间的平衡并挑选其一。

(2) 挑选其他合适的方案

职业决策通常是在不确定的状态下作出的,职业方案实现的可能性也经常是不确定的。比如，得到一份工作的可能性不仅仅取决于是否满足了它的最低要求，而且还有赖于其他应聘者的人数和品质。所以，在挑选了偏爱的、最合适的方案之后，个体必须使用收集到的信息评估实现该方案的可能性。如果肯定能够实现，就没有必要再挑选次等的方案。但如果存在不确定性，建议回到前面的步骤，搜寻更多的、可能被认为是次等的但仍然适合的方案。如果第一、第二方案实现的可能性都相当低，建议考虑第三、第四个方案等。另外，如果只有一个方案被认为是合适的，而它实现的可能性也不能确定时，可能需要回到上一个阶段，重新考察在深度探索阶段被认为是不合适的可能方案的适合性问题。

4. 回顾整个决策过程

挑选阶段结束，个人找到了最合适的方案，或者在许多情况下是找到了次等的方案。这就意味着系统的职业决策过程结束了。如果个人开始的时候列出了长长一串的潜在方案的清单，并且在前期的步骤中考虑了很多方面，那么很可能合适的方案（通过了排除和深度探索阶段）之间的区别是很小的。所以，实际上被作为最好的而挑选出来的方案在整个适合性上是不是第一位的已经不再重要了。如果个人感觉到并没有作出正确的决策，决策的执行仍然会被拖延从而不能进行。所以，应该鼓励个人回顾整个决策过程，以确定他们作的决定是正确的，并且选定对于他们是最好的那个方案。

✐ 练习 7-7 ✐

PIC 模型应用

假设经过排除阶段、深度探索阶段，你获得了 A 职业和 B 职业两个职业选择的机会，请参考排除阶段和深度探索阶段模型图，根据挑选阶段的理论绘制一个挑选阶段的流程图，并根据流程图说一说为什么自己会这样选择。

PIC 模型作为一个动态的灵活的决策模型，它允许个体从不同阶段进入决策过程。比如，英语专业的李同学已经获得了一组可以管理的被选择职业——英语教师、英文编辑、外资公司总经理助理，那么他就无须经过预先筛选阶段，而可以直接进入深度探索阶段和选择最适合的职业阶段。

PIC 模型作为一个职业决策规范化的模型，有很多优点，但必须承认该模型是纯粹从认知的观念出发来处理职业决策，往往忽视了职业决策中的情感因素。

四、卡茨决策分析模式

卡茨的职业决策理论包括决策者使用的三种系统：信息系统、价值系统、预测系统。卡茨特别强调检查决策者的职业价值观，他认为职业价值观是职业选择中知觉、需要及目标的综合。卡茨非常强调职业价值观在职业决策过程中的影响，并且将价值观数量化。

根据卡茨职业决策理论，职业决策主要包括以下几个重要环节。

1. 选择目标

选择目标是决策的开始,对整个过程起着定向作用。择业目标是择业者的职业期望,是择业者对某项职业的追求和向往。职业决策的任务就在于选定一个最有利于自己的方案。

2. 收集和分析信息

正确的决策必须以全面而可靠的信息为依据,否则决策就是无本之木,无源之水。

3. 决策分析

决策分析是职业决策的核心,卡茨职业决策理论认为它包括预测系统、价值分析系统、确定标准三个阶段。

预测系统,就是列出方案并进行方案的可能性评价,同时也要认识到不成功或失败的风险。

价值分析系统,就是分析可能的方案中与自己的职业目标或需要是否相符,以至形成对各种不同方案的选择倾向。在此阶段要客观分析各种职业的差异,正确评价社会舆论,努力把符合社会需要的价值标准内化为自己的价值标准,指导自己的择业,澄清个人的价值观念和价值层次,确定自己最主要或有限考虑的价值标准。

确定标准阶段要客观分析各种职业的差异、正确评价社会舆论,努力把符合社会需要的价值标准内化为自己的价值标准,指导自己的择业、澄清个人的观念和价值层次,确定自己最主要或有限考虑的价值标准。

4. 实施决策

决定和实施方案阶段,是决策的结果和执行。这一阶段出现两种决策结果,一个是终结性决定,另一个是调查性决定。

终结性决定是择业者通过分析、比较、优选,选择了某一方案,作为自己的择业目标。调查性决定是一种探索性的决定,即在几个方案中已经有比较明确的选择倾向,但还希望进一步收集新的资料,并征求他人意见,再作出最终选择。

值得说明的是,职业决策的各个决策阶段不是截然分开的,而是一个相互交叉、相互渗透、重叠地反复展开的有机联系整体。

卡茨决策分析模式分析步骤包括以下几个方面:

第一步:选择供决策的两三个职业;

第二步:针对每个职业的回报进行优良中差的评价,包括价值满足程度、兴趣一致程度、擅长技能的施展空间;

第三步:对每个职业的成功机会进行优良中差的衡量,包括工作能力、必须的准备和职业展望;

第四步:将每个职业在"回报"和"机会"两个维度的结果呈现在"决策方块"上;

第五步:回报与机会乘积(用其所在坐标的数值相乘)值最大的职业,就是具有最大的期望价值。

例如,某大学生经过个人需求分析和工作世界分析后将可能获得的三种职业用 X、Y、Z 标在图 7-3 中,X 表示小学辅导老师,Y 表示导游,Z 表示酒店前台。

卡茨决策分析模式强调职业价值观在职业决策过程中的影响,并且将价值观数量化,进行精细的推算,有一定的实用性。

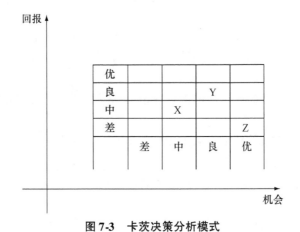

图 7-3 卡茨决策分析模式

✍ 练习 7-8 ✍

卡茨决策分析模式应用

根据卡茨决策分析模式的决策思路,将自己选择的职业标注在(如图 7-4 所示)相应的位置上。

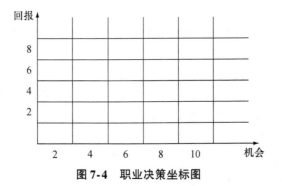

图 7-4 职业决策坐标图

填图说明如下。

你可以将职业的回报和从业的概率简单理解为职业的回报是三方面的综合:价值满足程度;兴趣一致程度;擅长技能的施展空间。职业成功的机会或概率从三方面综合衡量:能力、准备、展望。

将盘点自己和职业探索的有关结论按照这种模式整理,与具体的职业挂钩,将结果标在图 7-4 中的机会—回报坐标上。

五、CIP 模型及应用

20 世纪 90 年代初期,盖瑞·彼得森、詹姆斯·桑普森和罗伯特·里尔登合著了《生涯发展和服务:一种认知的方法》(*Career Development and Services: A Congnitive Approach*)一书。这本书阐述了思考生涯发展的新方法——认知信息加工(又称 CIP)方法,提出从信息加工取向看待生涯问题解决。该理论认为生涯发展就是看一个人如何作出生涯决策以及在生涯问题解决和生涯决策过程中如何使用信息的。[①] 该理论假设:

(1) 生涯选择以我们如何思考和感受为基础;
(2) 进行生涯选择是一种问题解决活动;
(3) 作为生涯问题解决者,我们的能力以我们了解什么和如何思考为基础;
(4) 生涯决策要求良好的记忆;
(5) 生涯决策要求有动机;
(6) 持续进行的生涯发展是我们毕生学习和成长的一部分;
(7) 我们的生涯很大程度上取决于我们思维的内容和我们思维的方式;
(8) 我们生涯的质量取决于我们对生涯决策和生涯问题解决了解的程度。

认知信息加工理论关注的是如何决策。该理论认为个体的信息加工包括三个部分:知识领域、决策技巧领域和执行加工领域,提出者按照信息加工的特性构成了一个信息加工金字塔。位于塔底的领域是知识的领域,包括自我知识和职业知识。中间领域是决策领域,包括了沟通(Communication)、分析(Analysis)、综合(Synthesis)、评估(Valuing)、执行(Execution)五个阶段。最上层的领域是执行领域,也称为元认知。元认知是个人所具有的关于自己思维活动和学习活动的知识及其实施的控制,是任何调节认知过程的认知活动,即任何以认知过程与结果为对象的知识(约翰·弗拉维尔,1978)。元认知包括自我对话、自我觉察、自我监控。

认知信息加工理论认为,知识领域相当于计算机的数据文件,需要我们进行存储。决策领域是计算机的程序软件,让我们对所存储的信息进行加工处理。执行领域相当于计算机的工作控制功能,操纵电脑按指令执行程序。决策技能可以通过学习沟通(确认需求)、分析(将问题的各组成部分相互联系起来)、综合(形成选项)、评估(评估选项)、执行(策略的实施)五阶段循环模型获得。

认知信息加工理论应用到职业决策中,用信息加工金字塔来说明个体职业决策中的信息加工过程,他们的关系如图7-5所示。

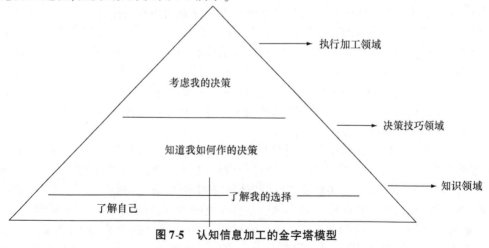

图7-5 认知信息加工的金字塔模型

[①] 于泳红,汪航.当代国外职业决策理论模型解析[J].宁波大学学报:教育科学版,2008,30(6)。

从这个金字塔的结构可以看出认知信息加工理论的职业决策的整个过程。从顶端——执行加工领域开始,通过自我谈话、自我觉察和监控整个职业决策过程三种方式,个体能够控制自己的决策方式。其中,职业决策过程包括交流问题、分析信息或数据、综合数据、产生选项、利用优先考虑选项来评价信息、通过采取各种行动来执行计划。在决策技巧领域中使用的信息是自我知识和职业知识。

具体到决策技巧领域,彼得森等人提出了五个职业决策技巧:沟通(Communication)、分析(Analysis)、综合(Synthesis)、评估(Valuing)、执行(Execution),并缩写为CASVE,用此来表述个体如何作出决策,也就是生涯决定,是下面五个要素之间的往返循环过程,如图7-6所示。

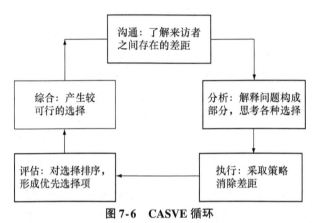

图7-6　CASVE 循环

(1) 沟通。发现问题信号,作为决策者提醒自己"我需要做出职业选择",启动一个CASVE循环。沟通包括内部和外部的信息交流,这种内部和外部信息交流的重要性在于让决策者意识到自己需要解决某些问题,意识到理想和现实之间存在的巨大差距。通过内部的信息交流,决策者可以发现个体自身的身心状态如在毕业找工作的时候,情绪上的焦虑、抑郁、受挫等,躯体上的疲倦、头疼、消化不良等反应。通过外部的信息交流,决策者可以发现外界对自己产生影响的信息,如宿舍同学开始准备简历就是给你提供了一种外部信息,你也需要开始准备找工作了,又如在求职过程中父母、老师、朋友给你提供的各种建议。

(2) 分析。是指通过思考、观察和研究,澄清或获得关于自我兴趣、能力、价值观和人格等方面的自我认知以及我自己和我的各种选择,了解个人平时作出重要决策的方式,更加具体地提出问题。例如,我喜欢做什么?我最擅长做什么?我在职业活动中最看重的东西是什么?我将来会到一个什么样的环境工作等。在分析阶段主要运用自我探索和工作世界探索部分的知识和方法。

(3) 综合。是根据分析阶段所得出的信息,先把选择范围扩展开来,然后再逐步缩小,最终确定3～5个最可能的选项。通过分析阶段,对自我的各方面都有了很多了解,每一个方面都分别对应着很多职业,把这些职业都列出来,就会得到一个范围很广的选择列表;选取其中的交集,就得出了缩小的职业选择范围;把最可能从事的职业限定到3～5个。最后,可以问自己"假如我有这3～5个选择,是否可以解决问题,消除现实和理想状态的差距?如果可以,就进入评估阶段选出最适合的选择,如果还是不能解决问题就需要重新回到分析阶段了解更多信息。

(4) 评估。对于综合阶段得出的3～5个职业进行具体的评价,评估获得该职业的可能性以及这个选择对自身及他人的影响,从而进行排序。比如,可以问"对我个人而言什么是最好的?""对我生活中的重要他人而言什么是最好的?""大体上,对我所处的环境而言什么是最好的?"还可以通过生涯平衡单和SWOT分析等方法进行评估。

(5)执行。这是整个CASVE的最后一部分,前面的步骤只是确定了最适合的职业,还不能带来职业选择的成功,需要在执行阶段将所有想法付诸实践,如开始具体的求职过程;也为再一次回到沟通阶段提供线索,以确定沟通阶段所存在的职业问题是否得到了很好的解决。在执行阶段,需要制订计划,进行实践尝试和具体行动。如果没有解决可以再次回到沟通阶段,重新开始一次CASVE循环,直到职业生涯问题被解决为止。

在认知信息加工理论中,除了自我和职业知识,CASVE决策过程之外,还有很重要的执行加工阶段,就是通过元认知对自身决策状态进行觉察、监督和调控。通过这个过程,可以思考个体处于沟通、分析、综合、评估和执行(CASVE)决策循环中的哪一个步骤?是否需要更多关于自我或者职业的信息,是否已经完成了决策过程,该做哪些调整?在这里,我们思考决策制定过程,控制何时启动CASVE循环,何时获取更多有关自我认知或职业认知的消息,以及准备何时执行一个选择。

在元认知中,有三种特别重要的技能:自我对话、自我觉察和自我监控。

(1)自我对话(Self-Talk)

自我对话即自己在内心对自己说的话,对我们的行为有很大的影响。自我对话既可以是积极的,也可以是消极的。积极自我对话能产生两点好处:一是产生一种积极的期待,让个体对即将开始的行动很有信心,也会付出更多努力;二是强化积极的行为。而消极的自我对话会使良好的职业生涯出现问题。

(2)自我觉察(Self-Awareness)

自我觉察指个体知道自己正在做什么和为什么做。自我觉察会促进个体能成为更有效的问题解决者,可以知道自己的身心状态,能够明确积极或消极地进行自我对话,然后通过自我监控,对身心状态、自我对话进行调整。

(3)自我监控(Control and Monitoring)

自我监控是指对自身和正在做的事情的进展状况进行思考和调控。个体能够监督自己完成决策过程的方式,控制自己分配给每个时期或阶段的时间,及时调整自己的方式和策略。

自我对话、自我觉察和自我监控是执行加工阶段的三项技能,三项技能的训练,有助于决策者对CASVE决策过程进行监控和调整,让决策过程更有效合理地进行。

探索的方法与技能训练

学习了职业决策的理论、模型及应用,相信你一定对职业决策有了更多的理性认识。你已经初步了解了自己,了解了工作世界,这些可能很耗费时间和精力,但对于科学决策,这些是至关重要而且是必须的。当然要作出科学的决策,我们还需要掌握职业决策的具体方法和技术。

一、职业决策的准备

在你进行职业决策前,要先根据职业决策必备条件,填写个人目前的详细状况,作为职业决策的依据。详情可参见表7-3。

表 7-3 大学生职业决策必备条件参考明细表

必备条件	要素	规则	个人详细状况
目标和策略	目标	要有明确的一级、二级、三级目标层次	
		所求岗位、个人发展、工作环境、薪酬等定性定量要求	
	策略	要有实现目标的原则、时间要求、手段方法	
途径和方法	求职途径	至少拥有3种求职途径,必备的求职技巧	
	实施方法	至少拥有3种以上方法	
个人条件	人格和能力	满足用人单位的人格、能力要求	
	经验与学历	满足用人单位的经验与学历要求	
	社会实践	是否有兼职经历	
自己、家人的动力	主要社会关系	家人对自己的期望与帮助	
专业人事的指导	职业咨询与测评	进行相关的职业测评,听取专业人事的建议	
了解人才市场	行业与岗位状况	本地和异地就业、岗位信息掌握	
生涯规划的理念	生涯规划	具体的职业目标、实现这一目标必须经历的步骤	

 练习 7-9

我的职业决策准备明细表

请根据表7-3,将自己的信息填写完整,列出自己的职业决策准备明细表。

二、职业决策的方法

无论是个人的信息资料还是职业世界的信息资料,如果不经过正确的、有效的处理,只能是一堆毫无意义的数据。只有对这些信息资料进行准确、全面的解读,才有可能获得正确的职业决策。

常用的职业决策的具体方法有以下几个。

(一) 归零思考模式

归零思考模式即从以下五个方面以头脑风暴的方式一直问下去,并对以下五个问题加以综合,得出自己的选择。

(1) 我是谁?

(2) 我想做什么?

(3) 我会做什么?
(4) 环境支持或允许我做什么?
(5) 我的职业与生活规划是什么?

首先按照顺序,取出五张白纸、一支铅笔、一块橡皮,在每张纸的最上边分别写上以上五个问题。然后,找一个安静、较少干扰的环境,静下心来,排除干扰,按照顺序独立地仔细思考每一个问题,尽量把每个问题思考全面完整。

对于第一个问题"我是谁"回答的要点是:面对自己,真实地写出每一个想到的答案;写完了再想想有没遗漏,认为确实没有了,按重要性进行排序。比如,某高职学院应届毕业生、同学良好、担任过学生会宣传干事、父母都是普通的工人、身体健康、心理较正常;性格较外向,情绪较乐观;好奇心较强,学习能力不错;喜欢唱歌;有时会幻想,现在有女朋友了,是老乡,我们想到同一个城市工作等。

对于第二个问题"我想做什么"可将思绪回溯到孩童时代,从人生初次萌生第一个想干什么的念头开始,然后随年龄的增长,回忆自己真心向往过想干的事,并一一记录下来,写完后再想想有无遗漏,确实没有了,就进行认真的排序。比如,小时侯,唱歌比赛连连得奖,想过当歌唱家;上初中了,数学学习相当出色,想过当数学家、统计学家;宣传管理能力强、想过做公务员,到宣传部工作不错;希望和女朋友结婚,拥有属于自己的舒适的住房,每天开着自己的汽车去上班;有条件了,想在附近再买一套房子让父母过来住,帮助我们照顾家。

对于第三个问题"我会做什么"则把确实证明的能力和自认为还可以开发出来的潜能都一一列出来,认为没有遗漏了,就进行认真地排序。比如,做编辑做得很好、唱起歌来很有魅力、宣传板报做得也非常好。

对于第四个问题"环境支持或允许我做什么"的回答则要稍做分析:环境,有本单位、本市、本省、本国和其他国家,由小到大,只要认为自己能借助的环境,都应在考虑范畴之内。在这些环境中,认真想想自己可能获得什么支持和允许,再以重要性排列一下。比如,曾经实习的报社王老师很看好我,希望我去应聘一家 IT 公司企业文化宣传助理;我生活的县城某企业招聘经理助理,家里舅舅帮我做了推荐等。

以上四个问题回答清楚后,认真比较第 1 至第 4 张纸上的答案,将内容相同或相近的答案用一条横线连起来,你会得到几条连线,而不与其他连线相交的又处于最上面的线,就是你最应该去做的事情。

然后再在心底问自己第五个问题"我的职业与生活规划是什么"列出来。看看是不是与比对的结果一致,如果没有问题,就要根据这个职业方向,列出自己的日目标、周目标、月目标、季度目标、年度目标了。如果有不一致,再反复思考、扣问自己的心灵深处,相信你一定会有一个科学而有效的选择。

✍ 练习 7-10 ✍

归 零 思 考

请根据归零思考模式,将下列内容填写完成,并初步得出自己的职业目标与职业规划。
(1) 我是谁?
(2) 我想做什么?

（3）我会做什么？
（4）环境支持或允许我做什么？
（5）我的职业与生活规划是什么？

归零思考实例

某高职院校女生刘红，计算机系专业，在临近毕业时常常对自己的职业动向难以选择。就现在来说计算机专业属于热门，找一份对口的工作并不难，但由于自己是女生，求职时肯定不如同班的男生，同时自己对教师的职业比较喜欢。在这种存在多种矛盾的情况下，我们不妨和她一起进行一次有关职业规划方面的认真思考，并通过对其职业前途的规划确定其就业方向。

（1）我是谁？某高校计算机系专业毕业生；优秀学生干部，学业成绩优秀，英语通过国家六级；辅修过心理学、管理学；参加过高校演讲比赛，拿过名次；家庭状况一般，既不属于有钱人，生活也不是拮据的那种，父母工作稳定，身体健康，暂时还不需要有人特别照顾；自己身体健康；性格上不属内向，但也不是特别活跃，喜欢安静。

（2）我想做什么？很想成为一名老师，这不仅是儿时的梦想，而且比较喜欢这种职业；可以成为公司的一名技术人员；如果出国读工商企业管理方面的硕士，回国成为一名企业管理人员也是可以接受的。

（3）我会做什么？做过家教，虽然不是自己的专业，但与孩子交流有天生的优势，当家教时当学生成绩进步时很有成就感；当过学生干部，与同学们相处比较好，组织过几次有影响的大型活动；实习时在公司做过一些开发，虽然没有大的成就，但感觉还行。

（4）环境支持或允许我做什么？家里亲戚推荐去一家公司做技术开发；GRE考得还可以，已经申请了国外几所高校，但能不能有奖学金还很难说，况且现在签证比较困难；去年曾有几家学校来系里招聘教师，但不是当老师，而是去学校做技术维护，今天不知会不会有学校再来招聘教师；有同学开了一家公司，希望我能够加盟，但我不了解这个公司的具体业务，也不知道它有多大的发展前途。

（5）我的职业与生活规划是什么？最后的选择可能有四种，分别如下。

① 到一所学校当老师，自己有这方面的兴趣和理想，在知识和能力方面并不欠缺，在素质教育大趋势下，与师范类专业相比，自己有专业方面的优势，讲授知识时可以让学生了解更多的前沿知识，特别是现在计算机在中学生中有了相当的普及和基础，并且自己有信心成为学生心目中理想的好老师；不足的就是缺乏作为一名教师的基本训练以及一些技巧，但这可以逐步提高。

② 到公司做技术人员，收入上会好一些，但通过这几年的发展看，这种行业起伏较大，同时由于技术发展较快，得随时对自己进行知识更新，而且压力较大，信息不足，兴趣也不是很大。

③ 去同学的公司，丢掉专业从最底层做起，风险较大，这与自己求稳的心理性格不符，同时家里也会反对。

④ 如愿获得奖学金，能够出国读书，回国后还是去做一名企业管理人员。不确定因素较多，且自己可把握性较小，自己始终处于被动状态。

单纯从职业发展上看，这四种选择都有其合理性，但如果从个体而言，第一种选择显然更符合她本人的职业取向。从心理学上看,选择第一种能够使得她得到最大的满足,在工作中也最容易投入,做出一定的成绩后会有很大的成就感。从职业前途看,教师这个职业日益受到社会的尊重,社会地位呈上升趋势。从性格上看,这种职业也比较符合她的职业取向。主要困难是非师范生进入这个职业的门槛比较高,如果她能够确定自己的最终目标后努力去弥补与师范生在职业技巧方面的差距,那么,实现自己的职业理想就并非很难。

(资料来源:http://www.eol.cn/zygh_11988/20110916/t20110916_684898.shtml)

(二)职业决策平衡单

当面对重大决策时,我们要有多个选择。当备选方案有两个以上时,职业决策平衡表可以帮助决策者尽可能具体地从各个角度评价分析各个方案,预先对各方案实施以后可能带来的后果进行利弊得失的分析,还要对预期结果的可接受性进行检验,然后作出自己的成熟决策的一种决策技术。

在运用平衡表前需要具备前述的事业成熟的相关条件;同时已经有了可供选择的诸个职业发展方案。

运用平衡表技术进行职业决策的具体操作步骤如下。

第一,针对某一个可供选择的职业发展方案,整理自己所有的重要想法,从对自己、对其他重要者、对社会这三个不同的角度,分析选择后会带来什么得益?要付出什么代价?这些得益是否可以接受,原因是什么?这些代价是否可以接受,原因是什么?

第二,同样将其他可供选择的方案一一按照上述步骤进行思考分析。

第三,列出两三个可考虑的职业选择与发展方案。

第四,从个人和他人的物质与精神得失四个角度列出选择职业时应该考虑的要素,如图7-7所示。

个人物质方面的得失	他人物质方面的得失
收入 工作的困难 升迁的机会 工作环境的安全 生活变化 休闲时间 对健康的影响 就业机会 其他	家庭经济 与家人相处的时间 其他
个人精神方面的得失	他人精神方面的得失
生活方式的改变 成就感 自我实现的程度 兴趣的满足 挑战性 社会声望的提高 其他	父母 师长 配偶 其他

图7-7 应该考虑的要素

第五,对每个考虑因素设计权重。

各项考虑因素对当事人的意义不全然是等值的,在你要决定时,有一些考虑因素的重要性要比其他的来得高。现在回去看一看你所有的考虑要素,有哪些是最重要的,哪些是其次重要的,哪些是不那么重要但也要考虑到的……当然,每个考虑因素的权重并不是一成不变的,这只是当下你的处境中考虑到该因素的重要性的等级,时过境迁,也许有些之前你很重视的因素已经不那么重要了。

第六,考虑每个职业选择中这些因素的得失程度,从 -5 到 +5 赋予其分数。

第七,依分数累计,得出每个职业选择的总分,即将得失程度的分数乘以权重等级。

第八,根据最后得分排除职业选择的优先级,作出合理的选择。

需注意的是,为了便于在各个方案之间进行比较,可以在进行上述评价时,对每个项目加权记分。另外,在考虑得益和代价时,不应仅有物质的视角,还应将精神的得益与代价包含在内(见表7-4)。

表7-4 职业决策平衡单

考虑项目		选择方案一		选择方案二		选择方案三	
	方案与得失	得 (+)	失 (-)	得 (+)	失 (-)	得 (+)	失 (-)
个人物质与精神得失	个人成就感						
	适合自己兴趣						
	符合自己的性格偏好						
	社会地位						
	经济报酬						
	未来的发展性						
	工作的压力						
	……						
他人的得失	带给家人声望						
	便于与朋友相处						
	更多时间照顾父母						
	家人的态度						
	……						
合 计							
得失差数							

✍ **练习 7-11** ✍

结合实际,分析一下自己有哪些职业选择的机会,试运用职业决策平衡单为自己作职业选择。

（三）SWOT 分析法

SWOT 分析法(也称 TOWS 分析法、道斯矩阵)即态势分析法,20 世纪 80 年代初由美国旧金山大学的管理学教授韦里克提出,经常被用于企业战略制定、竞争对手分析等领域。在现在的战略规划报告里,SWOT 分析应该算是一个众所周知的工具。SWOT 分析实际上是将对企业内外部条件各方面内容进行综合和概括,进而分析组织的优劣势、面临的机会和威胁的一种方法。通过 SWOT 分析,可以帮助企业把资源和行动聚集在自己的强项和有最多机会的地方,并让企业的战略变得明朗。

SWOT 分析法在职业规划中亦是非常行之有效的个人发展规划战略分析工具。SWOT 分别代表 Strength(优势)、Weakness(劣势)、Opportunity(机会)、Threat(威胁)。SWOT 分析是检查个人的技能、能力、职业、喜好和职业机会的有用工具,利用这种方法可以找出对自己有利的、值得发扬的优势和机会以及对自己不利的、要避开的劣势和威胁,发现存在的问题,找出解决办法,并明确以后的发展方向。通过 SWOT 分析法,可以帮助大学生进行自我分析,准确职业定位,做到科学规划职业生涯。

SWOT 分析主要是用来分析组织内部的优势与劣势以及外部环境的机会与威胁的方法,其中 SWOT 矩阵提供了四种可供选择的战略,如表 7-5 所示。

表 7-5 SWOT 矩阵

环境因素 \ 内部因素	优势（S）	劣势（W）
机会（O）	SO：（极大—极大战略） 尽可能地增加内部优势,并利用外界机会	WO：（极小—极大战略） 尽可能地减少劣势,并最大限度地增加机会
威胁（T）	ST：（极大—极小战略） 最大限度地增加优势,并尽可能减少威胁	WT：（极小—极小战略） 尽可能地减少劣势和威胁

如表 7-5 所示,SWOT 矩阵提供了四种组织发展战略备选,即 SO 战略、ST 战略、WO 战略和 WT 战略,下面分别解释。

SO 战略(优势机会战略)是最理想的战略,即抓住了外部机会,同时又利用了自身内部的优势。面对自身的劣势,要努力克服,面对外部的威胁要泰然处之,以便能够将精力集中在机会上。

ST 战略(优势威胁战略)是利用扩大自身的优势来减少外部带来威胁的可能性。根据自身优势,合理安排资源,以对付外部环境所带来的威胁,目的是将组织优势扩大到最大限度,把威胁减少到最低限度。

WO战略(劣势机会战略)是一种内外取向兼顾的战略,该战略力图使自身的劣势降到最低,同时使外部的环境机会增加到最大,克服自身的弱点以寻求发展的机会。

WT战略(劣势威胁战略)是一种应付危机及威胁的战略,通过制订调整计划来克服内在劣势,同时回避外在的威胁。

下面通过一个具体的案例来学习和了解SWOT分析法在职业决策中的运用。

例如,一名省属高职院校毕业生,男生,旅游管理专业,在校期间专业成绩优秀,曾多次获得奖学金,并有论文发表,曾担任过班级班长、学生会社团部长等职务。暑假期间,在一家中型IT公司办公室担任人力资源(HR)经理的行政秘书,负责企业文化组织和大型活动策划,工作三个月,策划的亲情旅游团队活动非常受欢迎,员工满意度高,且在大二下学期进修行政管理课程。但其性格急躁,好冲动。现在他想谋求一份与行政助理相关的工作。

根据SWOT分析法,首先可以对此个案进行自身优势、劣势分析以及周围职业环境的机会、威胁分析,如表7-6所示。然后,再在此基础上制定出各种相关的策略。

表7-6 SWOT分析法在大学生职业决策中的应用举例

外部环境分析(OT)＼内部环境分析(SW)	机会(O)	威胁(T)
	HR部门日益受到企业重视;对人力资源平台行政人员的需求有所增加	HR专业的毕业生增多,但HR管理在内地企业起步晚,不规范;企业更重视人力资源管理经验
优势: 旅游管理专业,学习了一些管理类课程,专业成绩优秀;学生干部经历,具有管理能力,策划的学生活动非常受同学们欢迎;IT公司见习过,有实践;有大型活动策划管理经验;进修行政管理课程	优势机会策略(SO) 继续将专业知识与行政管理结合,发挥自己策划能力优势;继续寻求机会,行政管理兼职工作	优势威胁策略(ST) 强调自身的专业学习能力和适应能力,大学社团活动中的策划能力;强调在IT公司的实习经历
劣势: 专业,非人力资源专业生;专业不是非常对口; 工作阅历简单; 性格急躁,易冲动	劣势机会策略(WO) 继续自学,争取成为国家人力资源师三级;加强英语学习和文案写作能力;积极考取导游证,提升自己的文化活动策划能力	劣势威胁策略(WT) 自己冲动急躁的个性需要克制和改进,到咨询中心和老师探讨改进策略积极寻求重视员工学习能力,寻找善于挖掘员工潜能的企业
经过一番分析,这个同学觉得到中小型企业做行政助理适合自己且有很大的成功希望		

✍ 练习7-12 ✍

运用SWOT分析法,分析自身的优势、劣势及周围环境的机会与威胁,并在分析的基础上,制定相关策略,如表7-7所示。

表7-7 SWOT分析后相关策略

我的目标职业：		
外部环境分析(OT) 内部环境分析(SW)	机会(O)	威胁(T)
优势：	**优势机会策略(SO)**	**优势威胁策略(ST)**
劣势：	**劣势机会策略(WO)**	**劣势威胁策略(WT)**
我的选择方向：		

归零思考模式、SWOT分析法在职业决策的初期作用非常明显，可以通过反复的沟通确认，帮助学生顺利明确自己的职业选择方向。但当大学生已经有几个可供选择的方案时，仅用上述的方法，就会感到决策困难，难以作出评估。而这时可能采用职业决策平衡单、卡茨决策分析模式的技术可能决策效果会更好一些。

✍ 练习7-13 ✍

请你选择在安静、没人打扰的环境下仔细考虑，回答以下每一道题目。它能在一定程度上帮助你反思生涯规划过程，论证你的生涯规划的合理性，理顺自己职业生涯发展的思路。

1. 用一句话描述你自己是一个什么样的人：_____

2. 性格优势（你认为应该继续保持的）：_____

3. 性格劣势（你认为应该需要改变的）：_____

4. 业余爱好：_____

5. 你渴望成为什么样的人？_____
_____
_____

6. 你理想中的职业是(脑海中经常出现的,梦寐以求的)什么？_____
_____
_____

7. 通过努力你能实现的理想职业是什么？_____
_____
_____

8. 什么因素制约着你对理想职业的选择？_____
_____
_____

9. 在你的工作过程中最成功和失败的一次经历分别是什么？原因分别是什么？____
_____
_____

10. 你认为事业成功最重要的因素是什么？_____
_____
_____

11. 你一年计划达到的职业目标是什么？要实现还需要做哪些努力？_____
_____
_____

12. 你两年计划达到的职业目标是什么？要实现还需要做哪些努力？_____
_____
_____

13. 你三年计划达到的职业目标是什么？要实现还需要做哪些努力？_____
_____
_____

14. 你希望从周围环境中得到哪些支持？_____
_____
_____

检验自己的职业生涯目标

一、检验你的职业方向

对于高职学生来说，进行职业决策应先定向再定位。先定向，就是根据现在所学的专业,来确定自己未来的职业方向,你需要回答一个简单的问题,你对自己的专业有兴趣吗?你毕业后会选择专业对口的单位就业吗?如果你的回答是肯定的,就可以基本确定你的职业方向了。比如说,你是学电算会计专业的,又很喜欢物流管理专业,你就需要了解电算会计专业对口的职业(即专业所对应的职业群)有哪些?电算会计专业对应职业有:公务员、财务策划、注册会计、内部审计、企业财务顾问、注册税务师、理财规划师、法务会计职员等。如果你的答案是否定的,就必须找到自己有兴趣的专业,可以通过转专业或通过辅修、选修专业课程,或者通过跨专业学习来调整和确定自己职业方向。

如果确定了方向,接下来就可以考虑定位的问题了。你需要对已确定方向的职业群进行更深入的探索,定向的时候需要尽可能扩大自己的职业选择面,而定位则需要逐步缩小职业的选择范围。相对于定向而言,定位的选择也并不容易,因为定位,不仅需要了解职业的基本要求,而且需要通过提前参加招聘会、兼职和实习等方式进行社会实践和工作体验,感受意向职业是否适合你自己,是否与个人的主观想象一致。

在定位过程中,还需要注意一个非常重要的问题,定位的目标不宜过于具体,应该有一个选择的范围,比如,你从小就梦想成为一名企业财务顾问,学的也是财会,也争取到了在企业财务部门实习的机会,你发现财务顾问非常适合你,可是,财务顾问职业在社会上比较饱和,求职竞争非常激烈,如果你仅锁定这一个目标,那么毕业时如果竞争失败,将会给你的择业带来很大的风险。所以,定位的职业不宜仅限于个别职业,可以有几个职业供自己选择。

大学生在定向和定位的过程中,不能完全以个人的兴趣进行职业决策,还必须考虑人才供求关系。所以,应该先定向再定位的决策方法,在大学一、二年级开始定向,在毕业时定位。如果经过对职业的探索后你仍然不能定位,但定向是必须的,没有方向,你就不知在大学期间如何努力和准备。

二、检验生涯目标的 SMART 模式

一个人的人生能否取得成功,很大程度上取决于有无一个正确而适当的人生目标。一个有效的职业生涯规划也非常需要一个切实可行的目标,这样才能在人生发展过程中排除干扰,全心致力于目标的实现。目标是职业生涯发展的方向,没有目标就没有成功。

确定生涯目标必须遵循以下五个原则。

(1) 具体的(Specific)。这是指目标必须是清晰的,可产生行为导向的。比如,目标"我要成为一个优秀的人",不是一个具体的目标;但目标"我要完成本月1万元的销售业绩",就算得上是一个具体的目标了。

(2) 可衡量的(Measurable)。这是指目标必须用指标量化。比如上面的目标"我要完成本月1万元的销售业绩",它就对应着量化的指标—1万元的销售业绩。

(3) 可达到的(Attainable)。"可达到的"有两层意思:一是目标应该在能力范围内;二是目标应该有一定难度。目标经常达不到会让人沮丧,但同时得注意太容易达到的目标也会让人失去斗志。

(4) 相关的(Relevant)。要求与现实生活相关,而不是简单的"白日梦"。

(5) 基于时间的(Time-based)。要求目标必须确定完成的日期。

✍ **练习 7-14** ✍

检验你的基本的生涯规划

在制定你的职业生涯规划时，每一项目标都必须符合 SMART 模式。检验你的基本的生涯规划是否符合生涯目标确立的 SMART 模式，如不符合需要你作进一步的修改，直至符合为止。

成功者的足迹

谨慎选择第一份职业

初入职场，人生选择往往是被动的。为了解决就业问题，能够尽快适应社会环境，大多数人会作出这样的选择：接受第一份接纳自己的工作。当我们四处投递个人简历，经历无数次面试，被一次又一次拒绝时，信心和耐心会逐渐丧失，甚至开始怀疑自己的能力。而一旦有一份工作摆在自己面前，就会毫不犹豫地接受它。

大多数求职者都处于一种被选择状态，尤其是在经济不景气时。尽管所获得的并不是自己最满意的工作，但是迫于就业压力还是被动地接受了它。这份工作短期也许能给自己带来一些安全感和稳定感，但会出现单元所讨论的"路径依赖""机会成本"等现象——我们迈出了第一步，惯性使我们不得不迈出第二步，以致一辈子都不得不走下去。

从某种意义上讲，大部分求职者已经丧失了一次选择的机会——上大学时被动选择专业。其危险性在于这种所谓"专业"往往决定了我们求职的路径，大学毕业后，我们都会不由自主地选择"专业对口"。因为年轻而无法自主，因为幼稚而缺乏主见，所有选择都是被动和盲目的。但是，这并不等于大学毕业后依然要为之承担责任。随着年龄的增长和阅历的丰富，我们已经获得了更多的选择权和机会了。

每一项选择都包含太多太复杂的因素，时刻都影响着我们选择时作出正确的判断。有时候偏离一下人生既定的轨道也未尝不可。

有这样一则故事：一个出生在山区的印第安年轻人，在他成长的岁月里，面临这样一种人生选择：留在山区采石，还是考大学，相当长的一段时间里他都深为这个问题所困扰。这个地区的所有人都依靠采石为生，几乎形成了一种子承父业的传统职业。采石并不是什么高尚的工作，但却可以让一家人过得稳定、安逸。

有一天，年轻人的父亲带他来到一所大学校园，他指着大楼的台阶对儿子说："你现在看到的这些石头，都是我们采来的，我为此骄傲。"儿子点点头，父亲接着说："但是，我并不认为你应该也成为采石匠。你可以选择做自己喜欢做的事情。"

既定的轨迹是熟悉的,这种轨道也许是前辈留下来,也许是自己正在迈进的。当我们仔细思索一下,发掘出自己内心的真实感受,也未尝不可以偏离一下轨道。除了你自己,没有任何人和任何理由可以要求你一定要沿着既定的轨道前进。

我的一位顾客曾经是一名大学生,然而他现在所从事的工作也许令人感到意外:在一家蔬菜公司当搬运工。他大学毕业后就去服兵役,退伍后遇到经济不景气,一时也找不到工作。经人介绍到蔬菜公司当了一名临时工,赚点零用钱,没想到一干就是几个月。渐渐地,他开始习惯搬运工的工作环境,也就没有心思积极地去寻找更好的工作了。十多年以来,他一直就是一个蔬菜搬运工,现在已经年近四十,更不想换工作了。他对我说:"换工作,谁会要我呢?我有什么专长?"人总是有惰性的,即使你不喜欢某一工作,做了一两个月之后,也许就会习惯,就会被这种天生的惰性套牢,不想再换了。日复一日,年复一年,不知不觉三年五载过去了,即使动了转行的念头,也会变得步履艰难。年纪太大、家庭负担沉重等都会成为我们逃避现实的借口。久而久之,心志磨损,做一天和尚撞一天钟,如果再扯上人情的牵绊、恩怨的纠葛,更会让人深感"人在江湖,身不由己"!

因此,踏入社会的第一项选择十分重要。也许你会说一个行业不想干了,换一份职业还不容易。但是想象的空间很大,而现实却很残酷,大多数人被自己的惯性拖着在走——我们常常会有一种无力感。

资料来源:〔美〕雷恩·吉尔森著,彭书淮译.选对池塘钓大鱼[M].北京:机械工业出版社,2004.)

课后任务

1. 你的职业目标是什么?为什么选择它作为自己的职业目标?围绕这个职业目标,你拥有怎样的选择机会?选择一种决策模式,作出你的第一份工作的选择。

2. 既然你已经作出了第一份工作的选择,现在就请你设计一张自我名片,包括名片的正面、反面、颜色、图标、称呼、职务等,思考并回答:为什么这样设计?怎样努力才能达到名片上的称呼?目前达到以上目的自己具备什么优势,有什么困难?将来你带着这张名片与什么样的人会面?你的心情会是怎样的?

单元八

我的职业生涯管理

【认知目标】

认识到职业生涯规划是一个持续一生的过程,在职场中仍要持续进行评估、反馈,自觉调整自己的职业生涯规划。

【技能目标】

掌握职业生涯管理的多种方式,能够运用职业生涯规划档案管理自己的职业生涯规划。

【完成任务】

完成附录4——大学生个人职业发展档案。

他的生涯经历

我的大学及后大学时代(8)——进无止境

很多人在小时候都玩过一种叫作陀螺的玩具,虽然说不清楚那种在原地不停转动的眩晕到底愉悦了我们的哪根神经,但是如果在和小伙伴们的比赛中能让陀螺转的时间更久,还是让人很有成就感的。

而今陀螺被赋予了另外一层深意,喻指一些在原地不断徘徊、挣扎,走不出情感、工作、生活困顿状态的人。抛开情感与生活的其他方面,但就事业而言,职场中有很多人在作出了合理的入职选择后,却在工作过程中被多种原因左右,不得不原地踏步,于是,经过一段时间的煎熬后,曾经一心热爱的职业变成了鸡肋——"食之无味,弃之可惜"。

其实，导致这种状况的根本原因在于对自己职业生涯后期的管理不够，也就是在明白了我能做什么，要做什么以后，还有一个最重要的问题是"我要做到什么程度"，明白了自己的终极目标后，就需要合理地规划和设计自己的"落脚点"，即我在未来几年内，要抓住机会从现有职位跃升到某个位置，让自己的能力和影响力有哪些突破，然后便平心静气、踏踏实实地走稳现在的每一步。一旦到了某个阶段无法前进时，就需要停下脚步分析原因，是内在的自身能力不足还是外在的不可抗的因素增加——如企业自身发展受限、用人机制与平台不健全等。如果是前者，需要我们审视、思考自己的能力问题，重新进行自我定位，而如果是后者，那么我们需要未雨绸缪，准备进行再一次的抉择。然而职场中的很多人，往往在此时没有理性的分析，而是抱着等等看的侥幸心理，错过了最佳的选择机遇，便成了一只只疲于奔命的"陀螺"。如果这种"陀螺式"的生活出现在30岁以后，安于现状的生活状态已经很难掀起再择业的波澜，言谈间便颇有些悔不当初的感觉，这也就间接地否定了曾经的一切。

其实，每一个个体都能够做到对自己的职业生涯负责任，结合成功者的经验和我个人的理解，我认为可以从先做到"四个合理"开始，即制定合理的职业目标，进行合理的时间分配，做到合理的劳逸结合，开展合理的心理调节，希望这种理解能对包括自己在内的人有所指引。

问题的提出与重要性

在你作出职业决策的同时，对它的检验也就开始了。对你的职业决策最终的检验就是在自己选择的职业领域内获得一份工作，并获得持续的发展。但是在真正进入职业领域之前，如果你没有作出职业决策，那么你仍处在选择之中；如果你已作出职业决策，一要对自己的决定不断地修正和完善使之更加贴近自己的实际，二要按自己的决策行动和生活。因此必须积极管理自己的职业生涯。好的职业生涯管理能够在一定程度上避免"就业错位"，使学与用更加紧密结合，使得大学生的人才效益、社会效益得以彰显。

一、什么是职业生涯管理

职业生涯规划与管理学说诞生于20世纪60年代，于90年代中期从欧美国家传入中国，并获得了一定的发展。现在的职业生涯规划与管理已成为企业人力资源管理的重要内容，其对指导学生求职及未来职业发展也具有十分重要的意义，是取得未来职业生涯成功必备的知识和技能。

美国组织行为专家道格拉斯·霍尔认为，职业生涯管理是对一个人一生工作经历中从事的一系列活动和行为进行的规划和管理。

我国人力资源专家杜映梅在《职业生涯规划》(对外经济贸易大学出版社，2005年版)中也指出职业生涯管理是"组织开展和提供的用于帮助和促进组织内正从事某类职业活动的员工，实现其职业发展目标的行为过程，包括职业生涯设计、规划、开发、评估、反馈和修正等一系列综合性的活动与过程"。通过员工和组织的共同努力与合作，使每个员工的生涯目标与组织发展目标一致,使员工的发展与组织的发展相吻合。

我国人力资源专家周文霞在其主编的《职业生涯管理》(复旦大学出版社,2005年版)一书中,对职业生涯管理的理解是:职业生涯管理是一种对个人开发、实现和监控职业生涯目标与策略的过程。职业生涯管理是一个长达一生的过程,它能够使我们认识自我、工作、组织,设定个人的职业目标,发展实现目标的战略以及在工作和生活经验的基础上修正目标。

综上所述,职业生涯管理是发挥潜能、实现目标的过程,而大学生职业生涯管理是指大学生通过大学职业指导人员的协助,在自我认识和了解社会的基础上,确立职业生涯发展目标和人生发展方向,选择职业,制定自我发展的总体目标和阶段人生目标,并进行执行、评估、反馈和调整的动态过程。

二、为什么要进行职业生涯管理

职业生涯管理帮助大学生找到职业生涯发展与企业发展的结合点,并积极开发与管理自己的职业生涯,以实现个人与社会组织的最佳匹配。职业生涯管理对职业生涯发展具有以下4个重要的推动作用。

1. 可以有效增强大学生职业生涯规划过程的执行能力,促进大学人才培养目标的顺利实现

大学生正处在职业生涯探索期和职业生涯建立期的转换阶段,主要的任务是通过职业生涯探索,明确发展方向,完成具体的职业计划和知识储备。这一阶段对职业的选择和对大学生今后职业生涯的发展有十分重要的作用。自觉实施职业生涯规划管理有利于学生准确定位并合理安排大学的学习生活,有利于学生构建合理的知识结构和提高综合素质,有利于提升学生职业品质并树立正确的择业观,有利于引导大学生勇于参与社会竞争,实现顺利就业。

2. 可以增强大学生对职业环境的把握能力和对职业困难、挫折的控制能力

职业生涯规划管理既能使大学生了解自身长处和短处,养成对未来职业环境和工作目标进行分析的习惯,又可以使大学生合理计划、分配时间和精力完成阶段生涯目标并逐步提高自身技能,有利于大学生在上学期间和工作之后强化环境把握和困难、挫折的控制能力。

3. 有利于大学生入职后过好职业生活,处理好职业生活和其他部分的关系

良好的职业生涯规划管理可以帮助大学生从更高的角度看待工作中的各种问题和选择,使职业生活更加充实和富有成效。它更能考虑职业生活同个人追求、家庭目标等其他生活目标的平衡,避免顾此失彼,两面为难的困境。

4. 可以实现个体自我价值的不断提升和超越

合格大学生的培养目标不仅使其毕业时具有较强的就业能力,而且要使其工作后有较大的发展潜力。人们工作的最初目的可能仅仅是找一份养家糊口的差事,进而追求的可能是财富、地位和名望。而职业生涯规划管理对职业目标的多次提炼,可以使工作目的超越财富和地位,以追求更高层次的自我潜能开发和自我价值实现。

理论的讲解与运用

一、职业生涯管理的分类

（一）依据职业生涯管理内容的不同

依据职业生涯管理内容的不同，职业生涯管理可分为外职业生涯管理与内职业生涯管理

1. 外职业生涯管理

外职业生涯是指从事职业时的工作单位、工作地点、工作时间、工作内容、工作职务、工作环境、工资待遇等外面因素的组合及其变化过程。对外职业生涯的发展与管理称为外职业生涯管理。外职业生涯管理所描述的是个人客观存在职业通路（由教育始，经工作期，直至退休），它包括各个阶段、主要层面和等级、相应的地位，对个人而言，意味着努力在自己的生命中确立一条有所依循的、可感知的、可行的发展通路。相对于内职业生涯管理来讲，外职业生涯管理注重外在的客观存在。因为外职业生涯的构成因素通常是由别人给予的，也容易被别人收回。有的人一生竭力追求外职业生涯的成功，但内心极为痛苦，因为他们往往不了解，外职业生涯的发展是以内职业发展为基础的。

2. 内职业生涯管理

内职业生涯是指从事一项职业时所具备的知识、观念、心理素质、经验、能力、内心感受等内在因素的组合及其变化过程。对内职业生涯的发展与管理称为内职业生涯管理。它所描述的是个人主观感受的职业通路，因此具有主观性，而且对阶段性要求不高，更多地注重于所取得成功或满足的主观情感。内职业生涯各项因素的取得，可以通过别人的帮助而实现，但主要还是由自己努力追求而得以实现。内职业生涯的各构成因素不因外职业生涯的构成因素不同而不同，而且一旦获得，别人便不能收回或剥夺，也不因外职业生涯因素的改变而丧失。

内职业生涯的发展是外职业生涯发展的前提，它能带动外职业生涯的发展，它在人的职业生涯成功乃至人生成功中具有关键性作用。因而在职业生涯管理的各个阶段，都应重视内职业生涯的发展，积极开展内职业生涯管理。尤其是在职业生涯早期和中前期，一定要把对内职业生涯各因素的追求看得比外职业生涯更为重要，在内职业生涯管理中积极地发展自己。

（二）依据职业生涯管理主体的不同

依据职业生涯管理主体的不同，职业生涯管理可分为组织职业生涯管理与自我职业生涯管理

1. 组织职业生涯管理

组织职业生涯管理是指由组织实施并启动的、旨在开发员工的潜力、留住员工、使员工能自我实现的一系列管理方法。组织职业生涯管理是实现组织与员工双赢发展的有效途径，是组织"以人为本"精神的体现。在当前，许多组织已经深刻地认识到进行组织生涯管理的必要性，并已付诸实施，希望给组织内部员工提供最有效的发展机遇和路径。大

学生进行职业生涯管理时,有必要从组织的视角下探索如何在组织背景下发展自己的问题,使自己的生涯发展目标与组织的生涯发展保持一致。

2. 自我职业生涯管理

自我职业生涯管理又称个人的职业生涯管理,是以实现个人发展的成就最大化为目的的,通过对个人兴趣、能力和个人发展目标的有效管理实现个人的发展愿望。自我职业生涯管理是在组织环境下,由个人启动并自己主动实施的、用于提升个人竞争力的一系列方法和措施。

职业生涯管理是一种互动式的管理,个人和组织必须都承担一定的责任,双方共同完成对职业生涯的管理,因此组织职业生涯管理与自我职业生涯管理是相辅相成的关系。同时,在职业生涯管理中,个人和组织均须按照职业生涯管理工作的具体要求做好各项工作,无论是个人还是组织都不能过分依赖于对方,因为有些工作是对方不能替代的。从个人角度看,职业生涯规划必须由自己决定,要结合自己的性格、兴趣进行设计。而组织在进行职业生涯管理时,所考虑的因素主要是组织整体,以及所有组织成员的发展。

二、大学生职业生涯管理的特征

1. 管理过程的连续性

大学生职业生涯规划管理具有连续性的特点。职业生涯规划管理是一项连续而又系统的工程。大学生职业生涯规划管理不应当仅仅是大学毕业时才着手进行的工作与任务,而应当贯穿在大学的各个阶段,分阶段、分任务逐级完成。因此,同学们从跨进大学校门开始,就应该用整体的眼光规划与管理好自己整个大学时期,从而为毕业时顺利就业奠定基础。

2. 管理内容的多样性

大学生职业生涯规划管理是一个系统工程,在具体内容、形式、方法等方面是丰富多彩的,体现出多样性的特点。同学们所进行的职业生涯规划管理的具体内容包括目标管理、健康管理、时间管理、压力管理等多方面。

3. 管理措施的可行性

大学生职业生涯规划管理要有事实依据,要充分考虑到自身的条件和外在环境的约束,制订切合实际的生涯计划。这就需要同学们加强自我认知能力,对自己进行全面客观地定位,并对外界条件进行仔细分析,选择适合自己并且适当的职业目标,而不能只是自己个人美好的愿望或不着边际的梦想,否则将会延误生涯良机。

4. 管理阶段的适时性

大学生职业生涯规划管理要根据大学生各阶段、各学期的情况特点,合理安排实施。凡事预则立,不预则废。因此,各项主要活动何时实施、何时完成,都必须有时间和时序上的妥善安排。同学们应根据自己不同的学习阶段进行相对应的职业生涯规划管理。

5. 管理计划与方案的前瞻性

大学生今后的生涯道路和即将面对的职业世界是非常广阔的,需要着眼于自身未来的全面发展。因此,同学们在自我定位和选择职业生涯发展道路之前,必须估计摆在自己面前的职业生涯道路的各种可能性,展望未来的职业世界,考虑社会的实际需求和人生发展的规律。只有这样,才能在自我认识的基础上做好自我定位并选择一条适合自身特点的职业生涯发展道路,获得一生的成功和幸福。

三、大学生职业生涯管理的影响因素

目前,大学生职业生涯管理作为一种新型的职业生涯管理形式,在我国依然是一个新生事物,需要在实践中不断探索其发展道路,因此,在其客观发展的过程中,也就必然受到各种因素的影响与制约,主要包括两个方面,一个是社会客观因素,一个是大学生自身主观因素。

(一)社会客观因素

(1)各高校与社会组织对大学生职业生涯规划与管理重视程度存在差异。随着我国教育由精英教育向大众教育转变,就业由分配式向自主择业转变,学生人数激增,学校对学生的指导却难以深入细致;同时,高校和社会本身对职业生涯规划的认识还不是很到位,所以导致大学生职业生涯规划方面的知识欠缺,得不到有效指导。

(2)片面强调职业的经济收入的社会现象普遍存在。随着市场经济的发展,经济因素开始在大学生职业生涯规划中占据着最重要位置。人们在评价大学生就业情况时,往往以大学生经济收入的多少和地位的高低论,导致大学生容易急功近利。

(3)某些家长存在着"出人头地""光宗耀祖""非公不选"等传统观念,仍然严重影响大学生的职业生涯规划与管理。

(二)自身主观因素

1. 许多大学生的价值观发生很大的变化,由社会中心转向自我中心,追求享受,不愿奉献

与以往大学生比较而言,当今大学生的职业价值观趋向务实化,存在明显的实惠性和功利性意识。在市场经济不断深化的过程中,大学生职业价值观逐渐转向"经济价值型",把对"前途"和"成才"的长远期盼转化为对工资收入、住房、职称、发展机会等具体条件的要求。择业时不同程度地存在着追求实惠和功利化倾向,在职业的选择上,大学生更注重职业的经济价值,而忽视了职业的理想价值;在职业的取向上,把择业范围定在大城市或大机关、大单位;在职业的去向上,不仅要选城市、选职业、选单位,而且要讲条件、讲福利、讲待遇。

2. 许多大学生生涯规划与管理意识薄弱

生涯意识是以自我了解、自我接受、自我发展为主,从未来和发展的角度看待个体一生的,使大学生个体能够适应社会的变迁,了解职业变化的方向,从而规划和决定个体生涯发展的目标。选择一种有价值的生活方式,是指导大学生生涯发展的重要意识。然而,很多的大学生进入大学之后,精力没有专注在自身的发展和职业生涯规划中,或者把时间浪费在上网、玩游戏、谈情说爱上,或者把时间放在参与各种社会活动中,对于生涯规划仅是草草应付一下,之后便不再修正。

3. 大学生绝大部分时间都是学习,整体而言缺少社会经验,因而缺乏宽广的眼界

许多同学缺失目标,没有自己的主张,随大流去竞争所谓的热门行业、热门职业等,没有发展方向,由于没有明确的目标,学习、工作缺乏动力。由于目标缺失,导致社会实践的

方向不够明确。

4. 自我认识不够

曾有机构做了有关"大学生职业生涯规划"问卷调查显示,仅有12%的人了解自己的个性、兴趣和能力;18%的人清楚自己职业发展面临的优势和劣势。有的大学生只看到自身的长处,自以为是,趾高气扬;有的大学生只看到自身的不足,心灰意冷,信心不足;在择业过程中,有的期望值过高,不切实际地追求超出本身能力的就职单位;有的对自己缺乏信心,在双向选择中,不是以积极态度努力去争取,而是以消极态度等待学校分配与推荐。

5. 心理承受力差

大学生择业期望值普遍过高,由于缺乏实践经验,心理准备不足,在社会为其提供的竞争机会面前就表现为胆怯和束手无策,或畏畏缩缩、羞于自荐;或小心翼翼、过于拘谨,结果是该说的没说、该谈的没谈,错过机会;或怕失掉面子,竞争伤和气,不敢凭实力与他人竞争;或感到自己成绩平平,表现不突出,觉得能力不如别人,不敢大胆应聘,积极择业。

探索的方法与技能训练

一、大学期间的职业生涯管理的原则

(一)符合社会需要的原则

大学生在进行职业生涯管理时,要把社会需要作为出发点和归宿,以社会对自己的要求为准绳,去观察、认识问题,进而规划管理自己未来的职业生涯。虽然,现在大学生就业实行双向选择、自主择业,但自主择业是相对的、有条件的,并非可以不顾社会需要,一味地追求"自我设计"。社会的发展,科技的进步,经济的繁荣,也都期望着合格的大学生为之奋斗。从另一方面看,社会是由人构成的,社会需要本质上就是人类的需要。在现实生活中,个人需要的内容无论怎样多,个人需要的结构无论怎样复杂,它总是受到现实社会要求的制约。人们正是通过不同的职业活动,在满足社会需要的同时,也在满足着个体的需要。社会的每一步发展,都是上述职业活动共同作用的结果。

(二)发挥个人素质优势的原则

大学生在进行职业生涯管理时,要综合考虑自己的素质情况,根据自身的特长和优势规划与管理未来的职业生涯,以利于在未来的职业岗位上能够顺利、出色地完成本职工作。发挥个人素质优势主要包括以下三点。

1. 发挥专业所长

大学生经过大学阶段的学习,不仅具有较为扎实的基础知识,而且具有一定的专业知识。因此,在职业生涯管理时从所学专业特点出发,做到以专业为主线或以专业为依托,拓展拓宽专业路径。这样就可以在未来的职业岗位上发挥所长,大显身手。

2. 发挥能力所长

同一专业的同届毕业生,由于个人的情况不同,能力也有差异,根据不同的能力选择

不同的职业岗位,是充分发挥个人素质优势的最佳体现。比如,有的人语言表达能力较强,适合搞教学、宣传工作;有的人设计能力较强,适合从事设计工作;有的人研究能力较强,适合搞科研;有的人组织能力较强,适合领导或管理工作;还有的人文字表达能力较强,适合从事文秘、编辑等工作。由此可见,进行职业生涯管理时,要根据自己的能力、专长选择职业岗位,既是胜任工作的需要,也是发挥个人最大潜力、进行创造性劳动的需要。否则的话,事与愿违,功不成、业不就,就会贻误事业与前程。

3. 适当考虑性格特点

就性格本身来讲,并不能决定一个人的成才方向和成就的高低。同一性格的人,有的可能很有作为,有的则可能一事无成。性格相异的人也可能在同一领域、同一职业中成才。但是,在进行职业生涯管理过程中,尤其在选择职业岗位时,适当考虑自己的性格特点,充分发挥性格所长则是十分必要的。比如在职业活动中,有的人是用理智去衡量一切并配合行动,这样的人就适合从事基础理论研究工作;有的人很有主见,并善于发现问题和解决问题,这样的人就较适合从事科学研究或领导工作。

(三) 积极主动的原则

大学生在管理职业生涯过程中,应审时度势,绝不可以消极等待,而应主动出击,积极参与。这里所说的主动选择,主要包括以下三个方面。

1. 主动参与职业岗位竞争

竞争机制的引入,冲击着各行各业,也冲击着人才就业市场。竞争使人们增加了紧迫感和危机感,也增加了责任感。从某种意义上说,职业岗位的竞争,就是靠才华、靠良好的素质去争得一份比较理想的职业。

2. 主动地了解人才供求信息和规格要求

由于社会对大学生的要求在不断发生着变化,因此主动了解用人单位对人才的要求和需求信息,才能有的放矢地选择职业岗位。

3. 主动完善自己

大学生应根据社会需要,加强学习、主动提高、完善自己,以尽快适应新的工作岗位。

(四) 分清主次的原则

职业生涯发展过程中,摆在大学生面前的选择是多方面的。比如,在未来就业选择中,单位性质、工作地点、工作条件、生活待遇、发展方向等诸多方面,不可能每项都称心如意,重要的是在职业生涯管理过程中怎样权衡利弊,分清主次,作出抉择。切不可因急功近利、好大喜功,而一味求全。

(五) 着眼未来,面向未来的原则

大学生在管理自己的职业生涯时,不能只看眼前实惠,不看企业发展前景;不能只看暂时困难,而不看企业的未来;不能只图生活安逸,而不顾事业的追求等。进行职业生涯管理时,要站得高,看得远,放开视野,厘清思路,把自己的命运紧紧地与国家和民族的命运联系在一起,找到自己的最佳位置,牢牢地把握好职业选择的主动权。

下面我们来看一位大学生的真实的生活,他的现实经历与烦恼我想你也可能存在着,相信会给同学们一些人生启示。

李某是一名大二的男生,旅游管理专业,对他而言,大学生活是紧张无序的。"进大学快两年的时间,我的生活是丰富的,参加了三个社团,并担任了职务;我是学生会的宣传委员,每次举办活动都由我出海报;我有很多朋友,时常约我一起出去玩。另外,我还在校外找了一份兼职每星期周五、周日晚要去上班。刚开始时,我还觉得挺充实,总有事可以干,不怕没事闲得发慌。可时间一长,我发现有些不对劲:我根本就没真正属于自己的时间了!有时候好不容易完成了手头的工作,刚想轻松一下或干些别的重要的事,结果突然一个电话就会把我的计划打乱。例如,我周六上午想去自习室看看书,一出门不巧遇见朋友来找我,说谁谁今天请大家出去 happy,盛情之下我只好放下书包跟他前去,结果大半天又搭了进去。其实,有不少重要的事情等着我去做呢!我学的是旅游管理专业,这方面的很多专业书我都想读读,可就是没有时间,我经常是把书从图书馆借了出来还没来得及读就已到期该还了。而且,我一直打算提高自己的学历的,想早点着手准备,可一直没能真正开始。眼前的事情太多了,让我顾不上将来的事。我觉得有些乱,仿佛不是我去做事,而是事逼着我去做。这学期专业课特别多,再过一个多月又要期末考试了,真不知道会考成什么样子。

看了这个案例,你有什么体会?李某的烦恼该怎么解决呢?

二、大学期间的职业生涯管理的内容

职业生涯规划管理包含许多具体内容,它们直接影响着个人职业生涯规划的实施进程及目标的实现。结合同学们当前所处的生涯阶段,主要应解决好影响自己职业生涯发展的目标管理、健康管理、压力管理、时间管理等问题。

（一）目标管理

我的生活目标是什么?这是生命中最大的问题。如果能明白设立目标在生命中的真正意义,你就会发现,目标是一种力量,它能带领你走向成功。目标的建立可以为你提供一个从此起步的台阶。那些取得了巨大成就的人,都是因为他们制定了明确的目标。在自己的头脑中形成目标是走向成功的第一步。如果你不知道自己的未来远景,你就永远到不了那里;如果你没有自己的主见,别人就会为你做主;如果你对自己的未来没有计划,你就会成为别人计划里的一枚棋子。当你制定了目标以后,心灵会直接引领我们注意和目标有关的一切,会帮助你去达成目标。

✍ 练习 8-1 ✍

思维体操——目标管理

一些专家做了统计和调研后发现,针对目标设定,世界上有四种人。

第一种人:约占3%,会制定并写下自己的目标。通常他们会非常认真地制定自己人生的目标,并且把它记录下来。一段时间以后再反思与检讨,看有没有实现自己阶段性的目标和阶段性的工作计划。

第二种人:约占10%,会认真思考自己的目标。尽管如此,但他们只是在那里想:我要这样,我要那样,我还要更好一点儿,我恐怕还要加强一些学习,我将来怎么样。但是他没有一个对过程的设计,没有一个具体的计划。

第三种人:约占60%,曾经思考过自己的目标。但是他们并不认真,也谈不上什么计划。

第四种人:约占27%,则完全没有人生的目标。他们过一天算一天,今天吃饱了就不考虑明天,浑浑噩噩地过日子。

由此可见,成功与否的区别在于,成功者在职业生涯规划中选择了正确的目标,并进行有效的职业生涯的目标管理,而失败者则相反。因此,我们常常能够看到一些天赋相差无几的人,由于目标管理的差异,结果人生发展大相径庭。

认真回顾一下你曾经在各个时期所定的职业生涯规划的目标,分析一下哪些目标是真正现实的,能够实现的?哪些目标只是空想?而那些现实的目标又有哪些已经实现了?哪些没有实现?没有实现的原因是什么?

_____

_____

_____

_____

(二)健康管理

健康管理是指一种对个人或人群的健康危险因素进行全面管理的过程。其宗旨是调动个人及集体的积极性,有效地利用有限的资源来达到最大的健康效果。世界卫生组织在1985年提出健康应包括三个方面:身体健康;心理健康;情绪管理。概括地说,健康包含两个方面的含义:一是身体方面的健康,指生理机能正常,抵抗能力强,没有或很少生病;二是心理方面的健康,指能够保持平静的情绪、敏锐的智能、适应社会环境的行为和气质。目前,健康管理对于我国来说还是一个新事物,才刚刚起步阶段。作为21世纪的大学生,进行健康管理是非常重要的一项任务,只有良好的身体和心理素质才能为未来的职业生涯发展奠定良好的基础。

我们的健康状况与个人对健康的认识、周围环境、医疗保健、个人的生物学因素和生活方式以及自我进行的保健有着密切的关系。其中,生活方式是由我们自己来掌控的,我们能够通过对自己生活方式的调整,适当采取保健措施,来达到最大限度促进自身健康的目的。生活方式包括饮食结构、工作、睡眠、运动、文化娱乐、社会交往等诸多方面。沉重的压力会造成精神紧张;不良的生活习惯,如过多的应酬、吸烟、过量饮酒、缺乏运动、过度劳累等,都是危害人体健康的不良因素。

对于长期从事办公室工作的人来说,长时间坐着,运动不足;长期使用计算机等,很可能导致颈、腰肌劳损、颈椎病、腰椎间盘突出、便秘、痔疮、皮肤损害等;饮过量咖啡、浓茶、酒,吸烟,工作紧张,睡眠不足,睡眠质量差等,也都会不同程度地导致健康受损。长此以往,可能出现各种各样的病症。

现代医学研究也表明,不少疾病病因主要不是生物因素引起的,而是由不良的生活方式、心理因素、环境因素等引起的,这种新的医学观念被称为"生物心理社会医学模式"(恩格尔,1977)。

下面就大学生职业生涯健康管理的几个方面作如下分析。

1. 身体健康的管理

身体健康管理的主要内容包括：

第一,学习卫生保健的基本常识,树立自我保健意识,增强预防疾病的能力。

第二,随时掌握自己的健康状况,对自己的健康状况做到心中有数。

第三,培养良好的生活习惯。

有研究表明,人的健康长寿60%取决于个人的生活方式。健康生活习惯的养成就是对自我科学实施健康管理的过程。大学生应养成以下良好的生活习惯。

① 合理安排作息时间,按时休息和起床,形成良好的作息制度;
② 选择合适的运动项目,每天锻炼半小时,养成科学锻炼的习惯;
③ 保证合理的营养供应,养成良好的饮食习惯;
④ 戒掉吸烟、酗酒、沉迷网络游戏等不良嗜好。

2. 心理健康的管理

心理健康标准的核心是：凡对一切有益于心理健康的事件或活动作出积极反应的人,其心理便是健康的。对于大学生心理健康在每个方面的具体标准,很难一分不差地逐条列出,但是,大体可从三个方面加以概括：一是敬业,二是乐群,三是自我修养。大学生心理健康的管理内容主要有以下几点。

第一,学习方面的心理健康。

学习是当前大学生的主要活动。心理健康的学生是能够进行正常学习的,在学习中获得智力与能力,并将习得的智力与能力用于进一步的学习中。由于在学习中能充分发挥智力与能力的作用,就会产生成就感;由于成就感不断得到满足,就会产生"乐学感",如此形成良性循环。具体地说,学习方面的心理健康,表现在以下6个方面。

(1) 体现为学习的主体。心理健康的学生,时时处处表现出自己是学习活动的主人和积极的探索者。

(2) 从学习中获得满足感。心理健康的学生从学习中获得满足感,并从中增强对自己的信心,充分相信自己具有学习的能力。

(3) 从学习中增进体脑均衡发展。心理健康的学生能合理使用体脑,顺应大脑兴奋和抑制的活动规律,注重一定的运动调节,能借助体脑获得智力与能力的更好发展。

(4) 从学习中保持与现实环境的接触。每个人都有幻想,心理健康的学生与有心理障碍的学生的根本区别在于前者的幻想有一定的现实基础且在时间上比较短暂,不会妨碍其学习和人际交往,而后者则相反。

(5) 从学习中排除不必要的恐惧。心理健康的学生能摆脱消极情绪的困扰,进行合理的调节。

(6) 从学习中形成良好的学习习惯。心理健康的学生会制订学习计划,独立思考,按时完成作业,经常复习、预习功课,长期坚持努力学习,逐渐形成良好的学习习惯。

第二,人际关系方面的心理健康。

人总要与他人交往并建立一定的人际关系。大学生的人际关系主要涉及师生关系和同学关系等方面。大学生处理错综复杂的人际关系的能力直接体现了其心理健康水平。

在人际关系方面,心理健康表现在以下五个方面。

（1）能了解彼此的权利和义务。心理健康的学生了解彼此的权利和义务,既重视对方的要求,又能适当满足自己的需要,从而保证人际关系的健康发展。

（2）能客观地了解他人。心理健康的学生不会以表面印象来评价他人,不将自己的好恶强加于人,而是客观公正地了解和评价他人。

（3）关心他人的需要。心理健康的学生知道只有尊重和关心别人,才能得到回报。良好的人际关系只有在相互信任、尊重和关心中才能获得发展。这就是"君子贵人而贱己,先人而后己"的道理。

（4）诚心地赞美和善意地批评。心理健康的学生不是虚伪地恭维别人,而是诚心诚意地称赞别人的优点。对于对方的缺点也不迁就,而是以合理的方式加以批评,并帮助其改正。

（5）积极地沟通。心理健康的学生对沟通持积极主动的态度,在沟通中明确地表达自己的想法,并认真听取别人的意见。他们沟通的方式是直接的,而不是含糊其辞,在积极的沟通中增进人与人之间的感情和友谊。真诚的友谊意味着心理健康。

（6）保持自身人格的完整性。心理健康的学生能与人和谐相处,亲密合作,但不放弃自己的原则和人格,即在保持个性和差异的前提下亲密合作。

第三,自我方面的心理健康。

心理健康的人了解自己,并接受自己。"人贵有自知之明",心理健康的人能正确客观地认识自我,了解自己的能力、性格、需要。他们既不自卑,也不自负;他们经常进行自我反思,看到自己的长处,更能容纳自己的不足,并寻求方法加以改进。心理健康的人常常能正确地认识自我、体验自我和控制自我,主要表现在以下6个方面。

（1）善于正确地评价自我。心理健康的学生必须学会正确地评价自我,不为他人的议论所左右,能够一分为二地看问题,从而成为自信、自尊、自爱、自重的人。

（2）通过别人来认识自己。心理健康的学生能经常反躬自问:"我在某方面的情况与别人相比怎么样?"他们除同周围的人相比较之外,还常与理想的自我相对照。心理健康的学生把别人当成自己的一面镜子,能虚心地、批判地接受别人的评价,从中认识自我。

（3）及时正确地归因。及时而正确地归因能够达到自我认识的目的,因为学业成绩或工作成果通常反映了一个人能力的大小或努力的程度。但是,该如何归因呢?是归因于运气、教师教得怎样、是否提供条件等客观原因,还是归因于主观的能力与努力的程度?心理健康的学生,主要归因于主观。

（4）扩展自己的生活经验。心理健康的学生不断扩展自己的生活范围,从中不断地充实自我,超越自我,接受新的自我。

（5）根据自身实际情况确立抱负水平。心理健康的学生,善于根据自己的能力水平和目标的难易程度,把抱负水平定在既有一定的实现把握,又有可能失败的层次,以此激发自己努力进取。

（6）具有自制力。心理健康的学生敢于为既定的目标而克服困难,迫使自己去完成应当完成的任务;善于抑制自己的其他不良行为和冲动,遇到挫折不忧郁、不悲愤,冷静对待,分析根源,保持乐观态度。

✐ **练习 8-2** ✐

心理健康状况自我测评

评分规则如下。

每题答"是"记 1 分,回答"否"记 0 分。各题得分相加,统计总分。

1. 每当考试或提问时,会紧张得出汗。
2. 看见不熟悉的人会手足无措。
3. 心里紧张时,头脑会不清醒。
4. 常因处境艰难而沮丧气馁。
5. 身体经常会发抖。
6. 会因突然的声响而跳起来,全身发抖。
7. 别人做错了事,自己也会感到不安。
8. 经常做噩梦。
9. 经常有恐怖的景象浮现在眼前。
10. 经常会发生胆怯和害怕。
11. 常常会突然间出冷汗。
12. 常常稍不如意就会怒气冲冲。
13. 当被别人批评时就会暴跳如雷。
14. 别人请求帮助时,会感到不耐烦。
15. 做任何事都松松垮垮。
16. 你的脾气暴躁焦急。
17. 一点也不能宽容他人,甚至对自己的朋友也是这样。
18. 你被别人认为是个很挑剔的人。
19. 你总是会被别人误解。
20. 常常犹豫不决,下不了决心。
21. 经常把别人交办的事搞错。
22. 会因不愉快的事缠身,一直忧忧郁郁,解脱不开。
23. 有些奇怪的念头老是浮现脑海,自己虽知其无聊,却又无法摆脱。
24. 尽管四周的人在快乐地取闹,自己却觉得孤独。
25. 常常自言自语或独自发笑。
26. 总觉得父母或朋友对自己缺少爱。
27. 你的情绪极其不稳定,很善变。
28. 常有生不如死的想法或感觉。
29. 半夜里经常因为听到声响难以入睡。
30. 你是一个感情很容易冲动的人。

你的总分是:_____

测评结果说明如下。

0～6分:说明目前你的心理健康状况真的很不错;

7～16分:说明现在你的精神有些疲倦了,最好能合理安排学习、工作,劳逸结合,让神经得到松弛;

17～30分:说明你的心理健康状况目前不容乐观,有必要请心理医生(老师)或者心理咨询师给以疏导和咨询,相信你很快会从烦恼不安中走出来的。

---

3. 情绪管理

许多优秀的职业人往往不是因为拥有高智商而成功,相反的,他们成功的秘诀是"情感智慧",即处理感情、人际互动和人际沟通的能力,具有较好的情绪管理能力。情绪智慧(情商)和智商不一样,它随着人生的经历不断地发展。简言之,情商能感知和了解情感的力量,并加以有效地运用,使它化为人类的力量和影响力。情商的产生不仅要有理性的思考,更要有感情的运用。情商要求我们认识并尊重源于情感的资讯和能量。情商不仅激励我们去追求个人的目标,也激发了我们的抱负,把理想化为事实。

一个人优秀的情绪管理能力主要表现在以下几个方面。

第一,自觉力。情绪管理的第一步就是要能察觉到自己的情绪,随时随地都能清楚地知道自己处于怎样的情绪状态。不管处在何种负面的情绪中,都要先接受自己真正的情绪。只有当我们认清自己的情绪,知道自己现在的感受时,才有机会掌握情绪,才能对自己的情绪负责,而不会被情绪左右。

第二,理解力。认识"负面情绪"的真正价值和意义,可以在我赢、你赢、大家赢的"三赢"基础上运用它,去达到更高的成功和快乐。这会使"负面情绪"变得具有"正面情绪"的性质。实际上,情绪并没有好坏之分,它只是心理状态而已。所有人都希望每天过得开心、惬意,不希望有恐惧和悲伤的时刻,而这些人不希望出现的情绪,便被称之为负面情绪。每份情绪都有其价值和意义,负面情绪也是如此。它不是给我们指引一个方向,就是给我们一份力量,都是一份推动力。愤怒的力量可以改变一个我们不能够接受的情况,痛苦则会指引我们离开威胁或伤害。

第三,运用力。20世纪50年代发展起来的合理情绪疗法理论认为,情绪并非直接源自外在的诱发事件,而应该归因于个体对于这个事件的解释和想法。也就是说,人们并不是被事件烦恼,而是被自己看待事物的方式烦恼,引发情绪的主要原因是自己的信念系统。人们的消极想法便是以各式各样的思维误区,如极端思维、以偏概全、自以为是去推测别人的想法,夸大和贬损、过于情绪化等。调整和改变这些思维误区代之以更科学的思维,会使个体减轻痛苦,实现情绪好转。

第四,摆脱力。情绪的摆脱力就是以合适的方式疏解情绪的能力。只有学会将负面情绪及时予以疏解,才能使人感到心灵的自由和新生。比如,当产生消极的情绪时可以通过逛街、听音乐等方式来分散注意力。

常用的心理调试方法有以下几种。

第一,转化法。

有些时候,不良情绪是不易控制的。这时可以采取迂回的办法,把自己的情感和精力转移到其他的活动中去,如学习一种新的技能,参加有兴趣的活动,使自己没有时间和可能沉浸在不良情绪中,以求得心理平衡,保护自己。

第二,宣泄法。

因挫折造成焦虑和紧张时,可以去打球、爬山、参加运动量大的活动,宣泄情绪。但是宣泄一定要注意场合、身份、气氛,注意适度,应是无破坏性的。

第三,安慰法。

人不可能事事皆顺心,在职业生涯管理中遇到困难和挫折,已尽了主观努力仍无法改变时,可说服自己适当让步,找一个可以接受的理由让自己保持内心的安宁,承认并接受现实,以求得解脱。

第四,松弛法。

在出现焦虑、恐惧、紧张、心理冲突、入睡困难、血压增加、头痛等情绪和症状时,可以在专业人员的指导下进行放松练习。通过练习学会在心理上和身体上放松的方法,可以减轻或消除各种不良的身心反应。

第五,沟通法。

当你对择业感到茫然时,也可找老师、同学、亲友沟通,说出你的一些想法,让他们谈谈他们的建议和看法。

练习 8-3

情商检查表

回答下列问题以了解你的态度是如何通过行为反映出来的。你可以同时让几位了解你的人来回答这些问题,把他们的回答和你的作一下比较。选择一两项你认为有必要加以改善的情商领域。

	我满意	我需要改善
1. 我总是尽最大的力量做事吗?	( )	( )
2. 我是否是乐观的?	( )	( )
3. 我是否友善和具有合作精神?	( )	( )
4. 我是否行动迅速和独立?	( )	( )
5. 我是否承担我应尽的责任(或做得更多)?	( )	( )
6. 我看起来是否自信从容?	( )	( )
7. 我是否真诚?	( )	( )
8. 人们是否尊重我的见解?	( )	( )
9. 我是否是可信任的?	( )	( )
10. 我是否举止得体,显得老练,能为他人着想?	( )	( )
11. 我衣着是否得体?	( )	( )
12. 能否先人后己,达到什么程度?	( )	( )
13. 能接受赞扬吗?	( )	( )
14. 能给予赞扬吗?	( )	( )

15. 是否经常向别人提出建议？　　　　　　　　（　）　　　（　）
16. 敢于说不吗？　　　　　　　　　　　　　　（　）　　　（　）
17. 是否经常等待别人为我作决定？　　　　　　（　）　　　（　）
18. 是否努力去了解别人的感受？　　　　　　　（　）　　　（　）

（三）压力管理

1．认识压力

压力管理就是通过了解压力的构成和自身对压力的反应，评估自己的优势因素对自身压力进行有效的疏导与调适的过程。如果能够很好地运用压力，压力就会有效地转化为发展的动力，促进你的职业生涯发展与事业成功。压力有很多种形式，它可能来自于别人或环境，也可能来自于自身。一个人在现实生活中需要同时扮演多种不同的角色，如父母、伴侣、儿女以及老板，有时，人在社会生活中不得不面对挫折和变化，当你学习或工作达到极限时，压力就会产生。一些重大的变化，如患重病或丧失亲人，也会造成很大的压力。压力是会积累起来的，因此，一系列小的事情会造成压力明显增加，这一点请同学们一定不要忽视。

每个人对压力的反应是不同的。对一个人来说是一种挑战的东西，对另一个人来说可能是一种巨大的压力。一个人对压力的反应，取决于他的生活方式、社会地位和职业背景、年龄、文化、性别、教育和遗传因素等。一个人的精神状况和身体健康情况，也会对他所感觉到的压力产生影响。

压力管理是现代生活的一个部分，因此学习如何进行压力管理，并有效地运用压力管理来发展自己的职业生涯是非常重要的。想让压力为你所用，也许需要重新审视你对压力的反应方式，并学习对付压力的办法。

练习 8-4

压力自我检查

1. 觉得手上课业、工作太多，无法应付。
2. 觉得时间不够，所以要分秒必争。
3. 觉得没有时间消遣，终日记挂着学业、工作。
4. 遇到挫败很易发脾气。
5. 担心别人对自己的表现评价不佳。
6. 担心自己的经济状况。
7. 有头疼、胃疼、背疼的毛病，难以治愈。
8. 需要借烟酒、药物、零食等抑制不安的情绪。
9. 需要借助安眠药帮助入睡。
10. 与家人、朋友、同事的相处令你发脾气。
11. 与人交谈时，打断对方的话题。

12. 上床后觉得思潮起伏,很多事情牵挂,难以入睡。

如果以上问题,大部分都是你的困扰,那同学们就得对压力管理有更进一步的认识。

2. 压力管理的策略和方法

几乎每个工作的人都会感到压力,无论是老板、高级管理人员,还是普通打工者。适度的压力能够激发人的成就动机,但是过高的压力则可能导致人们产生焦虑、挫折、绝望等不良情绪,许多调查表明,感到压力过大的员工容易出现心理问题。因此,越来越多的管理者开始重视员工的压力管理。当代大学生也普遍感受到了压力对自己的影响。因此,大学生了解压力的状况和结果,掌握一些应对压力的策略和方法十分重要。

3. 有效应对压力的方法与策略

(1) 加强锻炼,重视休息。最好每天抽出固定时间进行半个小时的有氧运动,如散步、慢跑、游泳、骑自行车等,既能增强心肺功能,提高抵抗疾病的能力,还能有效缓解身心的压力。

(2) 自我激励。当感受到压力时,用下面的话来激励自己:"我有足够的能力生活下去!""吸烟、酗酒和吸毒不能解决任何问题!""我是一个乐观主义者。我会关注生活中积极的事情。""担心一件事情并不能改变这件事情。这只会浪费我宝贵的时间和精力。""担心自己无法控制的事件是毫无意义的。""无论发生什么,我知道我能处理好它。"

(3) 积极寻求帮助与支持。寻求社会支持和帮助对改善压力有着重要作用。社会支持包括来自朋友、同学、老师和其他群体的帮助与信息提供。个体要学会成为有效的社会支持网络中的一部分,在需要时积极寻求他人的帮助,不能让自己与社会孤立起来。

(4) 学会放松。选择那些使你精神振作的活动,经常参加这些活动,充分利用呼吸和放松的技巧来抵抗压力。放松训练的原理是基于身躯神经活动的规律,学会放松有助于调整机体功能,增强心理承受能力。放松的方式可以根据个人的情况去选择。

(四) 时间管理

将有效的时间合理利用,将无效的时间降低到最低限度,学会分配时间,学会分清事情的轻重缓急,这些对许多职业人来说是一件极其重要的事。下面进行一个活动,希望通过这个活动,同学们对时间管理有一个新的认识。

练习8-5

时间的计算与回想

暂且以生命有三万天(人的一生82.2年)来记算,你已用去了多少天,还剩下多少天?将计算结果填入表8-1。

表 8-1　生命计算表

年　　月　　日	签名：
我的生命已用去　　　　天	我的生命还剩下　　　　天

填完上表,请把最直接的第一感受,用简单的语言写下来,并与朋友分享。

_____

_____

《有效的管理者》(机械工业出版社,2009 年版)一书的作者德鲁克说:"认识你的时间,是每个人只要肯做就能做到的,这是一个人走向成功的有效的自由之路。"

时间管理有效的方法如下。

(1) 善于集中时间。切忌平均分配时间。要把自己有限的时间集中在处理最重要的事情上,不可每样工作都抓,要有勇气并机智地拒绝不必要的事、次要的事。一件事情来了,首先要问:"这件事情值不值得做?"决不可遇到事情就做,更不能因为反正做了事,没有偷懒,就心安理得。

(2) 善于把握时机。时机是时间和事物转折的关键时刻。抓住时机可以牵一发而动全身,以较小的代价取得较大的效果,促进事物的转化,推动事物向前发展。错过了时机,往往会使到手的成果付诸东流,造成"一着不慎,全盘皆输"的严重后果。所以,成功人士都善于审时度势,抓住时机,把握"关节",恰到"火候",赢得时机。

(3) 善于处理两类时间。对于一名成功人士来说,存在着两类时间:一类是属于自己控制的时间,称作"自由时间";另一类是属于对人和事作出反应的时间,不由自己支配,称作"应对时间"。两类时间是客观存在,都是必要的,要善于处理和运用好两类时间。

(4) 善于利用零散时间。时间不可能集中,往往出现很多零散时间。要珍惜并充分利用大大小小的零散时间,把它用来从事零碎的工作,从而最大限度地提高工作效率。

(5) 善于运用会议时间。召开会议是为了沟通信息、讨论问题、安排工作、协调意见、作出决定。会议时间运用得好,可以提高工作效率,节约大家的时间;运用得不好,反而会降低工作效率,浪费大家的时间。

(6) ABC 分类法。将自己工作按轻重缓急分为:A(紧急、重要)、B(次要)、C(一般)三类。安排各项工作优先顺序,粗略估计各项工作时间和占用百分比;在工作中记载实际耗用时间;每日计划时间安排与耗用时间对比,分析时间运用效率;重新调整自己的时间安排,更有效地工作。

三、有效的职业生涯管理的模式

职业生涯管理是有规律可循的,在大学生职业生涯管理过程中,可以借鉴一些有效的模式,提高职业生涯管理的效率。下面就从以下几个方面,介绍大学生职业生涯管理的有效模式,供同学们参考学习。

(一) 职业生涯阶段发展任务管理模式

在职业生涯管理过程中,首先一定要明确职业生涯各个阶段的发展任务,只有明确任务，才能在职业生涯管理过程中有效实现自己的目标。职业生涯任务管理模式对职业生涯发展有着重要意义，既可以作为大学生职业生涯规划的参考，也可以作为职业发展各阶段实施状况的一个衡量标准。当然，各阶段的任务具体到某一个特定的个体和职业，会有一定的差异，但从共性来看主要包括以下这些内容。

1. 成长阶段，职业准备期（多为24岁之前）

身份：学生/求职者。

在此阶段主要任务是接受适当的教育或者培训，以进行知识储备和技能的有效培训。

（1）在知识的学习、业余爱好的形成和提高及各种活动中，不断挖掘自己的需要与兴趣，不断发现并发挥自身的才干、知识和能力；

（2）从人际交往与反馈中，锻炼角色领悟能力，对自己的存在状况作出判断，初步选择职业方向；

（3）了解有关职业信息，制订有倾向的学习计划；

（4）寻找试验性的工作或兼职，探索满足自己需要的职业方向。

2. 进入工作领域阶段，职业选择期（多为24～27岁）

身份：组织新成员。

这个阶段是职业生涯积累、沉淀经验和素材的阶段，主要任务是发现自身职业特质和职业兴趣与具体职位的匹配度，锻炼心理素质，继续进行知识储备。

（1）衡量组织提供的职业信息如工作环境、职业种类、待遇等，是否与自己的需要相匹配；

（2）学会处理理想与现实之间不相吻合所带来的问题；

（3）学会与第一个上司/培训者相处，初步建立人际关系网；

（4）尽快熟悉组织文化，尽快了解内情，一定程度上学会采用"圈子内"独特的语言、符号和行为模式与他人沟通。

3. 早期职业确立阶段，职业适应期（多为27～32岁）

身份：组织中的正式成员。

在这个阶段，已经成为组织的正式成员，承担某一项工作的责任，发挥并发展自己的能力，为提升或进入其他职业领域做准备。

（1）学会应付第一项工作带来的成就感或挫折感；

（2）根据领导与同事对自己工作的反映，根据组织提供的职业通路与发展机会，评价自己的工作能力，并评估自己所选择的职业是否正确；

（3）学会应付各种复杂的人际关系；

（4）调整态度与价值观，努力与组织、工作相适应，并进一步判断在组织中的去留。

4. 职业生涯中期阶段，职业稳定期（多为32～45岁）

身份：管理者/咨询顾问。

在这一阶段，有的人可能被提升，承担更大的责任；有的人可能仍然保持着自己原来的职业，如医生、教师；有的人可能在原来的职位上继续自己钻研，保持着技术权威地位；有的人可能要被组织转换到另一横向职业领域；有的甚至离开了组织。

（1）处理自我发展、家庭发展带来的压力，并使之与工作协调起来；

(2) 继续学习,保持自己的职位;
(3) 发展自己的职业绩效标准,形成自己独立的见解,相信自己的决策;
(4) 重新评估自己与组织的关系,是否进行新的职业选择。

5. 职业生涯后期阶段,职业衰退期(多为45岁以后)

身份:领导者/非领导者(为组织作出贡献的人/咨询者/专家)。

在这一阶段,要么在自己的职业领域成为技术权威,要么成为领导人。

领导者:
(1) 学会整合别人的努力,扩大自己的权威影响;
(2) 学会行使权力的技巧与技能;
(3) 学会处理组织内部或组织与环境之间的矛盾与冲突;
(4) 主要从关心自我转到更多地为组织的长远利益服务;
(5) 学会承担领导者的角色,挑选与发展接班人;
(6) 正确处理好与家庭的关系,应付各种家庭变故;
(7) 树立良好的公众形象。

非领导者:
(1) 坚持技术上的竞争力,保持自己的技术权威地位;
(2) 学会成为一名良师,学会怎样带好新员工;
(3) 发展所需要的人际和群体技能;
(4) 扩大和加深兴趣并拓展技术的广度与深度;
(5) 应付比较有能力的年轻成员对自己带来的职位威胁;
(6) 应付家庭中出现的正常和非正常变化的能力。

(二) 职业生涯标杆管理模式

标杆管理就是不断寻找和研究同行一流公司的实践,并与自身分析、判断,从而使自身不断改进的过程。标杆管理是现代企业的一种新型的经营管理模式,对于提高企业自身产品质量和经营管理水平,增加企业竞争实力,有突出的效果。1979年标杆管理的先驱和最著名的倡导者——美国施乐公司的罗伯特·开普认为,在职业生涯的管理过程中,每一个人都必须随时准备向全球的同行相比较,向优胜者学习,需要运用标杆管理的方法进行自我完善。

职业生涯的标杆管理主要包括以下几个方面的内容。

1. 确认标杆管理的目标

标杆管理的目标也就是大学生职业生涯管理学习的对象,即标杆。确立的标杆可以是自己的专业领域或自己感兴趣行业领域中的生涯典范,也可以是你周围所熟悉的同学、朋友或老师、父母。标杆要具体,并有参照的意义。在你的一生中,在不同阶段,会有不同的标杆,你向他学习,受他鼓舞,一步一步向他靠扰。最重要的是那个你看得到、摸得着的人,你要知道,他是不需要通过机遇,只需要通过努力就可以达到的榜样。

2. 通过自我分析,对照设定的标杆,找出自身差距,确定学习目标

首先,通过自我分析找出自身职业生涯中发展中的问题所在,然后确定学习目标。学习目标一定要具体,它可以是你的标杆的某一项突出职业技能,也可以是一项重要的职业

素养,总之,是你的标杆典范在生活、工作等各个方面表现出来的成功品质。找到差距后,通过与标杆的交流或访谈,收集与分析数据,确定标杆各项指标。

3. 瞄准标杆管理的目标,制定可行的学习目标,把学什么细化、量化

这个步骤是职业生涯标杆管理中最关键的一个部分。首先,结合标杆的各项指标,找到操作性强的缩短差距的有效途径;其次,这一基础上,进行系统学习与改进,实施标杆管理。在这一步骤中,要结合实际,创造适合自己的职业生涯管理方式;要注意超越自我,克服学习中的惰性。学习无止境,改进无终点,只要我们不断努力,一定能在职业生涯管理过程中取得长足地进步。

(三) 职业生涯发展视窗管理模式

职业生涯发展视窗管理模式,是一个很好的生涯管理的模式,当开始进行个人职业生涯规划管理时,以下列问题作为思考的对象,来分析职业生涯规划管理的内容,并将其整理填写完毕。

(1) 首先准备一张纸,在纸上画一条线,代表你的一生,在这条线的某处画一个"×",代表现在你所在的时间位置。

(2) 在"×"下面列出,你个人的目标、目前工作的角色、价值观、责任、特质、需求及期望等,只要想到能说明"我是谁"的事情、现象、状况或心态,都可以列出。这些项目可以写在一张纸上,也可分别写在不同的小卡片上。然后再将这些项目按个人的想法,以优先顺序或重要性排列起来。

(3) 然后根据上述的项目,来回答下列的问题:

① 哪些是暂时的、易逝的?哪些是永远的、可以延续的?

② 哪些项目,你希望包含在你未来规划中?哪些项目,你希望摒除掉?

③ 是否还有哪些项目你想再加入或修改?

(4) 根据过去的经验及个人的感受,回答下列问题:

① 过去曾有哪些事情,让自己很兴奋,希望再有机会尝试?或许这些事情应列入你未来的计划中。

② 你觉得工作或学习上,哪方面最能得心应手?哪些技术你最强?哪些人际关系你处理得最好?

③ 把你的现状及你对工作的期望列出来,你觉得你需要什么?哪些东西你需要去学习?

④ 你心中最想做什么事?你希望将来的工作是什么样子的?你心中理想的工作、人际关系是什么样子?

⑤ 什么工作或学习,你现在必须停止?什么工作或学习,你现在应该开始着手?

⑥ 有哪些资源,你尚未充分利用或目前误用,还是你根本不需要用了?

⑦ 在你计划中,弹性在哪里?当你的理想行不通时,你的次要选择是什么?

将以上所有你思考的问题,整理并记录在这张纸上。

(5) 从现在起,每天写日记,自我反省,自我思索,从文字中去了解自己的感受及价值观。

(6) 描述理想工作应有哪些资源可以运用,哪些资源是你可以掌握的,哪些资源的获得你需要他人的协助。将这些思考整理出来并记录在纸上。

(7) 将以上的理想,用步骤及先后顺序排列起来,标注在你的职业生涯发展视窗里。根据职业生涯发展视窗的内容,按照一定顺序整理勾画出来,即构成了你的"生涯曲线"。

✐ 练习 8-6 ✐

绘制"我的生涯曲线"

1. 请同学们在白纸上画一条直线,这条直线的长度代表了你生命的长度。直线的一端是你的生命的开始,另一端是你估计自己终老的年龄。

2. 在这条直线上找到你现在的年龄点,做一个标记并注明你的年龄。在该点上沿横轴向上作一条垂线,在其上面标上一定的刻度与数字,这个刻度上标记的数字的大小,代表着你的生活满意程度。

3. 现在开始思考,在自己未来的生涯发展中你要实现哪些理想目标?这些目标包括生活、休闲、家庭、事业等各个方面。

4. 然后,给每一个理想目标估计一个未来的期限(构成横座标),并想象它的实现给你带来的满意程度如何?(构成纵座标)二者垂线的交点,就是你的生涯发展中的一个重要的"点"。

5. 最后,请将这些理想目标确定的"点"用平滑的曲线连起来,即构成了你的生涯曲线。

将绘制的"我的生涯曲线"与周围的同学分享,并交流自己的真实感受。

(四)职业生涯日计划管理模式

"千里之行,始于足下。"紧紧抓住易失的今天,从现在做起,从今天做起,才是每一个渴望成功的莘莘学子的理性选择。要把握今天,就要善于规划好一天的生活职业生涯日计划管理模式,将为你在这一方面提供有效的帮助。

日计划的步骤如下:
(1) 写下今天的目标任务;
(2) 估计每一项目标任务完成的时间长短;
(3) 简要列出目标任务的计划行动方法和步骤;
(4) 预测目标任务完成可能遭遇到的问题以及应对措施;
(5) 留些缓冲时间给不能预见的事情;
(6) 确定目标任务的优先顺序;
(7) 追踪与检讨。

每天,你要在晚上或早晨做你的日计划,你每天所做的事情,是否与周目标相吻合。或者说累积一周以后,你所做的事情是不是跟你的月目标相吻合,而你每个月做的事情是不是跟你的季目标相吻合。你今年所做的事情是不是跟你的人生目标相吻合。有了这些以后,你才能够逐步地安排到你的月计划、周计划。日计划的规划与管理是大学生职业生涯发展的重要基础。

(五)职业生涯问题诊断与解决模式

📝**练习 8-7** 📝

请参考下列问题,对自己的职业生涯规划进行生涯诊断:
1. 我最辉煌、最成功的是哪一段时间?辉煌、成功到什么程度?
2. 导致成功的因素是什么?其中,外部因素是什么,内部因素是什么?
3. 现在,这些因素还具备吗?
4. 怎样才能使成功因素持续下去?
5. 目前影响我进一步发展提高的最大瓶颈是什么?
6. 造成这些瓶颈的因素有哪些?其中,自身可控因素是什么?
7. 在自身可控因素中,哪些是客观因素?哪些是主观因素?
8. 哪些必须由借助他人或他人参与才能控制或改变?
9. 哪些因素自己就可以控制或改变?
10. 哪些现在就可以改变?
11. 哪些需要创造条件才能改变?
12. 需要创造什么条件?
13. 由谁创造条件?
14. 从现在做起,我应该做什么?

通过以上问题的诊断分析,就能够对自己的职业生涯发展现状作出深刻的剖析,请将这些诊断分析记录下来,并思考你现在最需要解决哪些问题。将这些亟待解决的问题整理出来,并思考如何解决它们。最后,将以上的思考汇总在表 8-2 中。

表 8-2 问题现象与对策

问题现象 1	
问题透视	
解决策略	
问题现象 2	
问题透视	
解决策略	
问题现象 3	
问题透视	
解决策略	

(六)职业生涯管理技巧模式

英国现代剧作家乔治·萧伯纳说过,征服世界的将是这样一些人:开始的时候,他们试图找到梦想中的乐园,当他们无法找到的时候,他们亲手创造了它。就像在出外旅游之前你会很自然地带上地图一样,在职业生涯的开始,为什么不带上一份"职业导航图"呢?可以说任何一个事物都有其发展规律可循,职业生涯规划管理也是一样。中华励志网2008年4月的一篇文章里,总结了职业生涯管理的技巧,在这里推荐给同学们,希望同学们结合自身的实际情况,分析、借鉴,为己所用。

(1)在职业生涯发展的道路上,重要的不是你现在所处的位置,而是迈出下一步的方向。

(2)职业生涯开发与管理:只要开始,永远不晚;只要进步,总有空间。

(3)职业生涯的每一次飞跃发展都是以学习新知识、建立新观念为前提条件的。

(4)在职业生涯早期,对自己锻炼最大的工作是最好的工作;在职业生涯中期,挣钱最多的工作是最好的工作;在职业生涯后期,实现人生价值最大的工作就是最好的工作。

(5)在职业生涯发展的进程中,什么时候你的工作热情、努力程度不为工资待遇不高、不为上级赏识而减少,那你就开始为自己打工了。

(6)千万不要把你的主要精力放在帮助你的上级改正缺点、错误上;用同样的时间和精力,你能从他身上学到的优点,一定多于能帮他改正的缺点。

(7)确定你的职业锚之日,就是你的职业转变为你的事业之时。

(8)在职业生涯发展的道路上没有空白点;每一种环境、每一项工作都是一种锻炼,每一个困难、每一次失败都是一次机会。

(9)在职业生涯发展的道路上,只要不放弃目标,每一次挫折、每一次失败都是有价值的。

(10)在职业生涯初期,我们可能做的是自己不喜欢而且不想从事一生的工作。要分清:喜欢不喜欢这份工作是一回事,应该不应该做好这份工作、是否有能力做好这份工作是另外一回事。

(11)成功的人和不成功的人就差一点点:成功的人可以无数次修改方法,但绝不轻易放弃目标;不成功的人总改目标,就是不改方法。

(12)职业生涯没有目标不行,目标太多不行,目标总变也不行。对目标的处理方法是:选择、明确、分解、组合,并加上时间坐标。

(13)目标分解是在现实处境与美好愿望的实现之间建立可拾级而上的阶梯,目标组合是找出不同的目标之间互为因果、相互促进的内存联系。

(14)求知是自我实现的前提,求美是自我实现的过程。

(15)只有暂时没有找到解决方法的困难,没有解决不了的困难。

(16)自我实现让人兴奋,天人合一使人内心平静。

(17)企业不仅是挣钱谋生的场所,更是学习进步、实现人生价值的舞台。

(18)内职业生涯发展是外职业生涯发展的前提,内职业生涯带动外职业生涯的发展。

(19)外职业生涯的因素通常由别人决定、给予,也容易被别人否定、剥夺;内职业生涯的因素主要靠自己探索、获得,并且不随外职业生涯的因素改变而丧失。

(20)外职业生涯略超前时有动力,超前较多时有压力,超前太大时有毁灭力;内职业生涯略超前时很舒心,超前较多时很烦心,超前太大时要变心。

(21) 正确的角色定位需要理智,及时的角色转换需要智慧。

四、大学生职业生涯规划的实施

教育与培训是职业生涯规划的一个重要内容,作出职业决策,就意味着行动的开始,行动的第一步就是接受教育或培训,掌握必备的专业知识技能。

✎ 练习8-8 ✎

大学期间的教育规划

作为高等职业院校的学生,你目前正在接受高等职业教育。高等职业院校的学制一般是3年,由于每一学年的学习重点与心理特征都有所不同,所以你可以积极根据每个学年特点,将学年作为职业生涯实施的具体阶段,在每个阶段设立目标,进行职业生涯规划,并根据每个阶段的不同目标和自身成长特点,制订一些切实可行的行动计划。参考表8-3,制定自己在大学期间的教育规划。

表8-3 大学期间的教育规划范例

大学阶段	阶段目标	实施方案
大学一年级（上学期）	职业生涯规划的认知	① 适应大学生生活,初步确立学习目标; ② 了解自己与社会,做好初步的生涯设计; ③ 并重点了解自己要从事的职业或与自己所学专业对口的职业; ④ 积极参加社会实践活动,拓展自己的人际关系; ⑤ 加强英语、计算机能力的学习,争取通过国家级考试; ⑥ 初步进行专业的心理咨询和职业咨询,了解社会职位素质要求,参加能力提升训练,使职业目标逐渐与专业、兴趣、爱好等结合; ⑦ 如果有进修学历、转系、留学、读双学位的打算,要早早准备,了解相关的规定和流程,为自己的职业选择奠定基础
大学一年级（下学期）	职业定向:初步确定毕业方向同时培养相应的职业能力	① 认识自己、确定自己的价值观、动机和抱负,该阶段主要是职业适应,落实职业规划,通过具体的职业心理测试,深化自我认识,认真评估自己的职业目标; ② 积极参加学生会或社团活动,尝试兼职工作,锻炼自己的领导组织能力、团队协作精神,同时检验自己的知识技能; ③ 英语和计算机学习方面,要争取拿到相应的等级证书; ④ 掌握与就业相关的法律、政策、就业程序,参加专项行为训练,初步制定自己的职业生涯规划,将社会需求与个人需要结合; ⑤ 并积极发现自己的职业竞争力的不足之处,对自己生涯目标进行修正,制订职业竞争力提升计划
大学二年级（上学期）	充分做好职业准备	① 要积极自我评估、职业评估,检验自己的职业目标,前一年的准备是否充分; ② 了解职业生涯发展的路径、职业目标修正的方法,能对自身职业生涯相关问题进行评估,发现问题; ③ 完成专业知识的学习,掌握较好的专业技能,考取与目标职业有关的职业资格证书或通过相应的技能鉴定; ④ 职业体验,尽可能在业余时间从事与自己未来职业、未来专业相关的工作,积累经验

续表

大学阶段	阶段目标	实施方案
大学二年级（下学期）	做好顶岗实习准备	① 了解本届毕业大学生就业相关政策及程序，积极进行求职简历、求职技巧学习，搜集就业渠道，加入校友网，有进一步学习愿望的要积极搜集招生简章、考试资讯；并利用学校就业指导中心，强化面试技巧； ② 了解相关单位及创业信息，继续参加各项提升训练，积极与就业相关单位建立积极稳定关系
大学三年级	进入职场顶岗实训，职业定位	① 认真撰写毕业论文，积极大胆地提出自己的观点，同时要重视实习、见习经历，从微观实践上明确自己的岗位职责与要求，为成功就业奠定基石； ② 积累工作经验，整合自己的能力、动机、态度和价值观，逐步发现并确认自己的职业锚

五、大学生职业能力培养

大学生在管理自己的职业生涯过程中，要积极通过对职业意识的培养和工作技巧的训练等措施，有意识地培养用人单位所需要的职业能力，真正地实现职业生涯的发展与管理。而这些可从以下四个方面着手。

（一）提升自我学习能力

首先，从阅读中学习。阅读是最常用的学习方式，书籍是知识的主要载体之一，博览群书，能够开阔视野，拓展思路。书是人类进步的阶梯，书本上记载着人类丰富的历史经验，认真学习书本知识，可以使我们少走弯路。要在阅读书的过程中，能够准确理解所阅读材料的内容，了解其内涵，把握其真谛、精髓、实质，这是提高学习能力的前提。

其次，要从实践中学习。我国古代"知行合一"的至理名言，都道出了"知识不用于行动，难以获得真正的智慧"的事实。实践是学习的重要内容，也是学习的重要途径。一要自觉地向实践学习，自觉了解实践，尊重实践，总结实践，从实践中获得真知。二要自觉地学习他人的经验。善于运用"他山之石"攻玉。其实在实际工作中经常会遇到难以解决的问题，在解决问题的过程中学习，学习的过程也就是实践的过程。

最后，要善于理论创新。在运用所学知识指导实践的同时，善于做"结合"的文章。运用所学知识不等于照抄照搬，须具体问题具体分析，具体把握，灵活运用，并从中不断总结新鲜经验，进行理论创新，形成新的理论，不断完善知识体系，从而不断使自身的能力得以提高和升华。

（二）提升人际交往能力

人际关系是成功的最重要的因素。一个人事业的成功，只有15%是由于他的专业技术，另外的85%要靠人际关系、处事技巧。可见提升人际交往能力是职业生涯管理中极其重要的方面。要有效地提高人际交往能力，可从两方面入手：一是对社会情境的辨析能力；二是提高对其他人心理状态的洞察力。

（三）提升口头表达能力

出色的口头表达能力，其实是由多种内在素质综合决定的，它需要冷静的头脑、敏捷的思维、超人的智慧、渊博的知识及一定的文化修养。因此，口头表达能力的提高要从以下几个方面着手。

(1) 努力学习和掌握相关的知识。博览群书,扩大自己的知识面,增加自己的知识量。

(2) 努力学习和掌握相应的技能、技巧。在重要活动中发表讲话或演讲之前,要做充分准备:写出讲稿,又不照本宣科;以情感人,充满信心和激情;以理服人,条理清楚,观点鲜明,内容充实,论据充分;注意概括,力求用言简意赅的语言传达最大的信息量;仪态大方自然,恰到好处地以手势、动作、目光、表情帮助说话;表达准确,吐字清楚,音量适中,声调有高有低,节奏分明,有轻重缓急,抑扬顿挫;幽默生动,恰当地运用设问、比喻、排比等修辞方法及谚语、歇后语、典故、流行语、网络语言等,使语言幽默、生动、有趣;尊重他人及听者的人格,了解听者的需要,设身处地为听者着想,以礼待人,不带教训人的口吻;注意听众反应,根据需要及时调整讲话内容或风格。

(3) 积极参加各种能增强口头表达能力的活动,如演讲会、辩论会、班会、讨论会、文艺晚会、街头宣传、信息咨询等活动,要多讲多练。凡课堂上老师讲的或自己在书本学到的知识都尽可能地用自己的话讲出来,有助于提高自己的口头表达能力。锻炼口头表达能力要有刻苦精神,要持之以恒。只要勤于学习,大胆实践,善于总结,及时改进,口头表达能力一定能不断提高。

(四) 积极自检,促进生涯发展

职业生涯发展是指随着时间的推移和社会的发展,无论从事何种职业的人,其职业生涯都会不断向前发展,这里既有横向的迁移和变化,又有纵向的晋升变化。职业发展也包括职业需求和期望、职业态度、择业观和价值观的变化。所以管理自己的职业生涯,就要积极自检,发现存在的问题及不足,及时调整,促进职业生涯的发展。

积极的自我检查包括但不限于以下这些方面。

1. 恪尽职责的能力

(1) 在学业上或者生活上,为了达到目的,习惯于直面困难并解决它;

(2) 尽可能避免个人的偏见和人际冲突以免影响学习;

(3) 如果做错,承认错误并从中吸取教训;

(4) 面对问题并且努力去解决它,而不让它继续困扰着你;

(5) 有私人问题时,仍然能够集中精力学习;

(6) 有紧急事件发生时,不惊不慌,平心静气地解决它。

2. 计划的能力

(1) 在学习和生活上,进行长远规划;

(2) 对于学习,至少在一个星期以前就筹划完善,知道什么时候做,怎样做;

(3) 熟悉计划的技巧;

(4) 当你被指定学习某一专业课程时,在开始学习之前,详尽地规划你的学习方法;

(5) 常常在规定时间内完成学习任务。

3. 控制的能力

(1) 你现在的学习是否符合你所计划的日程表和计划?

(2) 你知道如何更好地执行学习计划吗?

(3) 你是否定期检查学习成效？
(4) 你有提醒自己在一定时间内完成学习的计划吗？

4. 口头表达能力

(1) 你花很多时间用于说话和聆听吗？
(2) 当你陈述问题时，别人能正确地知道你的意思吗？
(3) 当你表达很重要的事情时，你能够清楚地表达你的目的吗？
(4) 你能够让别人听懂如何从事交付给他的任务吗？
(5) 从已得到的"反馈"中，你能够肯定听者确实知道您所说的内容吗？
(6) 当你跟别人说话时，你能够集中全部精力吗？

5. 文字表达能力

(1) 你现在的学习或者工作需要写备忘录吗？
(2) 对于比较复杂的问题，你曾经写过超过 10 页的文章吗？
(3) 除学习外，你经常写作吗？
(4) 当您写作时，你对文章的语法、逻辑性、清晰程度、说服力、可读性有信心吗？
(5) 如果你是一位技术专家，你现在能写一篇让外行人也读得懂的某方面的专业报告吗？

6. 创造能力

(1) 现在，你所从事的学习和工作需要创造性的能力吗？
(2) 当你听到其他的创新时，你能够举一反三、在自己的学习中尝试吗？
(3) 在学校生活上，你是否常常在想用更好的办法来做事？
(4) 面对困难而又一时找不到具体的办法时，你经常能够提出创造性的见解吗？

7. 主动能力

(1) 在目前的学习上，学习的方法大部分是你自己选择的吗？
(2) 你是否随时主动学习，是不是被要求或者被指挥才去学？
(3) 学习碰到困难时，在求助老师和同学之前，你是否尝试自己解决？
(4) 你是否热心地参加集体活动？
(5) 你是"今日事今日毕"的人吗？

8. 适应能力

(1) 当你碰到与你的意见或者计划相反的意见时，你愿意倾听别人的看法吗？
(2) 你对可能影响你学习的新趋势保持警觉吗？
(3) 你会承认错误，从而改变对某种观念、方法、人的看法吗？
(4) 你会试着去了解"渐进求变"的优点而尽力去求其实现吗？
(5) 你处理问题时，能够不受先入为主的观念的影响吗？
(6) 受批评时，你认为那是学习、改进的机会吗？

以上这些问题自检后，有多少个你能大胆地作出"是"的回答？不管你的回答是多少，这都为你敲响了警钟，在今后的职业生涯学习与发展的过程，要继续坚持职业生涯发展的观念，不断地检验和提升自己的职业能力与素养，并真正在自己的职业发展领域独占鳌头，最后走向人生的成功。

成功者的足迹

比尔·拉福的故事

一个美国小伙子立志做一名优秀的商人。他中学毕业后考入麻省理工学院,没有去读贸易专业,而是选择了工科中最普通最基础的专业——机械制造专业。

大学毕业后,这位小伙子没有马上投入商海,而是考入芝加哥大学,攻读为期3年的经济学硕士学位。出人意料的是,获得硕士学位后,他还是没有从事商业活动,而是考了公务员。在政府部门工作了5年后,他辞职下海经商。又过了两年,他开办了自己的商贸公司。20年后,他的公司资产从最初的20万美元发展到2亿美元。这位小伙子就是后来美国的知名企业家比尔·拉福。

1994年10月,比尔·拉福率团来中国进行商业考察,在北京长城饭店接受《中国青年报》记者采访时,他谈到他的成功应感激他的父亲的指导:他们父子俩共同制定了一个重要的职业生涯规划,最终这个规划使他功成名就。

我们来看一下这份成功的简图:工科学习→经济学学习→政府部门工作→大公司工作→开公司。

第一阶段:工科学习

选择:中学时代,拉福就立志经商。当时他的父亲是洛克菲勒集团的一名高级职员,父亲发现儿子有商业天赋,机敏果断,敢于创新,但经历的磨炼太少,没有经验,更缺乏必要的知识。于是,父子俩进行了一次长谈,并描绘出职业生涯的蓝图。因此,升学时拉福没有像其他人一样直接去读贸易专业,而是选择了工科中最基础、最普通的机械制造专业。

评析:做商贸必须具备一定的专业知识。在商品贸易中,工业品占绝对多数,不了解产品的性能、生产制造情况,就很难保证在贸易得利。工科学习不仅是对知识技能的培养,而且能帮助建立一套严谨求实的思维体系。清晰的推理分析能力,脚踏实地的工作态度,正是经商所需要的。

收获:拉福在麻省理工学院的四年,除了本专业,还广泛接触了其他工科课程,如化工、建筑、电子等,这些知识在他后来的商业活动中发挥了举足轻重的作用。

第二阶段:经济学学习

选择:大学毕业后,拉福没有立即进入商海而是考进芝加哥大学,开始了为期三年的经济学硕士课程。

评析:在市场经济中,一切经济活动都通过商业活动来实现的,不了解经济规律,不懂得经济学知识,就很难在商场立足。

收获:拉福掌握了经济学的基本知识,搞清了影响商业活动的众多因素,还认真学习了有关法律和微观经济活动的管理知识。几年下来,他对会计、财务管理也较为精通,已完全具备了经商的知识结构。

第三阶段：政府部门工作

选择：拉福拿到经济学硕士学位后考取了公务员，在政府部门工作了5年。

评析：经商必须有很强的人际交往能力，要想在商业上获得成功，必须深知处世规则，善于与人交往，建立诚信合作关系。这种开拓人际关系的能力只有在社会工作中才能得到提高。

收获：在环境的塑造下拉福养成了强烈的自我保护意识，由稚嫩的热血青年成长为一名老成、处变不惊的公务员，并结识了各界人士，建立起一套关系网络，为后来的发展提供大量的信息和便利条件。

第四阶段：通用公司锻炼

选择：5年的政府工作结束之后，拉福完全具备了成功商人所需的各种素质，于是辞职下海，去了通用公司。

评析：通过各种学习获得足够的知识，但知识要通过实践的锻炼才能转化为技能。这也是大学生创业应该借鉴的地方：除了激情还应该考虑到更多的现实。

收获：在国际著名的通用公司进行锻炼，拉福不仅为实践所学的理论找到了一个强大平台，而且学习到了丰富的管理经验，完成了原始的资本积累。

第五阶段：自创公司，大展拳脚

选择：两年后，拉福已熟练掌握了商情与商务技巧，便婉言谢绝了通用公司的高薪挽留，开办了拉福商贸公司，开始了梦寐以求的商人生涯，实现多年前的计划。

评析：时机成熟后，应果断决策，切忌浪费时间，应抓住契机实现计划。

收获：拉福的准备工作，几乎考虑到了每个细节。拉福公司的成长速度出奇得快，20年后，拉福公司的资产从最初的20万美元发展为2亿美元，而拉福本人也成为一个奇迹。

比尔·拉福的生涯设计脉络清晰，步骤合理，充分考虑了个人兴趣、个人素质，并着重职业技能的培养，这种生涯设计在他坚持不懈的努力下，终于变为现实。

（资料来源：陆倩，何益屏.效仿比尔·拉福规划你的一生[J].时代金融，2006(10).）

课后任务

完成附录4——大学生个人职业发展档案。

霍兰德职业索引
——职业兴趣代号与其相应的职业对照表

（1）现在，请将你前面的测验得分居第一位的职业类型找出来，对照下面内容，判断一下自己适合的职业类型。

① R(现实型)：木匠、农民、操作X光的技师、工程师、飞机机械师、鱼类和野生动物专家、自动化技师、机械工(车工、钳工等)、电工、无线电报务员、火车司机、长途公共汽车司机、机械制图员、修理机器、电器师。

② I(研究型)：气象学者、生物学者、天文学家、药剂师、动物学者、化学家、科学报刊编辑、地质学者、植物学者、物理学者、数学家、实验员、科研人员、科技作者。

③ A(艺术型)：室内装饰专家、图书管理专家、摄影师、音乐教师、作家、演员、记者、诗人、作曲家、编剧、雕刻家、漫画家。

④ S(社会型)：社会学者、导游、福利机构工作者、咨询人员、社会工作者、社会科学教师、学校领导、精神病工作者、公共保健护士。

⑤ E(企业型)：推销员、进货员、商品批发员、旅馆经理、饭店经理、广告宣传员、调度员、律师、政治家、零售商。

⑥ C(常规型)：记账员、会计、银行出纳、法庭速记员、成本估算员、税务员、核算员、打字员、办公室职员、统计员、计算机操作员、秘书。

（2）下面介绍与3个代号的职业兴趣类型一致的职业表。

对照的方法如下：首先根据你的职业兴趣代号，在下表中找出相应的职业，如你的职业兴趣代号是 RIA，那么牙科技术人员、陶工等是适合你兴趣的职业。然后寻找与你的职业兴趣代号相近的职业，如你的职业兴趣代号是 RIA，那么，其他由这三个字母组合成的编号（如 IRA、IAR、ARI 等）对应的职业，也较适合你的兴趣。

职业兴趣代号与其相应的职业对照表

RIA：牙科技术员、陶工、建筑设计员、模型工、细木工、制作链条人员。
RIS：厨师、林务员、跳水员、潜水员、染色员、电器修理、眼镜制作、电工、纺织机器装配工、服务员、装玻璃工人、发电厂工人、焊接工。
RIE：建筑和桥梁工程、环境工程、航空工程、公路工程、电力工程、信号工程、电话工程、一般机械工程、自动工程、矿业工程、海洋工程、交通工程技术人员、制图员、家政经济人员、计量员、农民、农场工人、农业机械操作、清洁工、无线电修理、汽车修理、手表修理、管工、线路装配工、工具仓库管理员。

续表

RIC：船上工作人员、接待员、杂志保管员、牙医助手、制帽工、磨坊工、石匠、机器制造、机车（火车头）制造、农业机器装配、汽车装配工、缝纫机装配工、钟表装配和检验、电动器具装配、鞋匠、锁匠、货物检验员、电梯机修理工、幼儿园园长、钢琴调音师、装配工、印刷工、建筑钢铁工作、卡车司机。

RAI：手工雕刻、玻璃雕刻、制作模型人员、家具木工、制作皮革品、手工绣花、手工钩针纺织、排字工作、印刷工作、图画雕刻、装订工。

RSE：消防员、交通巡警、警察、门卫、理发师、房间清洁工、屠夫、锻工、开凿工人、管道安装工、出租汽车驾驶员、货物搬运工、送报员、勘探员、娱乐场所的服务员、起卸机操作工、灭害虫者、电梯操作工、厨房助手。

RSI：纺织工、编织工、农业学校教师、某些职业课程教师（诸如艺术、商业、技术、工艺课程）、雨衣上胶工。

REC：抄水表员、保姆、实验室动物饲养员、动物管理员。

REI：轮船船长、航海领航员、大副、试管实验员。

RES：旅馆服务员、家畜饲养员、渔民、渔网修补工、水手长、收割机操作工、行李搬运工、公园服务员、救生员、登山导游、火车工程技术员、建筑工作、铺轨工人。

RCI：测量员、勘测员、仪表操作者、农业工程技术、化学工程技师、民用工程技师、石油工程技师、资料室管理员、探矿工、煅烧工、烧窑工、矿工、保养工、磨床工、取样工、样品检验员、纺纱工、炮手、漂洗工、电焊工、锯木工、刨床工、制帽工、手工缝纫工、油漆工、染色工、按摩工、木匠、农民建筑工作、电影放映员、勘测员助手。

RCS：公共汽车驾驶员、一等水手、游泳池服务员、裁缝、建筑工作、石匠、烟囱修建工、混凝土工、电话修理工、爆炸手、邮递员、矿工、裱糊工人、纺纱工。

RCE：打井工、吊车驾驶员、农场工人、邮件分类员、铲车司机、拖拉机司机。

IAS：普通经济学家、农业经济学家、财政经济学家、国际贸易经济学家、实验心理学家、工程心理学家、心理学家、哲学家、内科医生、数学家。

IAR：人类学家、天文学家、化学家、物理学家、医学病理、动物标本剥制者、化石修复者、艺术品管理者。

ISE：营养学家、饮食顾问、火灾检查员、邮政服务检查员。

ISC：侦察员、电视播音室修理员、电视修理服务员、验尸室人员、编目录者、医学实验定技师、调查研究者。

ISR：水生生物学者、昆虫学者、微生物学家、配镜师、矫正视力者、细菌学家、牙科医生、骨科医生。

ISA：实验心理学家、普通心理学家、发展心理学家、教育心理学家、社会心理学家、临床心理学家、目标学家、皮肤病学家、精神病学家、妇产科医师、眼科医生、五官科医生、医学实验室技术专家、民航医务人员、护士。

IES：细菌学家、生理学家、化学专家、地质专家、地理物理学专家、纺织技术专家、医院药剂师、工业药剂师、药房营业员。

IEC：档案保管员、保险统计员。

ICR：质量检验技术员、地质学教师、工程师、法官、图书馆技术辅导员、计算机操作员、医院听诊员、家禽检查员。

IRA：地理学家、地质学家、声学物理学家、矿物学家、古生物学家、石油学家、地震学家、声学物理学家、原子和分子物理学家、电学和磁学物理学家、气象学家、设计审核员、人口统计学家、数学统计学家、外科医生、城市规划家、气象员。

IRS：流体物理学家、物理海洋学家、等离子体物理学家、农业科学家、动物学家、食品科学家、园艺学家、植物学家、细菌学家、解剖学家、动物病理学家、作物病理学家、药物学家、生物化学家、生物物理学家、细胞生物学家、临床化学家、遗传学家、分子生物学家、质量控制工程师、地理学家、兽医、放射性治疗技师。

IRE：化验员、化学工程师、纺织工程师、食品技师、渔业技术专家、材料和测试工程师、电气工程师、土木工程师、航空工程师、行政官员、冶金专家、原子核工程师、陶瓷工程师、地质工程师、电力工程量、口腔科医生、牙科医生。

续表

IRC：飞机领航员、飞行员、物理实验室技师、文献检查员、农业技术专家、动植物技术专家、生物技师、油管检查员、工商业规划者、矿藏安全检查员、纺织品检验员、照相机修理者、工程技术员、程序员、工具设计者、仪器维修工。
CRI：簿记员、会计、记时员、铸造机操作工、打字员、按键操作工、复印机操作工。
CRS：仓库保管员、档案管理员、缝纫工、讲述员、收款人。
CRE：标价员、实验室工作者、广告管理员、自动打字机操作员、电动机装配工、缝纫机操作工。
CIS：记账员、顾客服务员、报刊发行员、土地测量员、保险公司职员、会计师、估价员、邮政检查员、外贸检查员。
CIE：打字员、统计员、支票记录员、订货员、校对员、办公室工作人员。
CIR：校对员、工程职员、海底电报员、检修计划员、发报员。
CSE：接待员、通信员、电话接线员、卖票员、旅馆服务员、私人职员、商学教师、旅游办事员。
CSR：运货代理商、铁路职员、交通检查员、办公室通信员、薄记员、出纳员、银行财务职员。
CSA：秘书、图书管理员、办公室办事员。
CER：邮递员、数据处理员、办公室办事员。
CEI：推销员、经济分析师。
CES：银行会计、记账员、法人秘书、速记员、法院报告人。
ECI：银行行长、审计员、信用管理员、地产管理员、商业管理员。
ECS：信用办事员、保险人员、各类进货员、海关服务经理、售货员、购买员、会计。
ERI：建筑物管理员、工业工程师、农场管理员、护士长、农业经营管理人员。
ERS：仓库管理员、房屋管理员、货栈监督管理员。
ERC：邮政局长、渔船船长、机械操作领班、木工领班、瓦工领班、驾驶员领班。
EIR：科学、技术和有关周期出版物的管理员。
EIC：专利代理人、鉴定人、运输服务检查员、安全检查员、废品收购人员。
EIS：警官、侦察员、交通检验员、安全咨询员、合同管理者、商人。
EAS：法官、律师、公证人。
EAR：展览室管理员、舞台管理员、播音员、训兽员。
ESC：理发师、裁判员、政府行政管理员、财政管理员、工程管理员、职业病防治、售货员、商业经理、办公室主任、人事负责人、调度员。
ESR：家具售货员、书店售货员、公共汽车的驾驶员、日用品售货员、护士长、自然科学和工程的行政领导。
ESI：博物馆管理员、图书馆管理员、古迹管理员、饮食业经理、地区安全服务管理员、技术服务咨询者、超级市场管理员、零售商品店店员、批发商、出租汽车服务站调度。
ESA：博物馆馆长、报刊管理员、音乐器材售货员、广告商售画营业员、导游、（轮船或班机上的）事务长、飞机上的服务员、船员、法官、律师。
ASE：戏剧导演、舞蹈教师、广告撰稿人，报刊、专栏作者、记者、演员、英语翻译。
ASI：音乐教师、乐器教师、美术教师、管弦乐指挥，合唱队指挥、歌星、演奏家、哲学家、作家、广告经理、时装模特。
AER：新闻摄影师、电视摄影师、艺术指导、录音指导、丑角演员、魔术师、木偶戏演员、骑士、跳水员。
AEI：音乐指挥、舞台指导、电影导演。
AES：流行歌手、舞蹈演员、电影导演、广播节目主持人、舞蹈教师、口技表演者、喜剧演员、模特。
AIS：画家、剧作家、编辑、评论家、时装艺术大师、新闻摄影师、男演员、文学作者。
AIE：花匠、皮衣设计师、工业产品设计师、剪影艺术家、复制雕刻品大师。
AIR：建筑师、画家、摄影师、绘图员、环境美化工、雕刻家、包装设计师、陶器设计师、绣花工、漫画工。
SEC：社会活动家、退伍军人服务官员、工商会事务代表、教育咨询者、宿舍管理员、旅馆经理、饮食服务管理员。

续表

SER：体育教练、游泳指导。
SEI：大学校长、学院院长、医院行政管理员、历史学家、家政经济学家、职业学校教师、资料员。
SEA：娱乐活动管理员、国外服务办事员、社会服务助理、一般咨询者、宗教教育工作者。
SCE：部长助理、福利机构职员、生产协调人、环境卫生管理人员、戏院经理、餐馆经理、售票员。
SRI：外科医师助手、医院服务员。
SRE：体育教师、职业病治疗者、体育教练、专业运动员、房管员、儿童家庭教师、警察、引座员、传达员、保姆。
SRC：护理员、护理助理、医院勤杂工、理发师、学校儿童服务人员。
SIA：社会学家、心理咨询师、学校心理学家、政治科学家、大学或学院的系主任、大学或学院的教育学教师、大学农业教师、大学工程和建筑课程的教师、大学法律教师、大学数学、医学、物理、社会科学和生命科学的教师、研究生助教、成人教育教师。
SIE：营养学家、饮食学家、海关检查员、安全检查员、税务稽查员、校长。
SIC：描图员、兽医助手、诊所助理、体检检查员、监督缓刑犯的工作者、娱乐指导者、咨询人员、社会科学教师。
SIR：理疗员、救护队工作人员、手足病医生、职业病治疗助手。

附录 2

MBTI 16种性格类型代码分析

一、ENFJ（外倾、直觉、情感和判断）

1. 个性特征描述

ENFJ型的人热爱人类。他们认为人和感情关系是最重要的，而且他们很自然地去关心别人。他们以热情的态度对待生命，感受与个人相关的所有事物。由于他们很理想化，按照自己的价值观生活，因此ENFJ型的人对于他们所尊重和敬佩的人、事业和机构非常忠诚。他们精力充沛、满腔热情，富有责任感，勤勤恳恳、锲而不舍。

ENFJ型的人具有自我批评的自然倾向。然而，因为他们对他人的情感具有责任心，所以ENFJ型的人很少在公共场合批评人。他们敏锐地意识到什么是（或不是）合适的行为。他们彬彬有礼、富有魅力，讨人喜欢，深谙社会。ENFJ型的人具有平和的性格与忍耐力，他们长于外交，擅长在自己的周围激发幽默感。他们是天然的领导者，受人欢迎而有魅力，他们愿意成为出色的传播工作者，常常有利用自己口头表达的天赋。

ENFJ型的人在自己对一种情况的感受的基础上作决定，而不是这种情况事实上如何。他们对显而易见的事物之外的可能性，以及这些可能性以怎样的方式影响他人感兴趣。

ENFJ型的人天生具有条理性，他们喜欢一种有安排的世界，并且希望别人也是如此。即使其他人正在作决定，他们还是喜欢把问题解决了。

ENFJ型的人显得富有同情心和理解力，愿意培养和支持他人。他们能很好地理解别人，有责任感和关心他人。由于他们是理想主义者，因此他们通常会看到别人身上的优点。

2. 可能存在的盲点

ENFJ型的人具有如此的同情心与关切之心，以致对一些问题和他人的情感介入过多。有时他们选择的事业并不值得他们倾注所有的时间和精力。当一些事情完成得不是很好时，他们会觉得不知所措、失望和理想破灭。这会使他们退缩，感到自己不被欣赏。ENFJ型的人需要学会接受自己和他们所关心的人的缺点。他们还需要了解怎样"挑选他们的战场"和怎样保持现实的期望。

由于他们对和睦友好的强烈渴望,因此 ENFJ 型的人能够忽视自己的需求和真实的问题。因为回避冲突,所以他们有时会维持一种缺乏诚实和平等的人际关系。ENFJ 型的人非常在意别人的情感,以致当情况涉及批评或伤害感情时,他们能有意忽视重要的事实。学会如何接受和处理人际关系中必不可少的冲突,对于 ENFJ 型的人来说是重要的。

因为他们满怀热情,急切地开始下一次挑战,所以 ENFJ 型的人有时会作出错误的判断或过于急促地作决定,却没有搜集到所有重要的信息。他们需要放慢速度,更仔细地注意计划的细节。直到知晓所有的信息,他们才能避免犯错误。

ENFJ 型的人对于情感因素关注的程度到了对行为的必然结果视而不见的地步。努力关注涉及他们导致的事实而不仅仅是人,这会很有帮助的。

ENFJ 型的人对于赞扬有着很好的反应,但很容易被批评伤害,这些批评使他们易怒。他们当面受到甚至是最无恶意或动机良好的批评时,反应是激动、感到受伤害或生气。ENFJ 型的人的确应该停下来,退后一步,在作出反应前努力客观地了解情况。少一些敏感能够使 ENFJ 型的人听到一些包括建设性批评的、重要而有帮助的信息。

ENFJ 型的人是如此的理想化,以致他们习惯于以自己对事物的希望去看待事物。他们易受理想化的人际关系的影响,易于忽视与之相矛盾的事实。ENFJ 型的人没有学会面对自己无法认同的事实,结果他们忽视了自己的问题,而不是去寻找解决的方法。一般来说,ENFJ 型的人需要懂得更多人情世故。

3. 工作中的优势与劣势

每一个人都是一个独一无二的个体,都有其特别的优势和劣势,但问题的关键在于如何认识这些,以完善自己。我们对于成功的建议是:"取己之长,补己之短"。学会了这一点将会影响到你的成败及你对工作的喜好。

(1) 你在工作中的优势
- 优秀的交流及表达能力
- 天生的领导才能及凝聚力
- 热情奔放及有较强的寻求合作的能力
- 坚决果断,有组织能力
- 渴望推陈出新
- 与别人感情交融,能预见别人的需要,能真诚地关怀别人
- 兴趣广泛,头脑灵活
- 能统观全局,能洞察行为与意识之间的联系
- 鞭策自己做出成绩,达到目的
- 对自己所从事的事业尽职尽责

下面列出了你工作中可能存在的缺点,这些缺点有的比较明显,有的并不明显或你没有意识到,目的是为了让你"注意"到它们,并考虑产生的原因。缺点有些是天生的,而有些是长时间形成的,因此你不可能在一两天内改变,而是去提醒、思考。(注意:其实知道存在的问题就是改变提高中很重要的一步,你会发现你正在慢慢发生变化。)

(2) 你在工作中的劣势
- 不愿干预与自己价值观相冲突的事
- 容易把人际关系理想化

- 很难在竞争强、气氛紧张的环境下工作
- 对那些没效率或死脑筋的人没有耐心
- 逃避矛盾冲突,易于疏忽不愉快的事
- 在没有搜集足够证据前,易于仓促作决定
- 不愿训诫下属
- 易于因轻率犯错误
- 易于满足小范围管理,决不放弃控制权

4. 适合 ENFJ 型人的一般职业

(1) 交流性职业
- 广告销售主管
- 对外交流董事
- 娱乐表演者/艺术家
- 招聘人员
- 电视制片人
- 政客
- 营销经理(电台、电视、有线播放行业)
- 公共关系专家
- 作家/新闻工作者
- 资金筹集人
- 娱乐业导演
- 新闻广播员
- 信息制图设计人
- 编辑(杂志)

(2) 咨询顾问
- 心理医生
- 牧师/教士
- 雇员帮助顾问
- 公司公共活动顾问
- 职业顾问
- 翻译/口译
- 私人顾问
- 酒精和毒品戒禁顾问

(3) 教育/社会服务职业
- 教师:卫生健康/艺术/戏剧/英文
- 大学教授:人文学科
- 图书馆管理员
- 特殊教育教师
- 老年人社会工作者
- 非营利性组织的指导者
- 学校的系主任
- 儿童福利工作者
- 社会工作者
- 双语种教育老师
- 住宅安居指导
- 早期教育教师

(4) 健康护理职业
- 全面健康医生(可替代药物)
- 语言障碍病理学家/听觉病理学家
- 饮食学家/营养学家
- 职业治疗医生

(5) 商业/咨询职业
- 开发人力资源的培训员
- 招聘人员
- 小型企业经理
- 销售经理
- 公司/工作小组的培训员
- 管理顾问:多样化管理/组建工作小组
- 推销培训员
- 旅游代理人
- 项目设计人
- 调职顾问
- 生态旅行专家

5. 个人发展建议

（1）你成功的秘诀在于
- 放慢你匆忙的脚步；
- 适当放弃某些控制权；
- 客观对待周围的一切。

（2）发展建议
- 需要防止盲目的信任和赞同；
- 需要有成效地管理冲突；
- 需要像关注人一样关注任务的细节；
- 需要仔细倾听外界的反馈信息。

二、ENFP（外倾、直觉、情感和知觉）

1. 个性特征描述

ENFP 型的人充满热情和新思想。他们乐观、自然，富有创造性和自信，具有独创性的思想和对可能性的强烈感受。对于 ENFP 型的人来说，生活是激动人生的戏剧。

因为 ENFP 型的人对可能性很感兴趣，所以他们了解所有事物中的深远意义，喜欢许多可供选择的事物的存在。他们具有洞察力，是热情的观察者，注意常规以外的任何事物。ENFP 型的人好奇，他们更喜欢理解而不是判断。

ENFP 型的人具有想象力、适应性和可变性，他们视灵感高于一切，常常是足智多谋的发明人。有时他们不墨守成规，善于发现做事情的新方法。ENFP 型的人为思想或行为开辟新道路，并保持它们的开放。

在完成新颖的想法的过程中，ENFP 型的人依赖冲动的能量。他们有大量的主动性，认为问题令人兴奋。他们也从所处的周围其他人中得到能量的输入，能够把自己的才能与别人的力量成功地结合在一起。

ENFP 型的人具有魅力、充满生机。他们待人热情、彬彬有礼、富有同情心，愿意帮助别人解决问题。他们具有出色的洞察力和观察力，常常关心他人的发展。ENFP 型的人避免冲突，喜欢和睦。他们把更多的精力倾注于维持个人关系而不是客观事物，喜欢保持一种广泛的人际关系。

2. 可能存在的盲点

由于他们觉得产生想法很容易，所以 ENFP 型的人每次把精力集中于仅仅一件事上很困难，在作决定时很麻烦。他们了解许多可能性，以致他们很难挑选最好的活动或兴趣去追求。有时他们会做出拙劣的决定，立刻卷入过多的事物之中。仔细地选择把精力集中在哪儿，有助于 ENFP 型的人避免浪费时间和相当的才能。

对于一个 ENFP 型的人来说，一个计划中有意思的部分是最初问题的解决和引出一些新内容。他们乐于在一个问题最重要和富有挑战性的部分施展自己的灵感。这一阶段过后，他们常常会失去兴趣，缺乏完成已经开始的工作所必要的自我约束。他们很可能会开始许多计划，但完成的却寥寥无几，当 ENFP 型的人坚持完成单调却又必要的计划时，直到完成前，他们必须付出更多的努力。经常在纸上写出重要的事情或下面的步骤有助于防止他们偏离主题。

通常 ENFP 型的人不是特别安排有序的。他们会得益于学习和运用时间的管理个人组织能力。与更现实和实际的人配合工作,ENFP 型的人能做得很好,作为 ENFP 型的人不喜欢单独工作,尤其是要持续一段时间,所以与别人配合对他们很适合,即使是处于计划中缺乏兴趣的阶段,他们觉得与另外一个人一起工作也比单独工作合意得多。ENFP 型的人对于细节不是很感兴趣。由于他们对于运用自己的灵感和产生有独创性的事物电感兴奋,所以他们厌烦为了完成一项特别的活动去搜集自己所需的材料。有时他们仅仅是当场即兴创作,而事先没有计划和准备。因为他们觉得搜集材料单调枯燥,所以他们冒着永远超不出"闪亮的思维"阶段,或者一旦开始,永不结束的危险。一直不变的是,他们宁愿推迟处理麻烦的细节,而转移创新的或不寻常的其他事情上。当他们有意识地参加周围的社会交往,搜集一些使他们的创新可以实际运用的、更加现实的想法时,ENFP 型的人会更加卓有成效。

3. 工作中的优势与劣势

（1）你在工作中的优势
- 你希望打破常规思考,考虑事情发展可能出现的新情况
- 敢于冒险、敢于尝试新事物,能克服障碍
- 兴趣广泛,对自己感兴趣的东西接受能力强
- 对搜集自己所需信息有一种天生的求知欲和技能
- 能统观全局,能看出行为和思想之间的潜在含义
- 交际能力强,能激发别人的热情
- 适应能力强,能迅速改变自己的行事速度及目标
- 能洞察别人,能理解他们的需要和动机

（2）你在工作中的劣势
- 不善于把握事物的轻重,难于决定优先处理哪些事
- 对缺乏独创性的人没有耐心
- 不愿以传统或常规的方式行事
- 易于烦躁或不耐烦,尤其是当工作中创造性过程结束后
- 讨厌做重复性任务
- 不能容忍与过于严谨的机构或个人一起工作
- 倾向于关注可能发生的事情,而非实际的或极可能发生的事情
- 你有变得毫无组织的倾向

4. 适合 ENFP 型人的一般职业

（1）创造性职业
- 记者
- 专栏作家
- 音乐家/作曲家
- 室内装潢师
- 艺术家
- 编剧/剧作家
- 性格演员
- 新闻广播员
- 卡通制作人
- 报道人或编辑

- 杂志报道人或编辑
- 信息图片设计师

(2) 营销/计划
- 公关专家
- 营销顾问
- 广告业务经理
- 广告撰稿人/公共写作人
- 广告创意指导
- 战略策划人
- 报刊宣传员
- 调研助理
- 编辑或艺术指导(杂志)

(3) 教育/咨询
- 特殊教育老师
- 双语种教育老师
- 早期儿童教育老师
- 艺术戏剧、音乐及英语老师
- 儿童福利顾问
- 酒精毒品禁戒顾问
- 社会工作者(老年人及儿童日常照顾问题)
- 发展指导
- 职业顾问
- 住宅安居指挥
- 民意调查员
- 主教顾问
- 康复中心工作人员
- 社会学家
- 心理学家

(4) 健康护理/社会服务
- 营养学家
- 语言病理学家/听觉病理学家
- 全面健康医生
- 按摩治疗专家
- 雇员辅助计划顾问
- 理疗专家
- 法律调停人

(5) 企业家/商业
- 顾问
- 发明家
- 无形商品或点子的销售
- 人力资源经理
- 人力资源发展训练人
- 会议安排人
- 雇佣发展专家
- 饭店老板
- 管理顾问：转变管理体制或合作组构建或管理多样化
- 公司或小组培训人
- 人力资源多样化管理人
- 广告业务管理人或经理
- 公关专家
- 营销主管：广播或电视或有线转播业
- 调职顾问
- 环境法律师

5. 个人发展建议

(1) 你成功的秘诀在于
- 把握事情轻重，优先处理重要事宜；
- 集中精力于某一目标；
- 对自己接手的事坚持到底。

(2) 发展建议
- 需要设立优先级，考虑轻重缓急，发展持之以恒；

- 需要关注重要的细节；
- 需要学会审查计划或规划，而不是尝试去做所有看起来有吸引力的事情；
- 需要学会并运用时间管理技能。

三、ENTJ（外倾、直觉、思维和判断）

1. 个性特征描述

ENTJ 型的人是伟大的领导者和决策人。他们能轻易地看出事物具有的可能性，很高兴指导别人，使他们的想象成为现实。他们是头脑灵活的思想家和伟大的长远规划者。

因为 ENTJ 型的人很有条理和分析能力，所以他们通常对要求推理和才智的任何事情都很擅长。为了在完成工作中称职，他们通常会很自然地看出所处情况中可能存在的缺陷，并且立刻知道如何改进。他们力求精通整个体系，而不是简单地把它们作为现存的接受而已。ENTJ 型的人乐于完成一些需要解决的复杂问题，他们大胆地力求掌握使他们感兴趣的任何事情。ENTJ 型的人把事实看得高于一切，只有通过逻辑的推理才会确信。

ENTJ 型的人渴望不断增加自己的知识基础，他们系统地计划和研究新情况。他们乐于钻研复杂的理论性问题，力求精通任何他们认为有趣的事物。他们对于行为的未来结果更感兴趣，而不是事物现存的状况。

ENFJ 型的人是热心而真诚的天生的领导者。他们往往能够控制他们所处的任何环境。因为他们具有预见能力，并且向别人传播他们的观点，所以他们是出色的群众组织者，他们往往按照一套相当严格的规律生活，并且希望别人也是如此。因此他们往往具有挑战性，同样艰难地推动自我和他人前进。

2. 可能存在的盲点

由于 ENTJ 型的人渴望向下一个目标挑战，或向更大的目标前进，所以有时他们草率地作决定。偶尔放慢速度会有机会搜集所有相关的资料，考虑行为的实际后果和有关个人的后果。他们一旦作出决定就立刻行动，而不是停下来重新检查细节和形势的现实情况。

因为 ENTJ 型的人按照很有条理的方式生活，所以当他们无法理解别人的需求和情感的理由时，就会对这些情感显得粗鲁、迟钝、缺乏耐心和麻木。ENTJ 型的人好争论，难以接近，经常不欢迎别人清楚明白的建议，他们认为与其等着接受必然的批评，不如去聆听周围人们的情况，并对别人的贡献表示感激。事实上作为一条原则，ENTJ 型的人应该有意识地努力，在确信自己的想法之前，停下来聆听别人的意见，从而避免武断专横的行为。

ENTJ 型的人承认忽略或不表达自己的情感时，发现自己在感情上反应激烈。如果他们发现某个人，尤其是他们尊敬的人，对他们的能力表示疑问时，更容易感情激动。他们对貌似无足轻重的情况会有粗暴的反应，这种爆发会伤害接近他们的事物。当 ENTJ 型的人给自己时间去考虑和理解自己真正的感觉如何时，会更加快乐和引人注目。与其任感情左右自己的人格类型，不如给感情一个积极的发泄途径，这样才会真正地充分控制感情，从而处于一种愉快和令人向往的境界。令人惊讶的是，ENTJ 型的人实际上不如他们自信的风度所表现的那样老练和有能力。允许自己从别人那里得到合理而有价值的帮助,他们将会增加个人的能力和成功的概率。

3. 工作中的优势与劣势

（1）你在工作中的优势
- 能看到事情的可能发展情况及潜在含义
- 有创造性解决问题的天资,能客观地审查问题
- 有追求成功的干劲和雄心
- 自信且有天生的领导才能
- 对于在工作中胜任和胜出有强烈动机
- 标准高,工作原则强
- 能创造方法体系和模式来达到你的目标
- 敢于采取大胆行动,有不达目的誓不罢休的劲头
- 能逻辑地、分析地作出决定
- 擅长从事技术性工作,学习新东西时接受能力强

（2）你在工作中的劣势
- 对那些反映不如你敏捷的人缺乏耐心
- 唐突、不机智、缺乏交际手段
- 易于仓促作决定
- 对一些世俗小事没有兴趣
- 有要去改变那些根本没有必要改善的事物的倾向
- 不愿花时间适当地欣赏、夸奖同事或别人
- 对那些既定问题不愿再审查
- 易于过分强调工作,从而损坏了家庭的和谐

4. 适合 ENTJ 型人的一般职业

（1）商业
- 经理
- 办公室经理
- 人事经理
- 营销经理
- 技术培训人员
- 后勤顾问(生产)
- 管理顾问:电脑/信息服务、营销、机构重组
- 营销经理:广播/电视/有线播放行业
- 国际销售和营销
- 销售经理:制药业
- 高级主管
- 行政管理人
- 销售经理
- 网络一体化专家(电信)
- 信息服务:新业务开发人
- 广告业务经理
- 媒体策划/买主
- 特许权所有人
- 管理人:健康服务

（2）金融
- 个人财务设计人
- 抵押经纪人
- 股票经纪人
- 经济分析师
- 信用调查员
- 投资银行家

- 公司财务律师
- 经济学家

(3) 咨询/培训
- 商业顾问
- 教育顾问
- 管理培训人
- 劳工关系专家
- 公司工作小组培训人

- 国际银行家

- 管理顾问
- 项目设计人
- 就业开发专家
- 电信安全顾问

(4) 专业性职业
- 律师
- 心理学家
- 化学工程师
- 生物医学工程师
- 环境工程师

- 法官
- 科学/社会科学教师
- 知识产权律师
- 精神病学家

5. 个人发展建议

(1) 你成功的秘诀在于
- 放慢你行动的节拍；
- 注重细节；
- 体谅他人的需要。

(2) 发展建议
- 需要区分人的因素并欣赏他人的贡献；
- 需要在埋头苦干之前,仔细检查可资利用的、实际的人与情境资源；
- 在决策前,需要花时间三思问题的所有方面；
- 需要学会认同和看重感情。

四、ENTP(外倾、直觉、思维和知觉)

1. 个性特征描述

ENTP 型的人喜欢兴奋与挑战。他们热情开放、足智多谋、健谈而聪明,擅长许多事情,不断追求增加能力和个人权力。

ENTP 型的人天生富有想象力,他们深深地喜欢新思想,留心一切可能性。他们有很强的首创精神,擅于运用创造冲动。ENTP 型的人视灵感高于一切,力求使自己的新颖想法转变为现实。他们好奇、多才多艺、适应性强,在解决挑战性和理论性问题时善于随机心变。

ENTP 型的人灵活而率直,能够轻易地看出任何情况中的缺点,乐于出于兴趣争论问题的某个方面。他们有极好的分析能力,是出色的策略谋划者。他们几乎一直能够为他们所希望的事情找出符合逻辑的推理。

大多数的 ENTP 型人喜欢审视周围的环境,认为多数的规则和章程如果不被打破,便意味着屈从。有时他们的态度不遵从习俗,乐于帮助别人实现超出可接受和预期范围的事情。他们喜欢自在地生活,在每天的生活中寻找快乐和变化。

ENTP 型的人富有想象力地处理社会关系,常常有许多的朋友和熟人。他们表现得很乐观,具有幽默感。ENTP 型的人吸引和鼓励同伴,通过富有感染力的热情,鼓舞别人加入他们的行动。他们喜欢努力理解和回应他人,而不是判断他人。

2. 可能存在的盲点

因为 ENTP 型人视创造力和革新高于一切,所以有时会忽视按照普通的方式完成简单的事情,因为它是没有创造性的。对于常规和可预见的事物的强烈厌恶,使得他们很难注意到必要的细节。在他们热情地着手新鲜事物时,有时会忽视必要的准备,一头扎进去时扎得太快。而且一旦解决了主要问题,他们常常会去做一个振奋人心的冒险,而不是坚持到看见原计划顺利通过。他们应该逐渐地少做对各种计划的承诺,以便更多地完成自己已经开始的工作。

ENTP 型的人常常说话很快,其他方面全都如此,他们不允许别人发挥作用。他们诚实、公正,但是在准备好的对别人的批评中,却很生硬与不得体。ENTP 型的人必须把别人的想法看作是正确和重要的,即使他们不具有这种想法。ENTP 型的人迷人、有趣、使人愉快的同时,也会显得虚伪。ENTP 型的人须抵制想仅仅适应和表现的欲望,而应分享真实的情感。

ENIP 型的人不愿承诺一件事情是因为他们害怕错过更吸引人的其他机会。他们那种对于新的很有前景的事情保持开放并做出回应的愿望令人感到他们不可信赖,对待别人的计划很轻率。全面地考虑自己的行为对别人的影响,会有助于 ENTP 型的人显得更加可靠。

ENTP 型的人天生的思维敏捷,以及对于即将发生之事的预见能力意味着他们偶尔会错误地假设他们知道人们将要说的话,而且可能会一下子就得出意见。花些时间,更仔细地注意在他们周围的世界真正将要发生的事情,仔细地聆听他人的信息和反应会帮助他们避免显得傲慢与无礼。

3. 工作中的优势与劣势

(1)你在工作中的优势

- 出色的交际才能,能使别人对自己的观点感到兴奋
- 急切地"想知道盒子外边的世界",能想出一些新的可能性
- 杰出的创造性解决问题的能力
- 探险精神、创新意识以及克服困难的勇气
- 兴趣爱好广泛,易于接受新事物
- 有"走自己的路,让别人去说吧"的乐观主义激情
- 学习新知识的信心和动力都很强大
- 天生的好奇心理,快速地搜索所需信息的技能
- 能够把握事情的全局,弄清思想和行为的长远影响
- 同时处理多个问题的能力
- 对别人的需要和意图的知觉
- 能灵活地适应新情况,有熟练的变换能力

- 在社交生活中不会感到拘谨,能舒适地适应大多数社交场合

(2) 你在工作中的劣势
- 难以使自己有条不紊和富于条理
- 在区分出应该优先对待的事物以及作出决定方面有一定的困难
- 过于自信;可能会不恰当地运用自己的能力和社会经历
- 倾向于用"是不是有可能"来看待问题,而不是以可能性、可行性的大小来看待衡量事物
- 很可能不切实际地许诺
- 对思维狭窄及思想顽固的人缺乏耐心
- 问题一旦解决,兴趣便不复存在
- 不喜欢按传统的、公式化的以及例行的方式来办事
- 对待细节和后续工作可能缺乏耐心,对自己要求不严格
- 对事物很容易感到厌烦,并且可能在不恰当的时候把注意力转移到别的事情
- 不喜欢重复地做相同的工作
- 对自己不信任的人耐心不够

4. 适合ENTP型人的一般职业

(1) 政治
- 政治家
- 政治分析家
- 行政管理人员
- 社会科学家

(2) 计划与开发
- 战略策划者
- 房地产代理商/开发者
- 投资经纪人
- 工业设计管理者
- 网络一体化专家/电信专家
- 投资银行家
- 人事部门系统开发者
- 专有项目开发者
- 计算机分析人员
- 后勤顾问/生产顾问
- 财政计划者

(3) 销售/创造
- 广告创意人
- 市场调查员
- 电台/电视台访谈节目主持人
- 艺术总监/期刊总编
- 信息图表设计者
- 公共关系专家
- 体育用品经销商
- 制片人
- 国际市场销售
- 商业发展新趋势:信息服务

(4) 企业家/商人
- 企业家
- 业务顾问
- 作者对外事务代理人
- 新闻记者
- 演员
- 技术教员
- 发明者
- 风险投资者
- 摄影师
- 业主:饭馆/酒吧
- 新职介绍顾问
- 多样化训练者

- 业务顾问：经销/企业易主后的改革/赔偿

5. 个人发展建议

(1) 你成功的秘诀在于
- 区别对待；
- 集中关注；
- 信守承诺。

(2) 发展建议
- 需要关注现在；
- 需要承认和确认别人的投入；
- 需要设立现实的优先级和时间表；
- 需要喜欢如何在系统中为项目而工作。

五、ESFJ（外倾、感觉、情感和判断）

1. 个性特征描述

ESFJ型的人通过直接的行动和合作积极地以真实、实际的方法帮助别人。他们友好、富有同情心和责任感。

因为ESFJ型的人把他们同别人的关系放在十分重要的位置，所以他们往往健谈、受人欢迎、有礼貌，渴望取悦他人。他们具有和睦的人际关系，并且通过很大的努力以获得和维持这种关系。事实上，他们常常理想化自己欣赏的人或物。ESFJ型的人往往对自己以及自己的成绩十分欣赏，因而他们对于批评或者别人的漠视很敏感。通常他们很果断，表达自己坚定的主张，乐于事情能很快得到解决。

ESFJ型的人很现实，他们讲求实际、实事求是和安排有序。他们参与并能记住重要的事情和细节，乐于别人也能对自己的事情很确信。他们在自己的个人经历或在他们所信赖之人的经验之上制订计划或得出见解。他们知道并参与周围的物质世界，并喜欢具有主动性和创造性。

ESFJ型的人十分小心谨慎，也非常传统化，因而他们能恪守自己的责任与承诺。他们支持现存制度，往往是委员会或组织机构中积极主动和乐于合作的成员，他们重视并能保持很好的社交关系。他们不辞劳苦地帮助他人，尤其是在遇到困难或取得成功时，他们都很积极活跃。

2. 可能存在的盲点

ESFJ型的人高度重视和睦的关系，所以他们往往避免冲突，而不是毫不含糊地处理问题。有时他们过多地重视和在意所关心的见解和情感。在紧张或痛苦之时，他们对事实情况茫然无知。他们必须学会坦诚率直地处理冲突，确信在最困难的情形中，他们对于别人的情感具有天生的敏感，这种敏感会为他们提供必要的圆通。

ESFJ型的人往往会忽视自己的情感，因为他们渴望帮助别人，使别人高兴。他们很难拒绝别人或向别人请求帮助，这是因为不希望冒犯或使别人失望。通常他们很难提出或接受建设性的意见，因为他们很个人化地去处理事物。当他们找不到改变生活的办法，就会很悲观失望。暂时退后一步思考问题，判定一些目标，这样会使他们得到新的前景。

在努力帮助别人的过程中,ESFJ 型的人有时会以专横和盛气凌人的态度表达他们的观点。因而,在帮助别人之前,最好看一看别人是否希望得到建议或帮助。ESFJ 型的人经常在还有充分的时间去搜集一些不明确的情况,并考虑他们行动的后果之前,便匆匆地作出决定。他们缺少灵活性,往往不会去寻找解决问题的新办法或不同办法。推迟作决定,更多地对解决问题的新颖方法采取欢迎的态度,这样才会使自己有更好的资料基础,更好地作出决定。

3. 工作中的优势与劣势

（1）你在工作中的优势

- 有很大的精力和动力来完成任务、创造成果
- 能够有效地和别人协作,并且和他人建立起友好和睦的人际关系
- 处理事实和细节问题时,具有客观的态度和得天独厚的天赋
- 善于培养和帮助他人;对于别人良好的行为举止能够给予赞扬,并使他们更加发扬光大
- 果敢坚决,稳定可靠
- 能够维护组织一向的价值观念和工作原则
- 灵活的组织技能和明确的职业道德
- 信奉工作在一个传统、稳定的组织里有其自身的优点和长处
- 乐意遵循已制定的理性公事和工作程序
- 通情达理,视角现实

（2）你在工作中的劣势

- 不愿意尝试、接受新的和未经考验的观点和想法
- 对于别人的异议和批评耿耿于怀;不喜欢在紧张的气氛中工作
- 可能只关注眼前需要,而对于长远利益重视不够
- 难以适应新境况,在不同工作任务之间来回切换时会有困难
- 容易表现得过于敏感;逃避难堪的场合
- 不愿意长时间独自工作,极其想要和别人在一起
- 会轻易地把个人喜好表露出来
- 可能由于情感方面的负担而疲惫不堪
- 在掌握的信息和资料还不够的情况下便草率地作出决定
- 只关注具体的细节之处,而不能整体地把握一个情况或者事物的长远影响
- 容易固执己见、武断地作出决定
- 不愿意听取和接受反面的观点和意见
- 得不到赞扬或欣赏之辞的时候,可能会灰心丧气
- 只考虑眼前的需要,不愿意为事情作长远打算

4. 适合 ESFJ 型人的一般职业

（1）保健

- 医师助理/牙医助理
- 语言病理学家
- 运动生理学家
- 家庭医生

- 护士
- 医用秘书
- 饮食学家/营养学家
- 验光师/配镜技师
- 呼吸系统治疗专家
- 领照实习护士
- 最初保健护理医师
- 家庭健康社会工作者
- 牙医
- 验光师
- 按摩治疗专家
- 药剂师/制药技师
- 兽医
- 家庭健康护理
- 理疗专家

(2) 教育
- 小学教师
- 儿童照管人员
- 运动教练
- 特殊教育工作者
- 家庭经济教师
- 双语教学老师

(3) 社会服务/咨询
- 社会工作者
- 专业自愿者
- 顾问
- 女雇员问题咨询顾问
- 戒毒和戒酒咨询顾问
- 社会工作者(老人和儿童的日常照料问题)
- 牧师/神父/拉比
- 社区福利工作者
- 宗教教育者
- 律师帮办(律师的专职助手)
- 儿童福利顾问

(4) 商务
- 公关业务经理
- 销售代表(有形商品)
- 办公室经理
- 接待员
- 管理顾问:人力资源/培训
- 经营策划者
- 私人银行家
- 电话推销员
- 零售商
- 保险代理(家庭)
- 信贷顾问

(5) 销售/服务
- 飞机服务员
- 殡仪馆管理人员
- 旅店老板/老板娘
- 资金筹集人
- 环境旅游专家
- 翻译
- 家庭保健用品销售
- 营销经理:无线电/电视/广播电缆工业
- 顾客服务代表
- 高级理发师/美容师
- 酒席承办者
- 旅行推销员
- 不动产代理/经纪人
- 系谱学家
- 体育设备/商品销售

(6) 职员工作
- 秘书
- 接待员

- 办公室机器操作员
- 打字员
- 簿记员

5. 个人发展建议

（1）成功的秘诀在于
- 办事情时要不紧不慢；
- 考虑眼前并不存在的可能性；
- 不要随便地把事情视为是对自己的人身攻击。

（2）发展建议
- 需要学会如何看待和管理冲突；
- 需要努力倾听其他人的愿望和要求；
- 需要考虑其决策的逻辑与全局影响。

六、ESFP（外倾、感觉、情感和知觉）

1. 个性特征描述

ESFP型的人乐意与人相处，有一种真正的生活热情。他们顽皮活泼，通过真诚和玩笑使别人感到事情更加有趣。

ESFP型的人脾气随和、适应性强，热情友好和慷慨大方。他们擅长交际，常常是别人的"注意中心"。他们热情而乐于合作地去参加各种活动和节目，而且通常立刻能对付几种活动。

ESFP型的人是现实的观察者，他们按照事物的本身去对待并接受它们。他们往往信任自己能够听到、闻到、触摸和看到的事物，而不是依赖于理论上的解释。因为他们喜欢具体的事实，对于细节有很好的记忆力，所以他们能从亲身的经历中学到最好的东西。共同的感觉给予他们与人和物相处的实际能力。他们喜欢搜集信息，从中观察可能自然出现的解决方法。

ESFP型的人对于自我和他人都能容忍和接受，往往不会试图把自己的愿望强加于他人。ESFP型的人通融和有同情心，通常许多人都真心地喜欢他们，他们能够让别人采纳他们的建议，所以他们很擅于帮助冲突的各方重归于好。他们寻求他人的陪伴，是很好的交谈者。他们乐于帮助旁人，偏好以真实有形的方式给予协助。

ESFP型的人天真率直，很有魅力和说服力。他们喜欢意料不到的事情，喜欢寻找给他人带来愉快和意外惊喜的方法。

2. 可能存在的盲点

ESFP型的人把经历和享受人生置于一个优先的位置，所以有时使自己其他的责任受到损害。而且因为他们很容易受诱惑，很难自我约束，所以他们经常性的社交会干扰他们并使他们陷于麻烦之中。ESFP型的人往往容易分散对完成已经开始的任务的注意力，这使他们变得很懒散。优先考虑工作而不是活动，在工作与娱乐之间寻找一种平衡，这样他们会获得更具广阔前景和长远规划的生活观念，利用易接受和具有成功性的组织方式和时间管理有利于他们克服天生的禀性。

积极活跃的生活使得他们十分忙碌，无法事先计划。这使他们对于如果能够注意到其来临的征兆则很容易对付的人生变化毫无准备。ESFP 型的人必须尝试预见今后可能发生的事情,制订一个万一情况不愉快时可供选择的计划。

ESFP 型的人往往作决定时没有考虑他们的行动是否符合逻辑。他们信赖自己的个人情感,习惯于排除更加客观的信息。ESFP 型的人对朋友的评价很高,往往只看到他们积极的一面。ESFP 型的人必须后退一步考虑他们行为的起因和结果,工作中应变得更加意志坚强。拒绝并不是像决定是否他们去做那样困难。

3. 工作中的优势与劣势

(1) 你在工作中的优势

- 工作时精力充沛和充满乐趣
- 对迅速发生的改变和转变适应良好的能力
- 对别人的需要敏感和渴望以真正的方法帮助他们
- 喜欢自然;你是个有协作精神的团队成员
- 使工作有趣、让人兴奋的能力
- 实际且具有丰富的常识
- 忠实于你关心的人和组织
- 上进心;在工作中,你创造了一个生机勃勃、充满乐趣的气氛
- 柔韧性和愿意冒险,尝试新事物
- 渴望合作,以真实准确的方式帮助他人
- 清楚地评估目前的资源和情况,并且立刻明白应该做什么的能力

(2) 你在工作中的劣势

- 难以独自工作,尤其是持续的一段时间
- 以表面价值接受事物和错失进一步暗示的倾向
- 不喜欢提前准备;在组织时间上有问题
- 难以看到目前不存在的机会和选择
- 将失败当作针对个人的批评和负面回应的倾向
- 难以作出决定
- 冲动和容易被诱惑或迷惑的倾向
- 不喜欢过多的条条框框和官僚作风
- 如果涉及个人感情,就难以作出符合逻辑的决定
- 抵制确立长期目标和难以达到最后期限的倾向
- 难以律己或律人

4. 适合 ESFP 型人的一般职业

(1) 教育及社会服务部门

- 教师:早期儿童教育及初级教育
- 儿童护理员
- 家庭保健人员
- 体育教练
- 特殊教育老师
- 酗酒、吸毒劝诫人员
- 儿童福利顾问
- 海洋生物学家

(2) 健康护理
- 应急家庭护士
- 训犬员
- 牙科专家或牙科助理
- 运动专家
- 家庭保健服务人员
- 饮食专家或营养学家
- 运动生理学家
- 放射专家
- 营养专家
- 社会福利工作人员
- 医务助理
- 领照实习护士
- 最初保健护理医生
- 按摩专家
- 紧急医务工作人员
- 药剂师
- 呼吸系统专家
- 职业疗法医师

(3) 娱乐业
- 旅行代办人/旅游组织人员
- 电影制片人
- 承办人员
- 表演艺术人员/舞蹈员/喜剧演员
- 摄像师
- 音乐家
- 特殊事件统筹人员

(4) 商业/推销业
- 零售商或零售策划人员
- 资金筹措者
- 接待员
- 多样化管理者:人力资源
- 旅行推销人员
- 房地产经纪人
- 零售推销
- 公共关系专家
- 劳资关系调查人员
- 商业计划人员
- 小组协同培训
- 保险代办人经纪人(健康或人寿)
- 体育设备推销/买卖
- 家用保键用品推销

(5) 服务业
- 飞机服务员
- 侍者
- 花卉设计
- 警察/劳改人员(尤其是劳动培训、改造人员和咨询人员)
- 秘书/接待员
- 旅店老板

5. 个人发展建议

(1) 成功的秘诀在于
- 学会考虑将来的暗示;
- 不要太个人化地看待事情;
- 信守承诺。

(2) 发展建议
- 在决定时需要照顾逻辑关系;
- 在管理项目之前需要事先计划;
- 需要平衡工作努力和社交活动;
- 需要在时间管理上下功夫。

七、ESTJ（外倾、感觉、思维和判断）

1. 个性特征描述

ESTJ 型的人很善于完成任务；他们喜欢操纵局势和促使事情发生；他们具有责任感、勤勤恳恳，信守他们的承诺；他们喜欢条理性并且能记住和组织安排许多细节。他们及时和尽可能高效率地、系统地开始达到目标。

ESTJ 型的人被迫作决定。他们常常以自己过去的经历为基础得出结论。他们很客观，有条理性和分析能力，以及很强的推理能力。事实上，除了符合逻辑外，从来没有什么可以使他们信服。

同时，ESTJ 型的人又很现实、有头脑、讲求实际。他们更感兴趣的是"真实的事物"，而不是诸如抽象的想法和理论等无形的东西，他们往往对那些认为没有实用价值的东西不感兴趣。他们知道自己周围将要发生的事情，而首要关心的则是目前。

因为 ESTJ 型的人依照一套固定的规则生活，所以他们坚持不懈和值得依赖。他们往往很传统，有兴趣维护现存的制度。虽然对于他们来说，感情生活和社会活动并不像生活的其他方向那样重要，但是对于亲情关系，他们却固守不变。他们不但能很轻松地判断别人，而且还是条理分明的纪律执行者。

ESTJ 型的人直爽坦率，友善合群。通常他们会很容易了解事物，这是因为"你看到的便是你得到的"。

2. 可能存在的盲点

因为 ESTJ 型的人对自己和别人都采取一种严格的道德规范，所以当他们把自己的行为标准强加在别人身上时，则会被认为很独裁。他们应该努力变得更灵活和思想开阔一些，这样会避免过于粗鲁。

作为公正和有条理的分析家，ESTJ 型的人不会自然地考虑他们的决定对别人的影响。他们被视为冷酷而漠然，因而他们应该常常更多地关心自我的情感，对别人的思想和感受也应给予更多的尊重。

ESTJ 型的人天生挑剔，所以常常不会对周围那些人的特性或贡献表示欣赏。就此而言，他们必须努力做到更多地关注他人的才能和努力，并给予祝贺和赞扬。

有时 ESTJ 型的人对于自己的计划显得很急切，以致无法停下来倾听别人很有必要的谈话，他们不会很自然地询问"假如，则……"，所以他们常常会漏掉有可能性的价值、含义、联系和形式。防止思维封闭的简单方法是在说话之前，等待几分钟，给别人一个提供信息的机会。

ESTJ 型的人常常在没有搜集到所有必要的信息之前，或足没有花费时间充分了解情况之前便匆匆地下结论。因此他们必须学会有意识地放慢作出决定，直到他们已经考虑了更多的信息，尤其是一些他们可能忽略的其他方面。

那些已经学会放弃一些控制权的 ESTJ 型人，以及那些学会看清生命中存在"灰色区域"（而不只是黑白分明地看待事物）的 ESTJ 型的人更有适应能力，更容易成功。

3. 工作中的优势与劣势

（1）你在工作中的优势

- 注重实践，关心结果

- 能强有力地承担自己的义务；必要的时候能够快刀斩乱麻、意志坚定
- 能够自始至终地关注着公司(或组织)的目标
- 办事精确、很少出差错，有要把工作做好的强烈愿望
- 有很好地遵循已经建立起的工作安排和工作程序的习惯
- 能够敏感地觉察出不合逻辑、不连贯、不现实以及不称职的人或事
- 很好的组织能力；能很客观地作出决定
- 相信传统模式的可取之处，并能够遵循传统模式
- 很强的责任心；别人可以信任你去实现自己的诺言
- 清楚明白的工作伦理；对效率和成果的追求
- 通情达理，视角现实

（2）你在工作中的劣势
- 对不遵循工作程序和忽略重要细节的人有点不耐烦
- 不愿意尝试、接受新的和未经考验的观点和想法
- 对变动感到不安；排斥革新
- 对低效率的或需花很多时间才能完成的程序或工作缺乏耐心
- 只考虑眼前需要而不顾长远利益
- 有为了实现自己的利益而无视别人的需要的趋向
- 难以看到将来的可能性
- 对于方针或决定将会对别人造成什么样的影响缺乏敏感
- 不喜欢听相反的意见；可能频繁地打断别人的发言

4．适合 ESTJ 型人的一般职业

（1）销售/服务
- 保险代理
- 厨师
- 教师：贸易、工业、技术
- 保安人员
- 药品经销商
- 警察/监护官/管教官

- 丧葬承办者
- 陆军军官
- 政府雇员
- 体育商品/设备经销商
- 电信防护员
- 销售(有形的东西)：计算机、不动产

（2）科技/物理
- 计算机系统分析家
- 总承包商
- 建筑工人
- 临床医师
- 技术教员
- 工程师：机械领域/应用领域

- 审计员
- 农场主
- 药剂师
- 会计学内部审计员
- 脑电图技术专家/技师
- 律师帮办

（3）管理
- 银行高级职员/贷款员
- 职员总管

- 项目经理
- 行政官员

- 工厂监工
- 购物代理人
- 制定规章制度的官员
- 管理人：社会保健服务
- 管理顾问：企业运行
- 银行经理/贷款员

(4) 专门领域
- 牙医
- 股票经纪人
- 行政领导
- 公司财务律师
- 最初保健护理医生
- 律师帮办
- 土木/机械/冶金工程师

- 数据库经营者
- 信贷分析员
- 预算分析员
- 信息主管
- 后勤供给经理
- 信贷分析员/顾问

- 内科医生：普通医学
- 法官
- 教师：技术/贸易
- 电气工程师
- 工业工程师
- 药剂师

5. 个人发展建议

(1) 你成功的秘诀在于
- 放慢节奏；
- 多为别人着想；
- 要能灵活变通。

(2) 发展建议
- 在决策前，需要考虑问题的各个方面，包括人的因素的影响；
- 需要督促自己仔细考虑变动所带来的得失；
- 需要作出特殊的努力以夸赞别人的成绩。

八、ESTP（外倾、感觉、思维和知觉）

1. 个性特征描述

ESTP 型的人不会焦虑——他们是快乐的。ESTP 型的人活跃、随遇而安、天真率直。他们乐于享受现在的一切而不是为将来计划什么。

ESTP 型的人很现实，他们信任和依赖于自己对这个世界的感受。他们是好奇而热心的观察者。因为他们接受现存的一切，所以他们思维开阔，能够容忍自我和他人。ESTP 型的人喜欢处理、分解与恢复原状的真实事物。

ESTP 型的人喜欢行动而不是漫谈，当问题出现时，他们乐于去处理。他们是优秀的问题解决者，这是因为他们能够掌握必要的事实情况，然后找到符合逻辑的明智的解决途径，而无须浪费大量的努力或精力。他们会成为适宜外交谈判的人，他们乐于尝试非传统的方法而且常常能够说服别人给他们一个妥协的机会。他们能够理解晦涩的原则，在符合逻辑的基础上，而不是基于他们对事物的感受之上作出决定。因此，他们讲求实效，在情况必要时非常强硬。

在大多数的社交场合中，ESTP 型的人很友善，富有魅力、轻松自如而受人欢迎。在任何有他们的场合中,他们总是爽直、多才多艺和有趣,总有没完没了的笑话和故事。他们善于通过缓和气氛以及使冲突的双方相互协调,从而化解紧张的局势。

2. 可能存在的盲点

ESTP型的人偏好得过且过的生活方式,对意料之外的危机采取一种应急的态度,这会导致他们周围环境的混乱。由于缺少计划他们会错过许多机会,有时他们会一下子承担许多任务,然后便发现自己的负担过重,无法遵守诺言。ESTP型的人必须超越眼前的状况和对物质世界的兴趣,努力寻找准时完成工作的途径。

当ESTP型的人力求诚实时,尤其是当他们从一种经历闯入另一种经历时,往往会忽视他人的情感,感觉变得很迟钝。有时他们的炫耀被视为很粗俗,而且会使他们尽力取悦之人产生敌对的态度。当ESTP型的人把他们的观察力更多地倾注于感受他们周围的人时,他们会有更大的影响力。他们应该控制自己的莽撞、劲头和对享乐的偏好,使他人更容易接受,这样会使他们更有影响作用。

ESTP型人的兴趣更多的在于迅速有效地解决问题,他们往往直接地投身于下一场危险,而对于目前计划中缺少兴奋的部分往往不能坚持完成。他们确实应该学会管理时间,运用长远规划的技能,从而有助于他们为责任做准备,并很好地完成。ESTP型的人通过放慢培养自己行为标准的速度,考虑自己行为的后果,会使自己更加行之有效。

3. 工作中的优势与劣势

(1) 你在工作中的优势
- 敏锐的观察力,对实际信息的出色记忆力
- 明白该做什么的能力,和现实地完成工作的必要条件
- 在发起和促进项目时的愉快
- 精力充沛;你喜欢在工作中充满活力
- 随机应变的能力
- 使工作有趣和兴奋的能力
- 参加团队的乐趣
- 实际、现实,有观察力和丰富的常识
- 逐步上升的方式;你在工作中创造的生动有趣的气氛
- 适应力,愿意冒险和尝试新事物
- 愿意接受差异和"跟随潮流"的能力

(2) 你在工作中的劣势
- 很难独自工作,尤其是长时间
- 不喜欢事先准备;在组织时间上你有困难
- 有对别人的感觉迟钝、麻木的倾向,或者对人们的感觉过于疏忽
- 无法看到潜在的机会和选择
- 缺乏耐心和/或无法忍受行政细节和手续
- 很难作决定和/或优先考虑计划
- 易冲动的倾向和易受诱惑或迷惑
- 难以看到事情的长远影响

- 不喜欢过多的规矩和条条框框的官僚作风
- 抵抗制定长远目标,难以达到最后期限

4. 适合 ESTP 型人的一般职业

(1) 销售/服务/"活动"
- 警察
- 护理人员
- 领航员
- 管教罪犯的人员
- 急诊医士
- 呼吸治疗专家
- 体育用品销售
- 私人侦探
- 消防队员
- 侦探
- 调查研究者
- 房地产经纪人
- 运动生理学家/运动医学家
- 空中服务员
- 调查保险诈骗人员

(2) 金融
- 个人财务计划者
- 股票经纪人
- 投资者
- 预算分析员
- 审计员
- 银行业者
- 保险推销
- 保险代理人/经纪人(推销商)

(3) 娱乐业/体育运动
- 播送体育节目
- 承办人
- 舞蹈演员
- 拍卖商
- 体能指导员/训练者
- 新闻报道员
- 旅游代理人
- 酒吧侍者
- 职业运动员/教练

(4) 技术的/商贸
- 木匠
- 农民
- 建筑工人
- 电气工程师
- 集成网络专家(电信学)
- 勘测员
- 放射学专业人员
- 海洋生物学家
- 后勤和供给经营人:制造业
- 土木工程师(交通运输基础结构的修理)
- 工匠/手艺人
- 总承包商
- 厨师长/厨师
- 电子专家
- 工业/机械工程师
- 脑电图专家/技术员
- 飞机修理工
- 技术培训者:课堂环境

(5) 商业
- 房地产经纪人
- 房地产投资开发者
- 零售商
- 中间商
- 批发商
- 汽车销售商

- 业务顾问(业务活动)
- 特许经营者

5. 个人发展建议

(1) 成功的秘诀在于

- 学会三思而行；
- 考虑别人的感觉；
- 善始善终。

(2) 发展建议

- 需要抑制其独断而忽视他人感情的方面；
- 需要在迅速决定之前，事先计划，考虑细节，三思而行；
- 需要发展持之以恒；
- 需要注意物质享受以外的东西。

九、INFJ(内倾、直觉、情感和判断)

1. 个性特征描述

INFJ型的人生活在思想的世界。他们是独立的、有独创性的思想家，具有强烈的感情、坚定的原则和正直的人性。

即使面对怀疑，INFJ型的人仍相信自己的看法与决定。他们的评价高于一切，包括流行的观点和存在的权威，这种内在的观念激发着他们的积极性。通常INFJ型的人具有本能的洞察力，能够看到事物更深层的含义。即使他人无法分享他们的热情，但灵感对于他们重要而令人信服。

INFJ型的人忠诚、坚定，富于理想化。他们珍视正直，十分坚定以致达到倔强的地步。因为他们的说服能力，以及对于什么对公共利益最有利有清楚的看法，所以INFJ型的人会成为伟大的领导者。由于他们的贡献，他们通常会受到尊重或尊敬。

因为珍视友好和和睦，INFJ型的人喜欢说服别人，使之相信他们的观点是正确的。通过运用嘉许和赞扬，而不是争吵和威胁，他们赢得了他人的合作。他们愿意毫无保留地激励同伴，避免争吵。

通常INFJ型的人是深思熟虑的决策者，他们觉得问题使人兴奋，在行动之前他们通常要仔细地考虑。他们喜欢每次全神贯注于一件事情，这会造成一段时期的专心致志。

满怀热情与同情心，INFJ型的人强烈地渴望为他人的幸福作贡献。他们注意其他人的情感和利益，能够很好地处理复杂的人。INFJ型的人本身具有深厚复杂的性格：既敏感又热情。他们内向，很难被人一下子了解，但是愿意同自己信任的人分享内在的自我。他们往往有一个交往深厚、持久的小规模的朋友圈，在合适的氛围中能产生充分的个人热情和激情。

2. 可能存在的盲点

由于往往注意"思想"，INFJ型的人有时不切实际，会忽视需要注意的常规细节。更多地是对周围事物的注意，以及更多地依赖于经证实的消息，这使INFJ型的人在真实的世界中停留于自己创造的思想。

INFJ 型的人对于自己的原则如此坚定,以致发展到眼光狭窄的地步。他们很顽固地对待变化,一旦决定已经作出,他们可能会拒绝改变。有时他们会忽略不支持他们立场的重要事实,或是拒绝与他们的价值观相冲突的看法。他们不可能听取其他人的异议,因为对他们来说,自己的立场似乎是毫无疑问的。INFJ 型的人应该尝试更加客观地看待自我和自己的工作。

因为他们对于自己的观点如此具有保护性,所以 INFJ 型的人往往超越常规。他们经常是完美主义者,会对批评过敏。虽然他们意志坚强,但是在处理人际关系中的冲突也会遇到困难,如果冲突发展,他们会变得失望和沮丧。对于他们的人际关系和自我,INFJ 型的人越客观,就越少受这些伤害的影响。

3. 工作中的优势与劣势

(1) 你在工作中的优势

- 诚实正直,从而迫使人们重视你的想法
- 对于那些于你很重要的项目你专注且执着
- 坚决果断,并有高度的组织能力
- 有创造力,能提出独树一帜的解决问题的方法
- 与别人感情交融,能预见别人的需要
- 能以透视法看到事情发展的宏观图像以及意识与行动之间的未来的潜在联系
- 有理解复杂概念的能力
- 对别人真正关心,有帮助别人成长和发展的才能
- 独立,有很强的个人信念
- 有做出成绩,不达目的誓不罢休的干劲
- 对自己信仰的事业尽职尽责

(2) 你在工作中的劣势

- 过分的专心致志,结果可能导致死板
- 对于要做完一件事要花多少时间心中没数
- 很难做与自己价值观相冲突的事
- 对计划的可行性有不切实际的倾向
- 一旦作出决定不愿再回头审视一下,更不愿意撤销决定
- 不会处理矛盾,易于忽略不快
- 很难拉下面子客观、直接地训诫属下
- 很难把复杂的想法简明地表达出来
- 易于仓促下判断

4. 适合 INFJ 型人的一般职业

(1) 一般职业咨询/教育职业

- 职业咨询顾问
- 教育顾问
- 特殊教育老师
- 心理学家
- 图书管理员
- 双语种教育老师

- 早期教育老师
- 儿童福利顾问
- 教师：高中或大学英语、艺术、音乐、社会科学
- 社会工作者（老人与儿童日常护理问题）
- 雇员帮助顾问
- 酒精和毒品禁戒顾问

（2）家教职业
- 牧师/教士/修道士/修女
- 家教教育指导者
- 家教工作者

（3）创造性职业
- 艺术家
- 设计师
- 编辑、艺术指导（杂志）
- 诗人
- 自由宣传媒介设计人
- 小说家
- 通用设计建筑师
- 剧作家
- 信息制图设计者
- 家谱学家（家族研究者）

（4）健康护理/社会服务职业
- 保健管理人
- 社会工作人员
- 全面健康医生
- 社会服务代理人
- 心理健康顾问
- 信息治疗医生
- 调解人/冲突解决人
- 饮食学家/营养学家
- 职业治疗医生
- 社会科学家
- 语言病理学家/听觉病理学家

（5）商业
- 人事资源经理
- 职业分析家
- 商业销售计划人
- 市场人员（提供服务或点子）
- 人事资源多样化管理人
- 环境法律师
- 组织机构的发展顾问
- 公司/工作小组培训人
- 口译/翻译
- 雇员帮助方案的协调者/顾问
- 优先顾客销售代表

5. 个人发展建议

（1）你成功的秘诀在于
- 运用你的长处其实很容易；
- 注意细节，学会灵活一点；
- 无论做什么事情都要自发自愿，不需要别人督促你。

（2）发展建议
- 需要发展果断性技能；
- 需要学会在适当的基础上给人以建设性的反馈；
- 需要和他人一道检讨自己的眼光；
- 需要放松，对于目前情况下能够完成的事情，应当抱有更开放的态度。

十、INFP（内倾、直觉、情感和知觉）

1. 个性特征描述

INFP 把内在的和谐视为高于一切。他们敏感、理想化、忠诚，对于个人价值具有一种强烈的荣誉感，个人信仰坚定，有为自认为有价值的事业献身的精神。

INFP 型的人对于已知事物之外的可能性很感兴趣，精力集中于他们的梦想和想象。他们思维开阔，有好奇心和洞察力，常常具有出色的长远目光。在日常事务中，他们通常灵活多变、具有忍耐力和适应性。但是他们非常坚定地对待内心的忠诚，为自己设立了事实上几乎是不可能的标准。

INFP 型的人具有许多使他们忙碌的理想和忠诚。他们十分坚定地完成自己所选择的事情，他们往往承担得太多，但不管怎样总要完成每件事。

虽然对外部世界他们显得冷淡缄默，但 INFP 型的人很关心内在。他们富有同情心、理解力，对于别人的情感很敏感。除了他们的价值观受到威胁外，他们总是避免冲突，没有兴趣强迫或支配别人。INFP 型的人常常喜欢通过书写而不是口头来表达自己的感情。当 INFP 型的人劝说别人相信他们的想法的重要性时，可能是最有说服力的。

INFP 很少显露强烈的感情，常常显得沉默而冷静。然而，一旦他们认识了，就会变得热情友好。INFP 的人很友好，但往往避免浮浅的交往。他们珍视那些花费时间去思考目标与价值的人。

2. 可能存在的盲点

由于不如 ENFJ 型的人有条理性，他们有时会对事实判断错误，不能意识到自己的非逻辑性。当他们的梦想脱离现实时，其他人可能认为他们充满奇思怪想，神神秘秘。INFP 型的人应该很好地向更现实的人请教：他们的理想在现实世界中是否可行和有用。

因为 INFP 型的人如此坚信自己的理想，所以他们常常忽视其他观点的作用，而且有时会很刻板。他们对于物质环境不十分感兴趣，经常很忙碌，以致没有注意周围正在发生的变化。

INFP 型的人对于一种想法的酝酿要比实际中开始一个计划所需要的时间长很多。他们完美主义的倾向导致他们长久地精炼思想而从来没有分享过它们。这是很危险的，因为对于 INFP 型的人，更重要的是寻找表达他们思想的途径。为了避免沮丧，他们需要使工作变得更重视行动。

INFP 型的人很情绪化地陷于自己的工作中，所以对于批评很敏感，更加复杂的是，当他们追求自己不可能达到的高标准时，往往对自己的要求太多。即使事实上他们能够完成许多事情，但仍会导致情感上的不满足。当 INFP 型的人失望时，往往对于周围所有的事物都很对立。努力发展他们的计划的客观性会有助于防止 INFP 型的人更少地受批评与失望的影响。

因为 INFP 型的人往往努力让许多人同时高兴，所以让他们坚持一种不受欢迎的立场是很困难的。对于批评别人，他们感到犹豫不决，也很少会说"不"。当 INFP 型的人对于一些想法和计划没有表达他们的相反意见时，其他人会误以为 INFP 型的人同意他们的观点。INFP 型的人需要培养更多的敢做敢为的信心，才能学会在必要的时候对他人提出诚恳的批评。

3. 工作中的优势与劣势

（1）你在工作中的优势
- 考虑周到细致且能集中注意力深入某个问题或观点
- 渴望打破常规思考，并考虑新的可能情况
- 积极投身于所信仰的事业
- 必要时一个人也能很好地工作
- 对搜集所需信息有一种天生的好奇与技巧
- 能统观全局以及看到意识与行为之间的联系
- 能洞察别人的需要与动机
- 适应能力强，能很快改变你的行事速度及目标
- 在一对一的基础上很好地与人工作

（2）你在工作中的劣势
- 必须控制方案/计划，否则你可能会失去兴趣
- 有变得无秩序性的倾向，很难把握优先处理的事
- 不愿做与自己价值观相冲突的工作
- 在做事方式上不愿遵照传统方式
- 天生的理想主义，这样可能使你得不到现实的回报
- 讨厌以传统的或惯常的方式行事
- 很难在竞争的、气氛紧张的环境中工作下去
- 在处理及完成与顽固的组织和人们打交道时没有耐心
- 在预计做某事要求多长时间时有不切实际的倾向
- 不愿惩戒直接肇事者，不愿意批评别人

4. 适合 INFP 型人的一般职业

（1）创造性职业/艺术
- 艺术家
- 记者
- 建筑师
- 编辑
- 信息制图设计师
- 作家：诗人/小说家
- 娱乐人士
- 演员
- 音乐家
- 编辑/艺术指导（杂志）

（2）教育/咨询职业
- 大学教授：人文/艺术
- 心理学家
- 社会工作者
- 调研员
- 顾问
- 图书管理员

（3）教育顾问
- 特殊教育老师
- 儿童早期教育老师
- 儿童福利顾问
- 双语种教育老师
- 雇员帮助顾问
- 酒精和毒品禁戒顾问

- 翻译/口译
- 社会工作者(老年人和儿童日常护理问题)
- 法律调停人

(4) 宗教职业
- 牧师
- 传教士
- 宗教教育工作者
- 教堂工作人员

(5) 医疗保健
- 饮食学家/营养学家
- 家庭健康社会工作者
- 按摩专家
- 语言病理学家/听觉病理学家
- 理疗医生
- 职业治疗医生
- 全面健康医生

(6) 机构发展
- 雇员发展专家
- 社会科学家
- 顾问：工作组构建/冲突解决
- 人力资源开发
- 多样化管理人员

5. 个人发展建议

(1) 你成功的秘诀在于
- 设定切合实际的期望值；
- 重视让步；
- 不要太主观地看待问题。

(2) 发展建议
- 需要学会现实地工作而不只是追求完美；
- 需要发展其坚韧、讲究实际和说"不"的自觉行动；
- 需要更加强调和重视事实和逻辑；
- 需要发展和实施行动计划。

十一、INTJ(内倾、直觉、思维和判断)

1. 个性特征描述

INTJ 型的人是完美主义者。他们强烈地要求个人自由和能力,同时在他们独创的思想中,不可动摇的信仰促使他们达到目标。

INTJ 型的人思维严谨、有逻辑性、足智多谋,他们能够看到新计划实行后的结果和生活中可转变为真实物质的理论体系。他们对自己和别人都很苛求,往往几乎同样强硬地逼迫别人和自己。他们并不十分受冷漠与批评的干扰,作为所有性格类型中最独立的,INTJ 型的人更喜欢以自己的方式行事。面对相反意见,他们通常持怀疑态度,十分坚定和坚决。权威本身不能强制他们,只有他们认为这些规则对自己的更重要的目标有用时,才会去遵守。

INTJ 型的人是天生的谋略家,具有独特的思想、伟大的远见和梦想。他们天生精于理论,对于复杂而综合的概念运转灵活。他们是优秀的战略思想家,通常能清楚地看到任何局势的优点和缺陷。对于感兴趣的问题,他们是很好的、具有远见和见解的组织者。如果是他们自己形成的看法和计划,则他们会投入不可思议的专心、注意力和能量、积极性。依靠到达或超过自己的高标准的决心和坚韧不拔,他们获得许多成就。

2. 可能存在的盲点

由于有时对一些不切实际的高标准充满幻想,INTJ型的人对自己和他人的期望过多。事实上,他们往往不在意自己如何符合别人的标准,重要的是自己。他们对于自己的行为如何影响他人缺乏理解,往往在提供改进意见时挑剔而直率。他们经常不鼓励他人提出自己的观点或表达个人感情。因为INTJ型的人相当冷淡,所以他们错误地推论别人也希望受到同样方式的对待。他们需要学习理解别人貌似"非理性"的感情,认可它们是合理可取的。这有助于防止他们疏远和激怒周围的人。

因为INTJ型人过多地重视他们对未来的见解和想法,所以很容易忽略现在的重要事情和现实。他们也无法认识到自己思想中事实上的缺点,这会使他们的想法实施更加困难。搜集所有相关的和真实的材料有助于确信他们的想法的可操作性。INTJ型的人需要简化自己理论性的、复杂的思想,这样才能把自己的想法传达给别人。

因为INTJ型的人在工作中常常选择孤独,一心一意地努力,所以他们忽视了在活动中邀请别人参加或协助。征求别人的信息和建议会帮助他们在进程中早些认识到不切实际的想法,或者帮助他们在投入大量时间之前,做出一些改动和提高。

对于INTJ型的人来说,增加影响在于对次要的观点做出让步以赢得更重要的东西。这也会减少INTJ型的人变得太固执的可能性。当他们努力采用一种更易被接受的方式生活和与人相处时,INTJ型的人会得到更多的平衡、自信,成功地使自己更多的创新被社会接受。

3. 工作中的优势与劣势

(1) 你在工作中的优势

- 能看到事情的可能发展情况及其潜在含义
- 喜欢复杂理论及智力上的挑战
- 有创造性地解决问题的天赋,能客观地审查问题
- 即使在面对阻扰时也会义无反顾地去实现目标
- 自信,且对自己的设想会不顾一切地采取行动去实行
- 对于在工作中胜任和胜出有强烈动机
- 能很好地适应一个人单独工作,独立、自主
- 标准高,工作原则性强
- 能创造出方法体系和模式来达到你的目标
- 擅长从事技术性工作
- 能逻辑地、分析地作出决定
- 坚决果断,有高度的组织能力

(2) 你在工作中的劣势

- 当计划中创造性部分完成后对该计划失去兴趣
- 易于像紧逼自己工作一样去逼着别人工作
- 对那些反应不如你敏捷的人缺乏耐心

- 不愿意和那些你认为能力没有你强的人一起工作
- 唐突、不机智、缺乏交际手段,尤其是在你匆忙时
- 对一些世俗小事没有兴趣
- 对自己的观点顽固地坚持
- 有想要去改变那些根本没有必要改善的事物的倾向
- 易于过于理论化而不去考虑实际情况
- 不愿意花时间适当地欣赏、夸奖雇员、同事或别人
- 对那些既定问题不愿再审查
- 易于过分强调工作,从而损害了家庭的和谐
- 对一些工作所要求的"社交细节"没有耐心

4. 适合 INTJ 型人的一般职业

(1) 商业/金融
- 电信安全
- 国际银行家
- 财务计划人
- 管理顾问:电脑/信息服务,营销,机构重组
- 经济学家
- 药物研究员(R&D)
- 投资银行家

(2) 科技
- 科学家/科学研究员
- 设计工程师
- 电脑程序员
- 生物医学研究员/工程师
- 操作研究分析员
- 软件和系统研究员和开发员
- 信息服务:新业务开发人
- 技术人员:电力/电子
- 宇航员
- 环境规划人
- 电脑系统分析员
- 信息服务开发人
- 网络一体化专家(电信业)

(3) 教育
- 教师:大学
- 行政管理人员
- 学习课程设计人
- 数学家

(4) 健康护理/医药
- 精神病学家
- 神经病学家
- 心脏病学家
- 药物研究员
- 心理学家
- 生物医学工程师
- 药物学家
- 生物医学研究员

(5) 专门职业
- 代理人:行政管理/诉讼
- 战略设计人
- 经理
- 新闻分析员/撰稿人
- 管理顾问
- 投资/商业分析家
- 法官
- 工程师

- 冶金工程师
- 土木工程师

（6）创造性职业
- 作家/社论作家
- 发明家
- 建筑师
- 信息制图设计师
- 编辑/艺术指导

- 知识产权律师

- 艺术家
- 设计人
- 整体设计建筑师
- 自由媒体设计人

5. 个人发展建议

（1）你成功的秘诀在于
- 考虑实际情况；
- 认同别人所提意见的价值；
- 平衡你的工作和个人生活。

（2）发展建议
- 需要引发反馈和建议；
- 需要学会欣赏他人；
- 需要学会在何时放弃不实际的想法；
- 需要更加关注自己的思想对他人的影响。

十二、INTP（内倾、直觉、思维和知觉）

1. 个性特征描述

INTP 型的人是问题理性的解决者。他们很有才智和条理性，以及创造才华的突出表现。

INTP 型的人外表平静、缄默、超然，但内心却专心致志于分析问题。他们苛求、精细、惯于怀疑。他们努力寻找和利用原则以理解许多想法。他们喜欢有条理和目的的交谈，而且可能仅仅是为了高兴争论一些无益而琐碎的问题，只有有条理的推理才会使他们信服。

通常 INTP 型的人是足智多谋、有独立见解的思考者。他们重视才智，对于个人能力有强烈的欲望，有能力也有感兴趣向他人挑战。INTP 型的人最主要的兴趣在于理解除了能够准确知道、接受和明显的事物之外的可能性。他们乐于为了改进事物的目前状况或解决难题而发展新的模式。他们的思考方式极端复杂，而且能够更好地组织概念和想法而不是人。偶尔，他们的想法非常复杂，以致很难向别人表达和被人理解。

INTP 型的人十分独立，喜欢冒险和富有想象力的活动。他们灵活易变、思维开阔，更感兴趣的是发现有创见而且合理的解决方法，而不是仅仅看到成为事实的解决方式。

2. 可能存在的盲点

因为 INTP 型的人过分依赖他们的条理性分析，所以他们会忽视与别人有关的事物。如果某一方面不符合逻辑，即使对于他们来说很重要，他们也会冒险抛弃。他们承认自己所真正关心的会有助于与真实的情感保持联系。

INTP型的人精于观察一种思想的缺陷,但对于表达自己的评价却沉默寡言。因为他们拒绝在整个计划中存在一点不符合逻辑的地方,所以他们在面对计划某部分的一个细微错误之时迟滞不前,使整个方案难以完成。当他们把自己高度磨炼过的批评性思考运用到周围的人身上时,他们直率的诚实会变为一种无意的伤害。必须告诉他们,而且他们必须学会询问在情感上与别人相关的事务。

因为INTP型的人喜爱解决问题,所以往往他们会对常规的细节缺少耐心,而且如果一个计划需要过多的细节或持久贯彻,他们会失去兴趣而永远完成不了计划。向外转移他们的能量会使他们获得充分的实际知识以产生可行的、让别人能接受的想法。

当INTP型的人努力维持自己高标准的完美时,他们有时会想到不合适。学会与别人分享感受会帮助他们获得更现实和客观的见解。

3. 工作中的优势与劣势

(1) 你在工作中的优势

- 急切地"想知道盒子外面的世界",能想出一些新的可能性
- 能够理解非常复杂和高度抽象的概念
- 杰出的创造性地解决问题的技能
- 独立自主;探险精神、创造意识以及克服困难的勇气
- 能够综合运用大量的信息
- 搜集所需信息时理智的好奇心、独特的洞察力
- 即使在压力很大的情况下也能逻辑地分析事物
- 学习新知识的信心和动力都很大
- 客观性;能够客观地分析和处理问题,而不是感情用事
- 对自己的想法和观点充满信心
- 能够把握事物的全局,弄清行为和思想的长远影响
- 能灵活地适应新情况,有熟练的随机应变的能力

(2) 你在工作中的劣势

- 办事情可能条理不清,容易发生混乱
- 过于自信;可能会不恰当地运用自己的能力和社会经历
- 对思维狭窄和思想固执的人缺乏耐心
- 不喜欢按传统的、公式化的方式来办事
- 问题一旦解决,兴趣便不复存在
- 不擅长把复杂的思想和问题用简明的形式表现出来并用简单的形式将其解决
- 可能过于理论化,而忽视或无视现实性
- 不能严格要求自己去考虑且解决重要的细节性问题
- 不喜欢重复地做一件事
- 对程式化的事情和固执的人缺乏耐心

4. 适合INTP型人的一般职业

(1) 计划和开发

- 计算机软件设计员
- 计算机程序员

- 系统分析人员/数据库管理人员
- 战略策划者
- 网络一体化专家(电信专家)
- 财政计划者
- 信息服务开发者:计算机程序设计
- 管理咨询:计算机/信息服务,销售,重组
- 调查开发专家
- 新市场或新产品开发者
- 转换管理方式的咨询
- 投资银行家
- 信息服务:新的商业开发领域

(2) 保健/技术
- 神经病学家
- 整形外科医生
- 科学家:化学/生物
- 生物工程学家
- 物理学家
- 药剂师
- 药品调查员
- 兽医

(3) 专门领域
- 律师
- 心理学家/精神分析学家
- 建筑师
- 知识产权代理人
- 公司财务代理人
- 经济学家
- 金融分析家
- 侦探
- 法律调解人
- 精神病医生

(4) 学术领域
- 数学家
- 历史学家
- 大学高级教师
- 逻辑学家
- 经济学家
- 考古学家
- 哲学家
- 学术研究者
- 大学行政官员
- 翻译

(5) 创造性的职业
- 摄影师
- 艺术家
- 音乐家
- 发明家
- 富有创造力的作家
- 演员/舞蹈家
- 代理人
- 信息图表设计者

5. 个人发展建议

(1) 你成功的秘诀在于
- 更加有条理;
- 对聪颖不足的人要有耐心;
- 设法增进自己的社交能力。

(2) 发展建议
- 需要关注实际的细节,发展坚定的实施能力;
- 需要花力气将事情说得更简单些;
- 需要对他人给予的信息表示欣赏;
- 需要更多地了解他人以及他人的职业。

十三、ISFJ（内倾、感觉、情感和判断）

1. 个性特征描述

ISFJ 型的人忠诚、有奉献精神和同情心。他们头脑清醒而有责任心，乐于为人所需地理解别人的感受。

ISFJ 型的人十分务实，他们喜欢平和谦逊的人，喜欢利用大量的事实情况，对于细节则有很强的记忆力。他们耐心地对待任务的整个阶段，喜欢事情能够清晰明确。因为他们具有强烈的职业道德，所以他们如果知道自己的行为真正有用时，会对需要完成之事承担责任。他们准确系统地完成任务。他们具有传统的价值观，十分保守。他们利用符合实际的判断标准作决定，通过出色的注重实际的态度增加了稳定性。

ISFJ 型的人平和谦虚、勤奋严肃。他们温和、圆通，支持朋友和同伴。他们乐于协助别人，喜欢实际可行地帮助他人。他们利用个人热情与人交往，在困难中与他人和睦相处。ISFJ 型的人不喜欢表达个人情感，但实际上对于大多数的情况和事件都具有强烈的个人反应。他们关心保护朋友，愿意为朋友献身，他们有为他人服务的意识，愿意完成他们的责任和义务。

2. 可能存在的盲点

ISFJ 型的人生活在完全现实的生活中，他们很难全面地观察问题，也很难预见情形的可能性结果，尤其是当他们不熟悉情形之时。他们需要看得更远些，想象如果以不同方式做事可能会产生怎样的后果。

ISFJ 型的人为了自己和那些对其应负责的人，每天陷入了劳累和无终止的劳作中。他们常常过多地工作，亲自去做某件事以确保能够一丝不苟地完成。因为他们天生并不是过分自信或意志坚强，所以他们有被别人利用的危险。他们必须表达不断被各种事物纠缠的怨恨之情，所以他们没有发现自己已成为一种帮助的角色。而且他们还必须让其他人知道他们的需求和成就。

ISFJ 型的人经常需要额外的时间以掌握技术性的内容。他们往往过多地计划，所以必须制订有助于重新调整他们那耗费过多、令人担心的精力的计划。ISFJ 型的人必须寻找能够得到他们应得的、更多的快乐和放松的方法。

3. 工作中的优势与劣势

（1）你在工作中的优势

- 能够很好地集中、关注焦点
- 很强的工作伦理，工作努力而且很负责任
- 良好的协作技巧，能和别人建立起和谐友好的关系
- 讲求实效的工作态度，办事方法现实可行
- 十分关注细节，能够准确地把握事实
- 乐于助人，给同事和下属职员的工作提供支持和帮助
- 了解公司（或组织）的经历，能够很好地维护公司（或组织）的传统
- 杰出的组织才能
- 愿意在传统的机构中工作，而且兢兢业业、不遗余力

- 能够连续地工作,对相同的工作任务不会感到厌倦
- 非常强的责任意识;别人可以信任你去实现自己的诺言
- 喜欢运用固定的办事程序;尊重别人的地位和能力
- 通情达理,视角现实

(2) 你在工作中的劣势

- 可能低估自己的能力,难于坚决地维护自己的需要和利益
- 不愿意尝试、接受新的和未经考验的观点和想法
- 对反对意见过于敏感;在紧张的工作环境里感到很受压抑
- 可能只关注细节和眼前之事,而对整体和将来重视不够
- 倾向于同时投入到过多的任务之中
- 难以适应新环境,或者在不同工作任务之间来回切换时会有困难
- 易于被需要同时解决的多项工作项目或任务弄得晕头转向、无所适从
- 如果自己得不到充分的重视和赞赏,可能会感到灰心丧气
- 一经作出决定,就不愿意从头考虑同一个问题

4. 适合 ISFJ 型人的一般职业

(1) 健康护理部分

- 牙医
- 护士
- 理疗法专家
- 提供健康护理人员
- 眼科大夫
- 药剂师/药剂技术人员
- 呼吸系统专家
- 初级保健大夫
- 医务/牙科助理
- 家庭运动医生
- 医务技术专家
- 医疗设备推销
- 饮食专家/营养学家
- 医务记录管理人员
- 放射专家
- 兽医
- 家庭保健助理

(2) 社会服务部门/教育部门

- 学前教育/初级学校教师
- 教育管理人员
- 咨询服务人员
- 宗教教育者
- 家庭健康社会服务人员
- 戒酒和戒毒咨询人员
- 图书管理员/档案保管员
- 博物馆、美术馆、图书馆等的馆长
- 教育行政人员
- 社会工作者(老年服务)
- 社会工作人员(老年和儿童每日看护问题)
- 图书馆馆员/建筑师
- 社会福利工作人员
- 个人咨询人员
- 语言病理学家
- 儿童福利咨询人员
- 小学教师
- 特殊教育老师
- 家谱学家
- 咨询服务人员
- 神学教育者

(3) 商业
- 秘书
- 顾客服务代表
- 计算机操作者
- 信用顾问
- 家用保健品推销
- 员工监督人
- 人事管理人员
- 记账员
- 律师帮办

(4) 创造性/技术性
- 内部装饰人员
- 零售商
- 艺术家
- 优先顾客销售代理人
- 不动产经纪人
- 电工
- 旅店老板
- 音乐家
- 商业计划者

5. 个人发展建议

(1) 你成功的秘诀在于
- 清楚地表达自己；
- 考虑尚不存在的可能之事；
- 设法更加灵活随和，表现得自然一些。

(2) 发展建议
- 在寻求未来工作上需要以积极、全局的态度处之；
- 需要发展其决断性和直截了当；
- 需要学会积极面对外界；
- 需要以更加开放的态度对待其他的做事方式。

十四、ISFP（内倾、感觉、情感和知觉）

1. 个性特征描述

ISFP 型的人平和、敏感，他们保持着许多强烈的个人理想和自己的价值观。他们更多地是通过行为而不是言辞表达自己深沉的情感。

ISFP 型的人谦虚而缄默，但实际上他们是具有巨大的友爱和热情之人，但是除了与他们相知和信赖的人在一起外，他们不经常表现出自我的另一面。因为 ISFP 型的人不喜欢直接地自我表达，所以常常被误解。

ISFP 型的人耐心、灵活，很容易与他人相处，很少支配或控制别人。他们很客观，以一种相当实事求是的方式接受他人的行为。他们善于观察周围的人和物，却不寻求发现动机和含义。

因为 ISFP 型的人完全生活在目前之中，所以他们的准备或计划往往不会多于必需，他们是很好的短期计划制定者。因为他们完全投入于现在，喜欢享受目前的经历，而不继续向下一个目标冲刺，所以他们对完成工作感到很放松。

他们对于从经历中直接了解和感受的东西很感兴趣，富有艺术天赋和审美感，力求为自己创造一个美丽而隐蔽的环境。

没有想过成为领导者,ISFP型的人经常是忠诚的追随者和团体成员。因为他们利用个人的价值标准去判断生活中的每一件事,所以他们喜欢那些花费时间去认识他们和理解他们内心的忠诚之人。他们需要最基本的信任和理解,在生活中需要和睦的人际关系,对于冲突和分歧则很敏感。

2. 可能存在的盲点

高度的敏感天性使ISFP型的人清楚地了解别人的需求,他们有时过度地工作以满足那些需求,以致在这一过程中忽略了自我。他们必须更多地关心自己而不是别人。

因为他们完全把注意力集中于现在他们的经历,所以往往无法看得更远,从而丧失了更广阔的视野。有时他们很难理解一个较为复杂的环境事务。因为他们通常不会寻找或观察在目前不存在的可能发生的事物,所以他们往往不会事先准备,也很难有条理地安排时间和资财。他们本来是应该努力工作以约束自己的冲动,从而完成任务和享受一段安静时光,或是参加一项自己喜欢的活动。

ISFP型的人往往做个人的反省,然后变得很生气和失望,所以说他们是很容易受别人影响的。由于他们总是按人和事物所呈现的表象来认识他们,却从来不会预想其中的不良动机或从中推断出其他的内容,所以人们常认为他们过于信任他人,很容易上当受骗。他们必须对自己的需求更加关心,进一步考虑他人行为的含义。对自己的分析更多地具有怀疑精神和客观性,会使他们的判断力更出色。

3. 工作中的优势与劣势

(1) 你在工作中的优势

- 热情,慷慨
- 对你很关心的和组织的忠诚
- 注意重要的细节,尤其是那些有关他人的细节
- 考虑周到,具备关注目前所需的能力
- 主动愿意支持组织的目标
- 准确评估目前的能力和看出什么是最需要保持稳定的能力
- 仔细评估冒风险和试用新方法时的灵活性和主动性

(2) 你在工作中的劣势

- 有只接受事物的表面现象而忽略事物深层暗示的倾向
- 没有能力观察到目前潜在的机会和可选择的机会
- 有作出对个人的批评和消极的反馈趋势
- 不愿意提早准备;你在利用自己的时间上有问题
- 决断的困难
- 不喜欢过多的规则和结构过于复杂的机构
- 在与自己的感受相矛盾时很难作出符合逻辑的决定
- 不愿意为坚持自己的想法和立场而冒险打破与他人的协调关系
- 有会被大量的极其复杂的任务压得喘不过气来的趋势
- 反对制定长期的目标,很难按时完成任务
- 不会很自觉地作直接的报告或批评他人

4. 适合 ISFP 型人的一般职业
(1) 工艺部门
- 时装设计
- 珠宝商
- 织毯工人
- 漆匠
- 设计人员：内容/背景
- 木匠
- 园艺匠
- 陶工
- 舞蹈演员
- 厨师长

(2) 健康护理部门
- 上门服务护士
- 按摩医生
- 医务助理
- 兽医助理
- 家庭保健助理
- 饮食专家/营养学家
- 运动心理专家
- 工艺师
- 呼吸系统专家
- 运动专家
- 放射技师
- 牙科助理/保健医师
- 动物护理人员/训练人员
- 初级保健大夫
- 验光师/配镜师
- 职业疗法医师
- 药剂师

(3) 技术工作
- 调查员
- 林务员
- 地质学家
- 海洋生物学家
- 计算机操作人员
- 植物学家
- 技师

(4) 销售/服务业
- 教师：初级（自然科学/艺术）
- 紧急热线电话操作员
- 仓库保管员
- 美容师
- 优质用户销售代表
- 体育设备推销
- 家庭保健护理人员
- 戒酒戒毒顾问
- 社会工作人员（老人、儿童日常护理问题）
- 警察/劳改官员
- 清洁服务人员
- 侍者
- 旅行用品推销
- 商业计划人员
- 家用保健品推销
- 儿童福利咨询人员

(5) 商业
- 记账员
- 打字员
- 经理人员
- 司法员
- 职员监督人员
- 律师帮办

5. 个人发展建议
(1) ISFP 成功的秘诀在于
- 学会声明自己的主张；

- 脚踏实地,在更广阔的背景下考虑问题;
- 不是太个人化地看待事物。

(2) 发展建议
- 需要发展怀疑和分析信息的方法,而不是一味接受;
- 需要学会在他人自鸣得意时作出否定性反馈;
- 需要发展一个更加未来导向的前景;
- 需要更果敢和更直接地对待他人。

十五、ISTJ(内倾、感觉、思维和判断)

1. 个性特征描述

ISTJ型的人是严肃的、有责任心的和通情达理的社会坚定分子。他们值得信赖,他们重视承诺,对他们来说,言语就是庄严的宣誓。

ISTJ型的人工作缜密,讲求实际,很有头脑也很现实。他们具有很强的集中力、条理性和准确性。无论他们做什么,都相当有条理和可靠。他们具有坚定不移、深思熟虑的思想,一旦他们着手自己相信是最好的行动方法时,就很难转变或变得沮丧。

ISTJ型的人特别安静和勤奋,对于细节有很强的记忆和判断。他们能够引证准确的事实支持自己的观点,把过去的经历运用到现在的决策中。他们重视和利用符合逻辑、客观的分析,以坚持不懈的态度准时地完成工作,并且总是安排有序,很有条理。他们重视必要的理论体系和传统惯例,对于那些不是如此做事的人则很不耐烦。

ISTJ型的人总是很传统、谨小慎微。他们聆听和喜欢确实、清晰地陈述事物。ISTJ型的人天生不喜欢显露,即使危机之时,也显得很平静。他们总是显得责无旁贷、坚定不变,但是在他们冷静的外表之下,也许有强烈却很少表露的反应。

2. 可能存在的盲点

ISTJ型人的一个普遍问题是在计划的细节和每日运行中丧失了自我的倾向。一旦沉浸其中,他们很固执僵化,不愿意适应或接受另外的观点。如果没有看到新想法的直接和有效的运用,他们往往会产生怀疑,他们必须花时间注意全部的客观事情,考虑可能没有考虑的可选择的情况。搜集范围更广泛的信息,有意识地努力对他们的行为的未来含义作出预测,能够在各方面都增进ISTJ型人的影响。

有时ISTJ型的人很难理解其他人的需求,尤其是那些与自己差异很大的需求。因为他们自己的反应很隐蔽,所以他们被视为冷静而无情。他们必须直接地表达出对他人的欣赏,而不是仅仅保留在内心。

因为ISTJ型的人很有条理,所以他们希望别人也如此。他们冒险把自己的判断强加于别人,无视那些不是十分自信的人的意见。他们强求别人按照他们的方法做事,阻止运用那些更有创造性的、新颖的方法。他们应该对未经考验和非传统的方式持开放的态度,这样才会对人们的差异更加容忍,最终才能作出有效的抉择。

3. 工作中的优势与劣势

(1) 你在工作中的优势
- 办事精确,希望第一次就能把工作做好

- 乐意遵循确定的日常安排和传统的方针政策
- 每次都能十分专注地把注意力集中在一个项目或任务上
- 能够独立地工作
- 灵敏的组织能力
- 一丝不苟、认真专注地对待具体问题、事实和细节
- 相信传统模式的可取之处,并且能够遵循传统模式
- 非常强的责任意识;别人可以信任你去实现自己的诺言
- 明白清晰的工作伦理;认为高效率和多成果是很重要的
- 对实现目标有毅力和决心
- 通情达理,视角现实

(2)你在工作中的劣势
- 不愿意尝试、接受新的和未经考验的观点和想法
- 对变动感到不安;排斥革新
- 对需要很长时间才能完成的任务缺乏耐心
- 有时会由于近期目标而忽略长远需要
- 办事死板;必要的时候难以或不愿意适应新情况
- 难以看到问题的整体以及行为的长远影响
- 对于方针或决定将会对别人造成什么样的影响缺乏敏感
- 需要的时候不愿意改变努力的方向或调整投入的多少
- 不愿意促成必要的改变,也不愿意支持经过仔细考虑的风险行为

4. 适合 ISTJ 型人的一般职业

(1)商业
- 审计员
- 会计
- 文字信息处理专家
- 保险业主(保险商)
- 制定规章制度的官员
- 会计/保险统计员

- 公司经理
- 管理者/监督人
- 效率专家/效率分析者
- 后勤供给经理
- 信息总管

(2)销售/服务
- 警察局高级职员/侦探
- 政府雇员
- 管教人员
- 体育设备/商品销售商

- 情报检索服务社代理人
- 陆军军官
- 房地产代理商
- 教养所所长

(3)金融
- 银行查账员
- 税收监察员
- 股票经纪人
- 信贷分析员

- 投资担保人
- 预算分析员
- 房地产策划人

(4）教育
- 学校校长
- 图书管理员
- 教师:技术/工业/数学/物理
- 管理者

(5）法律/技术
- 法律调查员
- 电工
- 机械师
- 科学作家
- 药品经销商/调查员
- 地质学家
- 航空机械师
- 农业科学家
- 律师秘书
- 工程师
- 计算机程序设计员
- 律师秘书/律师专职助手
- 脑电图技术专家/技师
- 气象学家
- 机械/工业/电子工程师

(6）保健
- 兽医
- 牙医
- 保健指导员
- 实验室技术人员
- 最初保健护理医师
- 运动生理学家
- 普通外科医师
- 护理指导员
- 药剂师
- 医学研究者
- 生物学和医学技术专家
- 药剂师/配药技术员

5. 个人发展建议

（1）你成功的秘诀在于
- 敢于探索新的可能性；
- 更多考虑人性的因素；
- 乐于接受新事物。

（2）发展建议
- 除了眼前的现实,需要关注问题的更广泛的枝节；
- 需要考虑人的因素；需要尝试新的东西以避免墨守成规；
- 需要对那些不太在意规则而努力创新的人保持足够耐心。

十六、ISTP（内倾、感觉、思维和知觉）

1. 个性特征描述

ISTP 型的人坦率、诚实、讲求实效,他们喜欢行动而非漫谈。他们很谦逊,对于完成工作的方法有很好的理解力。

ISTP 型的人擅长分析,所以他们对客观含蓄的原则很有兴趣。他们对于技巧性的事物有天生的理解力,通常精于使用工具和进行手工劳动。他们往往作出有条理而保密的决定,他们仅仅是按照自己所看到的、有条理而直接地陈述事实。

ISTP 型的人好奇心强,而且善于观察,只有理性、可靠的事实才能使他们信服。他们重视事实,简直就是有关知识的宝库。他们是现实主义者,所以能够很好地利用可获得的资源,同时他们擅于把握时机,这使他们变得很讲求实效。

ISTP型的人平和而寡言,往往显得冷酷而清高,而且容易害羞,除了是与好朋友在一起时。他们平等、公正。他们往往受冲动的驱使,对于即刻的挑战和问题具有相当的适应性和反应能力。因为他们喜欢行动和兴奋的事情,所以他们乐于户外活动和运动。

2. 可能存在的盲点

因为ISTP型的人独自作决定,所以他们常常对即使是最重要的事情也只是自我保留,这使得在他们生活中的人对于即将发生的事情茫然不知,他们很难与别人分享行动、情感,也很少关心别人,因为他们认为这些是没有必要的。他们必须接受的是,其他人希望和必须知道他们生活中将要发生的事情,同时ISTP型的人也必须意识到他们正是能够向别人提供一个准确解释的人。

ISTP型的人是如此的现实,以至于对几乎所有的计划,他们都知道使努力达到最小化的方法。他们渴望拥有自由的时间,所以他们的准备不会多于基本的必要或者不可能坚持到计划得出结果,因为这样的结果是他们能够节省时间和精力。描绘出整个计划,完成所有的步骤和细节,这样会约束他们潜在的主动性的缺乏,淡化他们漠不关心的表象。

ISTP型的人始终都注意着新的感官信息,喜欢开放地面对所有可进行的选择,所以他们会优柔寡断。对于令人兴奋的事物的需求使得他们很草率而易于厌烦。树立目标,对于他人和事情都作出严肃的承诺,这样会帮助他们避免普通的失望和随意的生活方式的潜在危险。

3. 工作中的优势与劣势

(1) 你在工作中的优势

- 出色处理限定任务和实质产品的能力
- 敏锐的观察力和对事实信息的出色记忆力
- 将混乱的数据和可辨认的事实有序排列的能力
- 独自工作或与你敬佩的人并肩工作的态度
- 在压力之下面对危机保持头脑冷静的能力
- 知道完成工作需要做什么和必须作什么的能力
- 用手和工具工作的态度
- 对突然变化和迅速发生的转变适应良好的能力
- 实际性和丰富的常识
- 确认和利用有效资源的能力
- 柔韧性和愿意冒险以及尝试新事物

(2) 你工作中的劣势

- 难以看到行动的深远影响
- 缺乏进行语言交流的兴趣,尤其是表面上的交流
- 不喜欢事先准备,你在组织时间上有一定困难
- 对抽象、复杂的理论缺乏耐心
- 有对别人的感觉迟钝麻木的倾向

- 有容易变得厌烦和焦躁的倾向
- 难以看到目前潜在的机会和选择
- 对行政上的细节和程序缺乏耐心
- 不愿意重复自己
- 难以作出决定
- 很强的独立性,不喜欢过多的条条框框、官僚作风
- 抵制确定长期目标,难以到达最后期限

4. 适合 ISTP 型人的一般职业

(1) 销售部门/服务部门/劳改部门

- 警员或劳教人员
- 飞机驾驶员
- 猎人
- 司法官
- 调查员
- 药品推销
- 赛车手
- 武器操作员
- 情报人员
- 消防员
- 运动器材商品推销
- 私人调查/私人侦探

(2) 技术部门

- 电器设备专家
- 技术培训人员———一对一设置的
- 网络调查专家(通信部门)
- 海洋生物学家
- 电器工程师、机械工程师、土木工程师
- 信息产业开发人员
- 后勤和供给制造商或经理
- 电脑程序设计师

(3) 健康护理业

- 心电图专家或技师
- 急救医生
- 牙医或牙科助理
- 透射技师
- 运动保健医生

(4) 商业/金融业

- 证券分析家
- 办公室管理人员
- 经济学家
- 业务顾问
- 采购员
- 银行家
- 法律顾问
- 律师帮办

(5) 贸易部门

- 计算机维修
- 农场人员
- 木工
- 商业家
- 飞机技师
- 教练
- 汽车部件零售商

5. 个人发展建议

(1) 你成功的秘诀在于

- 学会交流;

- 考虑别人的感受；
- 信守承诺。

（2）发展建议
- 需要深入与他人交流沟通；
- 需要发展坚毅力，为达到期望结果需要制订必要的计划并付出必要的努力；
- 需要形成设立目标的习惯。

附录 3

促进就业规划（2011—2015年）

促进就业规划(2011—2015年)

人力资源社会保障部　发展改革委　教育部
工业和信息化部　财政部　农业部　商务部

为了做好"十二五"时期就业工作，促进经济发展与扩大就业相协调，促进社会和谐稳定，根据《中华人民共和国国民经济和社会发展第十二个五年规划纲要》和《中华人民共和国就业促进法》制定本规划。

一、背景

（一）"十一五"时期就业工作的主要成效。

（内容略）

（二）"十二五"时期面临的就业形势。

"十二五"时期，我国就业形势将更加复杂，就业总量压力将继续加大，劳动者技能与岗位需求不相适应、劳动力供给与企业用工需求不相匹配的结构性矛盾将更加突出，就业任务更加繁重。一是劳动力供大于求的总量压力持续加大，城镇需就业的劳动力年均2500万人，还有相当数量的农业富余劳动力需要转移就业。二是就业的结构性矛盾更加突出，随着技术进步加快和产业优化升级，技能人才短缺问题将更加凸显；部分地区、企业用工需求与劳动力供给存在结构性失衡，造成企业"招工难"与劳动者"就业难"并存；以高校毕业生为重点的青年就业、农业富余劳动力转移就业、失业人员再就业，以及就业困难群体实现就业难度依然很大。三是经济社会环境变化对促进就业提出了新的挑战。转变经济发展方式，推进产业升级、科技进步和管理创新对提高劳动者素质提出了更高的要求，推进城镇化对农业富余劳动力转移就业工作提出了新的任务。同时，公共就业和人才服务以及职业培训不能满足需要，人力资源市场信息化建设滞后，影响劳动力流动就业的体制机制障碍依然存在；经济社会转型过程中劳动关系矛盾凸显，劳动者利益诉求发生新的变化，劳动关系调整体制机制不完善的问题仍然比较突出，劳动关系协调难度加大。我们必须深刻认识就业工作面临的复杂形势，进一步明确任务和方向，全力以赴做好就业工作。

二、指导思想、基本原则和发展目标

（一）指导思想

高举中国特色社会主义伟大旗帜，以邓小平理论和"三个代表"重要思想为指导，深入贯彻落实科学发展观,适应加快转变经济发展方式的要求,紧密结合保障和改善民生、构建和谐社会的需要,切实把就业作为民生之本,作为经济社会发展的优先目标,以充分开发和合理利用人力资源为出发点,健全劳动者自主择业、市场调节就业、政府促进就业相结合的机制,实施更加积极的就业政策,创造平等就业机会,构建和谐劳动关系,提高就业质量,努力实现充分就业。

(二)基本原则

1. 坚持促进就业与经济社会发展相结合。(内容略)
2. 坚持促进就业与人力资源开发相结合。(内容略)
3. 坚持发挥市场机制作用与政府促进相结合。(内容略)
4. 坚持促进企业发展与维护劳动者权益相结合。(内容略)

(三)发展目标

1. 就业规模持续扩大,就业结构更加合理。城镇新增就业 4500 万人。转移农业劳动力 4000 万人。城镇就业比重逐步提高,三次产业就业结构更加优化。

2. 有效控制失业,保持就业局势稳定。城镇登记失业率控制在 5% 以内。将失业人员组织到就业准备活动中,使平均失业周期进一步缩短。实现对就业困难人员和零就业家庭人员就业援助的长效化。

3. 人力资源开发水平得到明显提高。劳动者得到有效培训机会,全国技能劳动者总量达到 1.25 亿人,其中高技能人才总量达到 3400 万人,占技能劳动者的比重达到 27%。专业技术人才总量达到 6800 万人。

4. 就业质量得到进一步提升。企业劳动合同签订率达到 90%,企业集体合同签订率达到 80%。形成正常的工资增长机制,职工工资收入水平合理较快增长,最低工资标准年均增长 13% 以上,绝大多数地区最低工资标准达到当地城镇从业人员平均工资的 40% 以上。劳动条件得到较大改善。社会保障制度覆盖所有劳动者,就业稳定性明显提高。

专栏 2 "十二五"时期就业主要指标		
指标	2010 年	2015 年
城镇新增就业人数(万人)	(5771)	(4500)
城镇登记失业率(%)	4.1	<5
转移农业劳动力(万人)	(4500)	(4000)
高技能人才总量(万人)	2863	3400
专业技术人才总量(万人)	4686①	6800
企业劳动合同签订率(%)	65	90
企业集体合同签订率(%)	50	80
最低工资标准年均增长率(%)	12.5	>13
劳动人事争议仲裁结案率(%)	80	90

注:"十二五"时期主要指标为预期性指标;( )表示五年累计数;
　①为 2008 年年末数据。

5. 统一规范灵活的人力资源市场基本形成。(内容略)
6. 劳动者权益保障机制更加完善。(内容略)

三、主要任务和政策措施

（一）提高经济发展对就业的拉动能力。

1. 落实就业优先战略。（内容略）
2. 着力发展吸纳就业能力强的产业和企业。（内容略）
3. 促进以创业带动就业。完善并落实鼓励劳动者创业的税收优惠、小额担保贷款、财政贴息、资金补贴、场地安排等扶持政策，简化审批手续，严格规范收费行为，改善创业环境。健全创业培训体系，鼓励高等学校和中等职业学校开设创业培训课程。健全创业服务体系，为创业者提供项目信息、政策咨询、开业指导、融资服务、人力资源服务、跟踪扶持，鼓励有条件的地方建设一批示范性的创业孵化基地。推进创业型城市建设。加强宣传和舆论引导，弘扬创业精神，树立一批创业典型，营造崇尚创业、褒奖成功、宽容失败的良好创业氛围。
4. 发展家庭服务业促进就业。重点发展家政服务、养老服务、社区照料服务、病患陪护服务、残疾人居家托养服务等家庭服务业态，因地制宜发展其他家庭服务业态，满足家庭的基本需求。从财税、金融、土地、价格等方面加大政策扶持力度，在企业开办、融资、品牌建设等方面支持家庭服务企业发展。推进家庭服务业公益性信息服务平台建设，加强从业人员专项技能培训。广泛开展家庭服务业千户百强创建活动，树立一批知名家庭服务品牌。加快制定相应的劳动用工政策及劳动标准，规范对从事家庭服务人员的管理，维护家庭服务从业人员的合法权益。

（内容略）

（三）统筹做好城乡、重点群体就业工作。

（内容略）

2. 切实做好高校毕业生和其他青年群体的就业工作。继续把高校毕业生就业放在就业工作的首位，积极拓展高校毕业生就业领域，鼓励中小企业吸纳高校毕业生就业。鼓励引导高校毕业生面向城乡基层、中西部地区，以及民族地区、贫困地区和艰苦边远地区就业，落实各项扶持政策。鼓励高校毕业生自主创业。支持高校毕业生参加就业见习和职业培训，鼓励科研项目单位吸纳高校毕业生就业。继续做好免费师范生的就业工作。积极做好征集高校毕业生入伍服义务兵役工作。大力加强就业指导、就业服务，更加关注女高校毕业生就业问题，加大对就业困难高校毕业生和其他长期失业青年的援助力度。大力发展适合青年和各类毕业生求职就业的互联网就业服务，完善以实名制为基础的高校毕业生就业统计制度。进一步改革高等教育人才培养模式，使之更加适应经济社会发展需要，提高人才培养质量。继续做好退役军人就业工作。

专栏3　高校毕业生就业推进计划	
01	岗位拓展计划。拓宽就业渠道，引导高校毕业生到中小企业、非公有制企业和城乡基层就业。
02	就业服务与援助计划。加强对高校毕业生的就业服务与就业指导，做好高校毕业生就业见习、职业培训和困难高校毕业生就业援助。
03	创业引领计划。加强对高校毕业生的创业教育和培训，强化创业服务，完善创业扶持政策，促进帮扶高校毕业生自主创业。
04	基层就业项目。统筹实施"选聘高校毕业生到村任职"、"三支一扶（支教、支农、支医和扶贫）"、"大学生志愿服务西部计划"、"农村义务教育阶段学校教师特设岗位计划"等基层就业项目。

(内容略)

（四）大力开发人力资源

(内容略)

专栏4　人力资源开发重大工程
01　专业技术人才知识更新工程。依托高等学校、科研院所和大型企业现有施教机构,建设一批国家级继续教育基地,开展大规模的知识更新继续教育,提高专业技术人才的水平和能力。
02　国家高技能人才振兴计划。 （1）高级技师培训。充分发挥行业、企业和职业院校作用,加快培养一批具有较深专业理论知识和精湛技艺技能的技师和高级技师。 （2）技能大师工作室建设。基本形成覆盖中心地区和重点行业的技能传递与扩散网络,建立较为完善的技能人才绝技绝活价值实现及代际传承机制。
03　加强就业、创业、技能实训工作。在产业集中度高的区域性中心城市以及地(市)级以上城市,建立一批实训基地,面向社会各类人员提供公益性、示范性技能训练和鉴定服务,更加注重实际操作能力和技能素质训练,特别是急需紧缺职业的高技能人才培养,并开展专业化创业培训。

（五）加强人力资源市场建设

(内容略)

专栏5　公共就业和人才服务行动计划
01　公共就业和人才服务专项行动。开展"就业援助月"、"春风行动"、"民营企业招聘周"、"高校毕业生就业服务月"和"高校毕业生就业服务周"等全国性公共就业和人才服务专项活动,重点帮助就业困难人员、农业富余劳动力、高校毕业生等群体就业。
02　就业失业动态监测和预警工程。依托国家电子政务网络,建立健全覆盖全国的就业失业信息监测网络,完善就业信息统计和失业预警指标体系,开展就业需求预测,适时发布就业需求和失业预警信息。

(内容略)

专栏6　构建和谐劳动关系计划
01　加强劳动标准体系建设。建立健全劳动标准工作体制机制,全面评估现有劳动标准实施状况,开展劳动标准制(修)订工作,加强劳动标准专业人才队伍和服务平台建设。
02　建立统一规范的企业薪酬调查和信息发布制度。及时掌握并定期发布不同职位劳动者的薪酬和企业人工成本信息,为加强工资分配宏观调控提供支持,为社会各方面提供公共信息服务。

(内容略)

大学生个人职业发展档案

个人情况

基本信息

姓　名		学　号		性　别		1寸免冠照片
籍　贯		出生年月		政治面貌		
专　业		年　级		外语水平		
计算机水平						
技能证书						

文化教育

起止时间	地点	教育机构
至		
至		
至		
至		

主修课程

课程名称	学分	课程名称	学分

所受培训

起止时间	地点	培训机构	所获证书

工作或社会实践活动		
起止时间	工作或社会实践单位	工作或实践活动主要内容及成果

个人情况总结

当前情况

现时在校情况			
专业知识技能			
课外辅修	选修课程		
	课外阅读		
社团活动	参加社团	职务	参加或主办的活动
兼职情况	兼职单位	职务	主要工作

自我描述	
自我性格描述	
职业价值观描述	
职业兴趣描述	
学习风格描述	
职业技能描述	

职业匹配	
自我性格 匹配职业	
职业价值观 匹配职业	
职业兴趣 匹配职业	
学习风格 匹配职业	
职业技能 匹配职业	

自我职业定位
综合职业测评及自我总结,分析将来你可能从事的职业: 可附页

现时及未来计划

现时目标计划				
	成本	所需时间	所获证书	具体能力
外语				
计算机				
技能证书				
专业学习				
社团活动				
课外阅读				
工作实践				

注：个人要有达成目标的具体可行计划，包括准备阶段每一天的安排

毕业后 0～3 年计划	
升调职位	
计划业绩	
所需知识及能力	
有效途径	
注:包括成本、时间、地点、质量	
效果评估	
毕业后 3～5 年计划	
升调职位	
计划业绩	
所需知识及能力	
有效途径	
注:包括成本、时间、地点、质量	
效果评估	

发展行动日志

可附页

参考文献

[1] 金树人. 生涯咨询与辅导[M]. 北京：高等教育出版社，2012.
[2] 〔美〕莎伦 L. 汉娜. 职业生涯设计——沟通引领你通往成功[M]. 刘颖，译. 北京：机械工业出版社，2011.
[3] 麦可思研究院. 2012 年中国大学生就业报告[M]. 北京：社会科学文献出版社，2012.
[4] 〔美〕丹尼尔·卡尼曼. 思考，快与慢[M]. 胡晓姣，等译. 北京：中信出版社，2012.
[5] 王丽. 大学生职业生涯规划训练手册[M]. 北京：北京理工大学出版社，2011.
[6] 高尚仁，欧阳化. 个性与教育[M]. 西安：陕西师范大学出版社，1997.
[7] 〔美〕Jerry M. Burger. 人格心理学[M]. 第七版. 陈会昌，等译. 北京：中国轻工业出版社，2010.
[8] 周明星，咸桂彩. 现代职业生涯设计[M]. 北京：清华大学出版社，北京交通大学出版社，2007.
[9] 陈碧华，许向东. 大学生职业生涯规划与就业指导[M]. 北京：中国铁道出版社，2007.
[10] 姚裕群，张再生. 职业生涯与管理[M]. 长沙：湖南师范大学出版社，2007.
[11] 章达友. 职业生涯规划与管理[M]. 厦门：厦门大学出版社，2005.
[12] 董文强，谭初春. 大学生职业生涯规划[M]. 西安：西北工业大学出版社，2007.
[13] 曹鸣岐. 职业生涯规划[M]. 北京：高等教育出版社，2008.
[14] 徐笑君. 职业生涯规划与管理[M]. 成都：四川人民出版社，2008.
[15] 〔美〕彼得森，冈萨雷斯. 职业咨询心理学：工作在人们生活中的作用[M]. 第 2 版. 叶勘，等译. 北京：中国轻工业出版社，2007.
[16] 〔美〕RobertD. Lock. 把握你的职业发展方向[M]. 钟谷兰，曾垂凯，时勘，等译. 北京：中国轻工业出版社，2006.
[17] 谢晓翠，王静. 职业生涯设计与就业指导[M]. 杭州：浙江大学出版社，2007.
[18] 周炳全，谢彩英. 职业生涯规划与就业辅导[M]. 广州：华南理工大学出版社，2007.
[19] 蒋建荣，詹启生. 大学生生涯规划导论[M]. 天津：南开大学出版社，2005.
[20] 〔美〕施恩. 职业的有效管理[M]. 仇海清，译. 北京：生活·读书·新知三联书店，1992.
[21] 陈婴婴. 职业结构与流动[M]. 北京：东方出版社，1995.
[22] 黄希庭. 心理学导论[M]. 北京：人民教育出版社，2001.
[23] 黄希庭，张进辅，李红等. 当代中国青年价值观与教育[M]. 成都：四川教育出版社，1994.
[24] 周炳全，谢彩英. 职业生涯规划与就业辅导[M]. 广州：华南理工大学出版社，2007.
[25] GCDF 中国培训中心. 全球职业规划师 GCDF 资格培训教程[M]. 北京：中国财政经济出版

社,2006.

[26] 曹振杰等.职业生涯设计与管理[M].北京:人民邮电出版社,2006.
[27] 劳动和社会保障部培训就业司,中国就业培训技术指导中心组织.创新职业指导:新理念[M].北京:中国劳动社会保障出版社,2005.
[28] 中华职业教育社编.职业指导和创业教育的理论与实践[M].北京:华文出版社,2006.
[29] 曾美英,窦秀明.大学生职业生涯规划与辅导[M].北京:北京航空航天大学出版社,2008.
[30] 王涛.大学生职业生涯规划与发展[M].西安:西北大学出版社,2006.
[31] 王沛.大学生职业决策与职业生涯规划[M].北京:科学出版社,2007.
[32] 赵北平,雷五明.大学生涯规划与职业发展[M].武汉:武汉大学出版社,2006.
[33] 张艳.大学生职业指导实训手册[M].北京:高等教育出版社,2008.
[34] 钟谷兰,杨开.大学生职业生涯发展与规划[M].上海:华东师范大学出版社,2008.
[35] 〔美〕理查德·尼尔森·鲍利斯.你的降落伞是什么颜色[M].陈玮,等译.北京:中信出版社,2002.
[36] 〔美〕雷恩·吉尔森.选对池塘钓大鱼[M].彭书淮,编译.北京:机械工业出版社,2004.
[37] 李连营,王军.大学生科学就业成功素质训练[M].北京:新华出版社,2007.
[38] 胡继明.人生策划[M].北京:中国青年出版社,2003.
[39] 〔美〕Diane Sukiennik,Willian Bendat,Lisa Raufman.职业指导:职业生涯规划教程[M].李洋,张弈,小卉,译.北京:中国劳动社会保障出版社,2005.
[40] 毛灿月,曾红艳.走进赛场:学业指导[M].长沙:中南大学出版社,2004.
[41] 张莹.如何进行职业生涯规划与管理[M].北京:北京大学出版社,2004.
[42] 理清.大学生职业化能力[M].北京:中国物资出版社,2006.
[43] 共青团中央学校部,中国青少年研究中心.大学生职业生涯设计[M].北京:中国言实出版社,2004.
[44] 凌文辁,方俐洛,白利刚.我国大学生的职业价值观研究[J].心理学报,1999(3).
[45] 魏源.价值观的概念、特点及其结构特征[J].中国临床康复,2006(5).
[46] 杨宜音.社会心理领域的价值现研究述要[J].中国社会科学,1998(2).
[47] 王沛,杨金花.大学生职业决策和自尊、成就动机的关系[J].心理发展与教育,2006(1).
[48] 于泳红,汪航.当代国外职业决策理论模型解析[J].宁波大学学报(教育科学版),2008(12).
[49] 刘婷,吴琛,褚卉.国外职业决策自我效能研究综述[J].继续教育,2008(8).
[50] 何期.大学生职业决策中家庭因素分析及对策.学术论坛,2008(6).
[51] 李西营.国外职业决策理论综述[J].河南职业技术学院学报(职业教育版),2007(1).
[52] 蒋攀.对当代大学生职业生涯规划的思考[J].重庆工学院学报(社会科学版),2007(6).
[53] 袁琦兰.高职院校职业规划指导的实践与思考[J].职业教育研究,2007(12).
[54] 罗德明.SWOT分析法在大学生职业生涯规划中的应用.教育探索[J],2008(12).